为了让每位教师都能上好**语文课**

小学语文关联阅读教学这样教

WEILE RANG MEIWEI JIAOSHI
DOUNENG SHANGHAO YUWENKE

张立娟◎编著

首都师范大学出版社
CAPITAL NORMAL UNIVERSITY PRESS

图书在版编目（CIP）数据

为了让每位教师都能上好语文课：小学语文关联阅读教学这样教 / 张立娟编著. —北京：首都师范大学出版社，2022.5

ISBN 978-7-5656-5823-5

Ⅰ.①为⋯ Ⅱ.①张⋯ Ⅲ.①阅读课—教学研究—小学 Ⅳ.①G623.232

中国版本图书馆CIP数据核字（2020）第093496号

WEILE RANG MEIWEI JIAOSHI DOUNENG SHANGHAO YUWENKE: XIAOXUE YUWEN GUANLIAN YUEDU JIAOXUE ZHEYANGJIAO

为了让每位教师都能上好语文课：小学语文关联阅读教学这样教

张立娟◎编著

责任编辑 李瑞萍

首都师范大学出版社出版发行

地　　址 北京西三环北路105号

邮　　编 100048

电　　话 68418523（总编室）　68982468（发行部）

网　　址 www.cnupn.com.cn

印　　刷 河北鑫彩博图印刷有限公司

版　　次 2022 年 5 月第 1 版

印　　次 2022 年 5 月第 1 次印刷

书　　号 ISBN 978-7-5656-5823-5

开　　本 710 mm × 1000 mm　1/16

印　　张 18

字　　数 292 千字

定　　价 59.80 元

编委会名单

序言

这本书，是北京市通州区语文教研员张立娟和工作室的老师们，多年教学研究与实践的结晶。广大读者看到这本书的书名，一定会在头脑中浮现一些问题，诸如：什么是关联语文教学？为什么要进行这项教学研究？这项研究的思路是怎样的？关联阅读教学是怎样实施的？取得了怎样的效果？这些问题，读者都可以从这本书中找到答案。

我国的小学阅读教学长期陷于“费时多而收效微”的窘境，其原因是多方面的。其中孤立地进行单篇教学，忽视整体，忽视篇与篇、篇与单元、单元与单元、读与写、课内阅读与课外阅读之间的关联，“只见树木，不见森林”，只靠单篇培养学生的阅读能力，不善于调动各方面的关联形成合力来提高学生的阅读能力，恐怕是一个重要原因。张老师的团队，发现并基于上述问题，开展关联阅读教学研究。这种从存在的问题出发，力求解决真问题的研究态度，值得充分肯定。

伟大领袖毛主席在他的重要著作《矛盾论》中说：“一切客观事物本来是互相联系的。”看来抓住事物之间的种种联系是一种重要观点，也是分析问题、解决问题的一种重要的思想方法。因此，关联阅读教学研究，是以认识论、方法论作为理论基础的，是立得住的。

这项研究站得比较高，看得比较远，从五个方面着手：文本内部关联、单元内部关联、教材系统内部关联、课内课外关联、学习与实践关联，尝试构建在育人目标上既教语文又教做人，在阅读视野上既涵盖单篇课文，又涵盖相关联的群文和整本书，在学习途径上由课内延伸到课外、校外，在学习方法上加强知与行、学与做的关联，形成一个大阅读的课程体系。这项研究的近期效果是改变了阅读教与学的面貌，提升了阅读教学的量与质；长远效果是改变师生的思维方式、教和学的方式，乃至描绘、构建理想中的语文课程。因此，这项研究是十分有意义的。

从研究的方法看，通过学习进行理论武装，在实践中累积经验，走着一条“提出问题—研究问题—开展实践—进行反思—再实践—再反思”的研究之路。特别是以若干课例为抓手，解剖麻雀，发现规律，这是非常切实可行的研究教学的方法。这种研究方法，不仅适合通州区，对其他地区的学科教学也有借鉴作用。

当前，正值全国小学在全面使用部编版语文教材。对全国语文教师来说，是挑战，更是机遇。希望张立娟团队在教材、教学研究中取得新突破，也希望广大教师学习他们团队的研究精神，在整体观、联系观的指导下，研究部编版教材，吃透编写意图，吃准教学目标，创造性地使用教材。通过实而活的教学，塑造学生的价值观，培养学生的思维力、学习力；提升教师的研究能力和教学能力，取得教学相长、师生双赢的效果。

教育是描绘未来的事业。为了祖国更加美好的未来，让我们“撸起袖子加油干”！

崔　峦

2019 年国庆节

前言

我于 2013 年 7 月结束了 23 年的一线语文教师生涯，来到北京教育学院通州分院成为一名研修员。回顾以往，我对学生们在学习中存在的问题看得更清楚了。他们在教师一篇一篇课文的讲解下，所得到的知识都是点状的、碎片化的，当实际问题摆在眼前的时候由于缺少相关思维方式的培养、阅读策略的掌握，学生难以建立起广泛的联系，从而解决新问题。另外，工作重心的转变也使我更需要找到一条促进教师专业发展的路径。从以往的教研情况来说，无论是处于入职期的老师，还是卓越期的老师，都力求让他们在一节课的讲授过程中，达到同一水平，忽视了教师间个人专业知识和教学能力的差异，结果可想而知。怎样促进教师的专业发展，提高学生的语文素养是我担任研修员最初两年里一直在思考的问题。

经过反思、学习、初步的实践之后，我逐步认识到了，应该通过扩大教师的教学视野，根据教师的专业发展阶段开展有针对性的教研。在教师课堂教学理念与行为转变的过程中，促进学生在知识整体构建基础上的语言、思维等方面的发展，应该是改变通州区小学语文教学现状的一条有效路径。就这样，开展关联阅读教学，促进教师和学生共同成长的研究思路就越来越清晰了。我将语文阅读教学划分为五个维度，即文本内部关联、单元内部关联、教材系统内部关联、课内外关联（整本书阅读），以及学习与实践的关联。把五个维度看作是一个整体，最终达到教师能够整体建构语文课程的目标。每一个维度又对应教师专业发展的一个阶段，即入职期、发展期、成熟期、优秀期、卓越期。让教师们在专业发展的每一阶段，有重点研究的内容，走好专业发展的每一步，实现以教研促进教学改进，以课堂教学的改变促进学生素养的提高。因此，关联阅读教学是把教育作为一个整体，把促进教师和学生的共同发展作为基本目标。

为了让研究更加规范，2016 年 3 月我申报了北京市教育学会的课题，以此开展规范化的研究。

2016 年 9 月 13 日，中国学生发展核心素养研究成果发布。2017 年 9 月，部编版教材正式使用。2018 年 1 月份，教育部颁布了《普通高中课程方案和语文等学科课程标准（2017 年版）》，无论从哪个层面来说，我们所进行的关联阅读教学都是符合改革形势需要的，为此，我们欣欣然，研究的热情更加高涨了。

在此过程中，我们也摸索出了五维关联系统教研模式，即：反思（以往教学中存在的问题）—学习（相关的教学理论）—实践（课堂教学）—再反思（改进教学后存在的问题）—再实践（修改教学设计，重新授课），针对一个维度的研究内容走上一个来回，让教师们都动起来，在反思—学习—实践—再反思—再实践的过程中，提高对教材的理解，明确教学的目标，在语言的建构与运用、思维的发展与提升、审美鉴赏与创造和文化理解与传承中，实现教师与学生的共同成长。

总结研究成果，进一步发现不足是我们的初衷。由于水平有限，难免会有不足之处，恳请大家批评指正。

编　者

2019 年 8 月 20 日

目录

Contents

第一部分

第一部分

第一章　小学语文关联阅读教学概述

一、关联阅读教学产生的背景

小学语文教学改革一直在不懈地前行着。纵观几十年来的研究情况来看，在教材观和学生观上确实在不断体现着以教师主导，学生为主体的《义务教育语文课程标准》(2011年版)的理念，同时，在提高学生语文素养方面也取得了一定的成效。但是，以通州区的小学语文教学情况来看，还有很多不尽如人意的地方。为此，2014年9月，我们曾对通州区的小学语文教师队伍自身情况、以往开展教研活动情况及所使用的教材进行过一次调查分析，内容及结果如下：

现状一：教师队伍自身的语文素养有待提高

第一项调查：通州区小学语文教师教龄10年以下(含10年)专业对口情况。

通州区小学语文教师共计1098人。教龄10年及10年以下的共计775人，其中专业对口的351人，占总数的45.29%；专业不对口的424人，占总数的54.71%。

第二项调查：通州区小学语文教师教龄分布情况。

在1098名小学语文教师中，教龄3年以下的254人，占总数的23.13%；4~10年教龄的521人，占总数的47.45%；11年以上教龄的323人，占总数的29.42%。

第三项调查：通州区小学语文教师学历分布情况。

1098名教师中，硕士103人，占9.38%；本科932人，占84.9%；其他63人，占5.7%。

第四项调查：对42位处于不同专业发展阶段教师的阅读情况进行了一次小样本调查。

42 位教师人均年读书 4.86 本。然而，从网上检索到的一些数据显示：世界人均读书量排名前 5 位的国家和读书的数量是：俄罗斯 54 本、以色列 50 本、德国 47 本、日本 45 本、奥地利 43 本。我们国家人均阅读图书为 4.35 本。被调查教师的读书量只比全国人均读书量多 0.51 本。

从以上四项调查可以看出：研究之初，教师队伍发展现状呈现出以下特点：

1. 教师所学专业不对口现象严重，缺少相关的教育教学理论知识及技能。

2. 高学历现象的背后，隐藏的是青年教师自身的语文素养亟待提高。

3. 语文教师需要加大自身的阅读来开阔自己的视野，他们的阅读习惯还需要养成。

现状二：教师课堂教学实践水平有待提高

1. 学生在课堂上的主体性体现不够。原因在于教师自己讲授的内容多，学生亲身实践的活动少。

2. 学生学习到的知识呈现碎片化，这反映出的是教师自己没有建立起小学阶段的知识结构网络，对学生的最近发展区掌握不准。

3. 教师注重借助教材进行人文培育，缺少思维能力的培养策略，学生的创新能力、发散思维能力不强。

4. 学生的阅读量不够，教师没能打破阅读的课内外边界，引领学生走向更广阔的阅读空间。

可见，教师的语文素养、教学行为直接导致了学生语文学习的诸多方面问题。

现状三：以往教研实践存在问题

1. 针对性不强。研修员对所有教师始终停留在对一篇文本的解读与教学设计的指导上，缺少对不同层次教师的专门指导。

2. 系列性不够。研修员缺乏对研修活动的整体安排。

3. 理论思辨不够。日常的教研活动重实践研究，缺乏理论指导与总结提升。

因此，找到一种理论与实践相结合的系统性的小学语文教研模式，提高教师的课堂教学能力，需要研修员整体规划，提高活动的实效性。改变教研的方式，促进教师队伍建设，为通州区的副中心建设输送合格的人才。

现状四：所用教材存在一些问题

一直以来，我们使用的教材虽然是《语文课程标准》指导之下编写的，但是在践行“语文课程是工具性与人文性相统一”这一课程理念上，还是有偏差的。具体表现为：

1. 我区小学阶段的语文教材使用的是义务教育北京版教材，它过于强调人文性，忽视了知识的整体建构，使得学生学完六年语文以后没能形成一定的知识体系，这也给年轻的教师开展教学活动设置了障碍。用这一篇课文教什么，他们很迷茫。

2. 强调能力培养，但却很难落到实处。比如第 12 册教材，“口语交际”练习安排了四次，分别在第二、第五、第六、第七单元的“语文实践活动”中的“综合性实践活动”。教科书编者的意图是好的，但是由于数量较多，又缺乏相应方法的具体指导，教师也难以把握其尺度。

3.《义务教育语文课程标准》(2011 年版) 指出：要让学生多读书、好读书、读好书，读整本的书。可是开展课外阅读缺乏相应的具体要求，这对学生的阅读和教师的指导都带来了一定的困难。

发现问题，找到适合本地区特点的教学方法是教学改革的关键。综合以上原因，在迫切需要提高学生语文素养，以及提高教师个人素养和教学水平的背景下，从 2014 年 9 月起，我带领全区教师开始对关联阅读教学进行研究。当时的主要目标为：

1. 构建小学阶段的知识与能力体系，实现年段教学的有效衔接。

2. 探索课内外阅读一体化的有效路径。

3. 找到一条促进教师专业成长的新型模式。

就这样我们持续地开展研究工作，为了让研究更加规范，2016 年，我作为通州区教师研修中心小学语文研修室主任申报了北京市教育学会“十三五”课题——基于小学生语文素养发展需求的关联阅读教学策略研究。该课题的研究目的是通过教师教学行为的转变促进学生发展，进而实现师生素养的共同提高。以下是我们研究内容的图示：

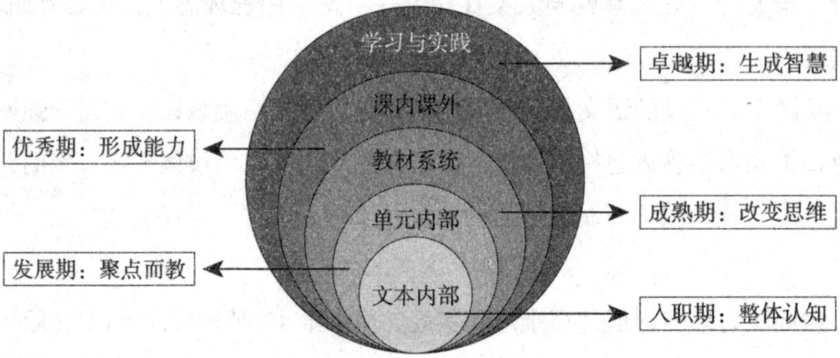

其具体内容为：以教材教学为核心，培养教师和学生的对整体的认知，提高他们探究联系、整体把握的能力；从扩大教学的范围入手，扩大学生的阅读视野。我们研究的维度分别为：探究文本内部关联，形成整体认知能力；探究单元内部关联，做到聚点而教；探究教材系统关联，改变师生思维方式；探究课内外关联，形成较强的能力（教师语文教学能力、学生语文学习能力）；探究学习与生活的关联，生成实践智慧。这五个研究维度构建起了一个整体的教学体系，它既注重书本的教学，又加强了课内外的联系，同时也注重了知识与能力的转化，在一定意义上建构了大阅读的理念。2017 年 9 月，部编版教材在义务教育阶段的小学、初中起始年级投入使用，两相对照，我们所开展的“关联阅读教学”与部编版教材所体现的理念是一致的。

在学习教师专业发展阶段理论的过程中，受美国学者福勒的教师专业发展阶段理论启发，我们将教师专业成长分为五个阶段：

入职期（参加工作 1~3 年）；

发展期（参加工作 4~10 年）；

成熟期（参加工作 11~15 年）；

优秀期（参加工作 16~20 年）；

卓越期（参加工作 20 年以上）。

处于不同专业发展阶段的教师，其重点研究的内容分别为：

入职期教师：由于年轻，他们对教育教学实践还没有经验，他们的教育教学还处于模仿、借鉴、学习和吸收阶段，此时，进行文本内部关联阅读研究，形成对一篇文本的整体认知，是每一位新入职教师的必修课。

发展期教师：通过一到两个循环的教学磨炼，教师对教材的整个知识体系有了比较全面的了解。此时指导他们进行单元内部的关联阅读研究，开阔他们的教学思路，由把一篇课文看成一个整体到把一个单元的教学内容看成一个整体，能够选取核心的教学内容，合理安排课时进行教学，以此使他们在职业发展的“黄金期”得到更大的发展。

成熟期教师：他们已能熟练地驾驭教育教学的各个环节，灵活地应对和处理各种教育教学实践中的现象和问题，具有丰富的教育教学经验，此时，应指导他们站在整个教材系统的角度来研读教材，形成对小学阶段知识网络的建构，从改变自身思维的角度来改变学生思维，逐步培养学生将所学知识自觉建立联系的思维方式。

优秀期教师：指导他们打通学生课内外学习的通道，由课内学习延伸至课外，以课外学习促进课内的学习，逐步培养学生的语文学习能力。这方面包括课内一篇带课外多篇，课内一篇带课外一部作品等。

卓越期教师：他们的教学方法与经验、智慧和思想将成为教育界特色鲜明的旗帜，能够影响一个学科和一个地区的教育教学发展趋势和走向，引领一大批教师不断地提升。我们知道学习的最终目的是影响生活、改变生活。因此，对于处于卓越期的教师，要指导他们在教学中帮助学生将学习的知识通过实践转化为自身的素养，生成智慧。

当然，阶段划分是一个相对概念，一些优秀的青年教师在个人素养和勤奋努力的作用下，也能很快达到更高层级的水平。

二、关联阅读教学的内涵

1. 关联阅读教学是一种阅读策略。

让学生借助课文的学习，培养自身通过预测、推理、启动先备知识、图像化、整合资源、联结生活等阅读策略，来解决学习和生活中各种问题的能力。

2. 开展关联阅读教学培养的是一种思维方式。

通过开展关联阅读教学，培养师生们在遇到问题时通过分析、整合、概括、比较、分类、联想、推理、联结等思维方式形成新认识的能力。

3. 关联阅读教学是一种促进教师专业发展的路径。

关联阅读教学涉及的五个研究维度分别对应教师专业发展的五个阶段，根据教师的专业发展把每个维度研究的内容看作一个整体，最终把力量用在通过促进教师的专业发展，来促进学生发展这个双整体上。

另外，通过开展关联阅读教学的研究，我们想体现以下内容：

1. 一个理念。

以促进人的发展为根本，立德树人、以课程育人，追求语文课程特有的基础性、持久性作用。

2. 一个目标。

以提高对语言文字的理解与运用为基础，以发展教师和学生的思维能力为中心，在学习与运用的整体构建中，提高学生的语文素养，促进教师的专业发展。

3. 一个体系。

通过将教材的学习、整本书阅读、语文实践活动三者相结合，构建课内外联系，打通知识学习与素养提升的壁垒，使教师与学生共同进步。

关联阅读教学既是促进学生与教师共同成长的一种教学理念，也是课程构建的一种理念。

三、开展关联阅读教学研究的意义

从 2014 年 9 月至 2018 年 9 月，“关联阅读教学”已经取得了阶段性成果：打破了一直以来围绕一篇文章而研而教的现状，创新了教学模式，打通了学段、课内外的壁垒。我们根据五维关联法开展实实在在的教研工作，将教师专业发展与促进学生语文素养发展作为教育整体，每学期五个维度的教学我们都会进行展示，以此引领全区教师开展深入研究。

有人会说针对一篇文本的教学研究这些年大家都在做；开展单元教学研究 ×× 老师在做……那么，“关联阅读教学”与他人研究不同之处在哪里呢？不同之处体现在两个方面：

1. 其他老师是针对语文教学的一个方面在进行研究，关联阅读教学则把语文课程看作一个整体，从课程建构的角度，引导教师和学生全面认识语文、学习语文，在学习的过程中，注意到知识之间的联系、学习策略的掌握与运用，以及思维能力的培养。2016 年 9 月 13 日，中国学生发展核心素养研究成果发布（见右图）。可见，教育的核心目标在于培养全面发展的人，开展关联阅读教学的目的就是以此为目标，借助文本的学习让学生及教师在“文化基础”“自主发展”和“社会参与”方面获得长足的发展。“关联阅读教学”是语文学科核心素养在课堂上落地的体现。

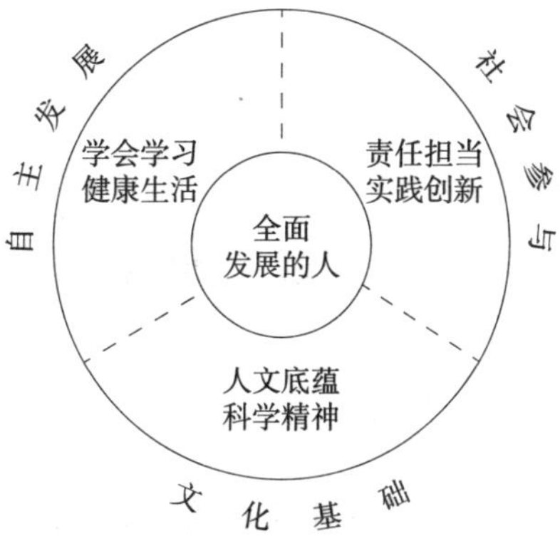

2.“关联阅读教学”探索了处于不同专业发展阶段教师的教学情况，在应该重点研究的内容上，有了清晰的指向，逐个维度进行研究，对促进他们的专业发展起到了积极的作用。通过研究让不同层次的教师们学会上课，能够上出高质量的课！我们可以通过几年的研究看到一些变化：

2015 年：我区小学语文教师被评为市级骨干教师（三年一届）的共 11 人（研修员 4 人）；学科教学带头人 0 人。

2018 年：我区小学语文教师被评为市级骨干教师的共 15 人（研修员 3 人），市级学科教学带头人 2 人（研修员 1 人），特级教师 1 人。研修员张立娟老师主编的《关联——小学语文阅读教学新思维》一书已出版。

3. 开展“关联阅读教学”让我们找到了一条适合通州区小学语文教学的系统教研模式——五维关联系统教研。有自己的教研模式，对通州区小学语文学科来说是个创举。

在开展教研活动时，研修员引导教师们针对以往教学中存在的问题进行反思；找到问题症结之后，进行相关教学理论的学习；然后通过磨课进行课堂教学实践；讲课完毕，授课教师进行反思，听课教师以此课为例，也反思自己教学中存在的问题，在共同商讨中提出改进教学的有效策略；研究团队再次修改教学设计，重新授课……就这样，针对一个研究维度的内容走上一个来回，让教师们都动起来，在反思—学习—实践—再反思—再实践的过程中，提高对教材的理解，明确教学的目标，在语言的建构与运用、思维的发展与提升、审美鉴赏与创造和文化理解与传承中，实现教师与学生共同成长。

第二章　小学语文关联阅读教学的理论依据

北京大学中文系教授温儒敏在部编版语文教材研讨会上强调："语文说一千道一万就是阅读，阅读关乎语文更关乎孩子未来。"如何将教材阅读由点扩充成线，由线扩充成面，并让学生爱上阅读，提高学生阅读素养，提升教师专业发展水平是小学语文关联阅读教学要着重思考的问题，那小学语文关联阅读教学的理论依据是什么呢？本章主要从以下几点进行阐释：

一、基于交际与认知的关联理论

"关联"一词，在现代汉语词典中的解释是"事物相互之间发生牵连和影响"。关联理论是20世纪80年代由丹斯拍波与威尔逊运用心理语言学的方法而提出的。关联理论遵循两大原则：第一个认知原则：信息的关联越大，越有利于人的认知。第二个交际原则：人与人之间的交际行为有利于建立关联。"关联视角"是指从事物相互之间发生牵连和影响的角度观察问题。"关联阅读教学"就是指从文本之间的知识联系的角度进行阅读教学方法的指导，使学生学会利用关联视角的方法进行自我阅读，提高学生的阅读能力、有效的关联能力和综合运用的能力。关联的对象可以是连续性文本，也可以是非连续性文本。

在语文教学中，可以采用比较阅读、群文阅读、扩展阅读等多种教学形式运用关联性阅读的理论。这些教学形式打破了学生刻板的、机械的、单一的线性思维，使学生获得灵活、创新、多样的非线性思维。这样不仅教会了学生阅读方法，也提升了学生的思维水平。

二、基于建构主义的学习理论

建构主义学习理论是在西方认知学派相关理论的基础上发展而来的，该理论认为学习是学习者为获取知识主动建构自身的过程，对知识的理解靠学习者的主动建构完成。在这一过程中，学习者并非空着脑袋进行学习，学习者自身的经验背景对新知识的意义建构起重大作用，知识获得应当在真实的问题情景中进行。

建构主义者认为学习者获取知识建构意义的过程分为“同化”和“顺应”两步，“同化”是指把新知识吸收入学习者已有的认知结构中，“顺应”是指学习者原有的认知结构无法同化新知识所引起的认知结构发生重组和改造的过程。无论“同化”还是“顺应”都要求学习者对新知的学习以旧知为基础，新知要么在旧知基础上增加新内容，要么由旧知重新组织转化而来，所以旧知是学习新知最直接最常用的认知停靠点。因此，在语文课堂教学的设计中，教师应充分认识学生的特点，深入挖掘教材，从而创造出学生的认知停靠点，以利于学生更好地接受新知。

在建构主义理论下来看语文阅读教学中学生阅读的心理活动过程：学生与课文之间的双向交流，从最初的不稳定不平衡、过渡到稳定平衡，才算完成了课文的理解。学生最初阅读、理解课文，所注意的是那些与自己认知结构相适应的信息、知识。就是说，课文的内容激活了学生认知结构中的“相似块”，两者发生了耦合，信息、知识同构，学生吸收了信息，这便是“同化”的过程。如读高适的《别董大》：“千里黄云白日曛，北风吹雁雪纷纷。莫愁前路无知己，天下谁人不识君？”学生初读会觉得这首诗只是诗人用来送别、劝慰董大的，题目和后两句诗学生不难理解，根据以往的学习经验，学生能大概理解诗意，这是已经存在于学生的认知结构中的，非常好接受。可这首诗并不是只写送别、劝慰朋友董大，里面也包含了诗人对自己的鼓励与劝慰，这才是文本的意蕴所在。如果学生先前的认知结构中，没有对诗人高适一生经历的了解，就难以同化接收到这一层意蕴，这就是学生认知结构与课文之间的“结构差”。解决的办法是：学生接受教师的指导，改变或调整自己的认知结构，消除“结构差”去顺应课文。学生以已有的认知结构去理解课文，吸取信息、知识，以充实和提高自己，这便是认知的“同化”建构。学生借助同化的知识，积极改变或调整自己的认知结构，以提高自身去适应课文的水平，这便是认知的“顺应”建构。这双重建构，促使学生认知结构不断地得到改造，阅读能力也随之提高。在这个过程中，教师可采用关联阅读的教学策略，将学生的阅读视野打开，丰富学生的认知，帮助学生去加深对文本的理解。

建构主义理论使语文阅读过程变得科学而清晰，特别是其关于认知结构的阐述，有助于教师正确指导学生，快速培养、提高学生的阅读能力。

三、基于教师专业发展的阶段理论

美国学者福勒（Fuller）在 1969 年编制的《教师关注问卷》中，根据教师的需要和不同时期所关注的焦点内容把教师的成长划分为关注情景、关注自身生存和关注学生三个阶段，揭开了教师发展理论研究的序幕。

受福勒的教师专业发展阶段理论启发，我们将教师专业成长分为五个阶段：

1. 入职期（参加工作 1~3 年）：这一阶段的老师，处于专业适应与过渡时期，由于对学校各方面的情况缺乏了解，对职业角色要求和规范处于懵懂状态，而且由于缺乏教育实践经验，也缺少相应的知识储备，很难对所学的理论知识进行自我建构，因而碰到的困难大多与如何适应并完成常规的教学工作和管理工作有关，面临着工作上的压力、身份转换之后所产生的心理上的不适应和职业的陌生感，这一阶段，是教师专业发展较为困难的时期。因此，在备课、教学方面还有许多欠缺之处。进行文本内部关联阅读研究，形成对一篇文本的整体认知，这是每一位新入职教师的必修课。

2. 发展期（参加工作 4~10 年）：这一阶段的老师，经过前 3 年的锻炼与成长，对教材的整个知识体系有了比较全面的了解，进入了个人的专业发展期。这一时期的教师逐渐适应了自己的工作，开始形成简单的教育观念，并初步了解实际的教育教学工作。在工作中，有更多的时间去钻研教材，研究教学策略，提升课堂效率。由于此阶段的教师既有一定的理论基础，又有了一定的教学实践经验，因此，这一阶段教师培养的主要目标是指导教师进行单元内部的关联阅读研究，开阔他们的教学思路，由把一篇课文看成一个整体到把一个单元的教学内容看成一个整体，能够选取核心的教学内容，合理安排课时进行教学。以此，使他们在职业发展的“黄金期”得到更大的发展。

3. 成熟期（参加工作 11~15 年）：这一阶段的教师能够比较自如地驾驭课堂教学，能够机智地应对和处理各种教育教学实践中的现象和问题，具有丰富的教育教学经验，这时应指导他们站在整个教材系统的角度来研读教材，形成对小学阶段知识网络的建构，从改变自身思维的角度来改变学生思维，逐步培养学生将所学知识自觉建立联系的思维方式。

4. 优秀期（参加工作 16~20 年）：处于优秀期的教师因其资深的工作经历、较高的教学水平和较为扎实的理论功底，在努力钻研业务和开展教研过程中，能够结合自身特点和教育发展要求，专业技能达到了自如状态。在教学过程中，教师要锻炼打通学生课内外学习的能力，将课内学习延伸至课外，以课外学习促进课内学习，逐步培养学生的语文学习能力。其中，这方面包括课内一篇带课外多篇，课内一篇带课外一部作品等。

5. 卓越期（参加工作 20 年以上）：这一阶段的教师，理论知识非常丰富，而且有着鲜活的教育教学经验，他们的教学方法与经验、智慧和思想将成为教育界特色鲜明的旗帜，甚至在地方享有广泛的声誉，能够影响一个学科和一个地区的教育教学发展趋势和走向，引领一大批教师不断地提升。对于处于卓越期的教师，需要指导他们在教学中帮助学生将学习的知识通过实践转化为自身的素养，生成智慧。

四、基于认知的心理学理论

认知心理学有广义、狭义之分。广义的认知心理学是指凡是研究人的认识过程的，都属于认知心理学。而目前西方心理学界通常所指的认知心理学，是指狭义的认知心理学，也就是所谓的信息加工心理学，它是指用信息加工的观点和术语，通过与计算机相类比，模拟、验证等方法来研究人的认知过程，认为人的认知过程就是信息的接受、编码、贮存、交换、操作、检索、提取和使用的整体性过程，并将这一过程归纳为四种系统模式：感知系统、记忆系统、控制系统和反应系统。强调人已有的知识和知识结构对他的行为和当前的认知活动所起的决定作用。其最重大的成果是在记忆和思维领域的突破性研究。

认知心理学企图把全部认知过程统一起来，认为注意、知觉、记忆、思维等认知现象是交织在一起的，对于一组现象的了解有助于说明另一组现象，根据它们之间的相互依赖关系，很可能会发现人类认知过程的统一加工模式。认知心理学不仅要把认识过程统一起来，而且要把普通心理学各个领域统一起来，也就是要用认知观点研究和说明情绪、动机、个性等方面。因此，认知心理学认为认知过程是整体性的，各个认知现象是相互交织关联的。

格式塔心理学（gestalt psychology），又叫完形心理学，是西方现代心理学的主要学派之一，诞生于德国，后来在美国得到进一步发展。该学派主张研究直接经验（即意识）和行为，强调经验和行为的整体性，认为整体不等于并且大于部分之和，主张以整体的动力结构观来研究心理现象。该学派的创始人是韦特海默，代表人物还有苛勒和考夫卡。格式塔心理学的主张启示我们阅读教学中的每一篇文章，既是一个个独立的整体，又是整体中存在关联的部分。因此，在整体阅读教学中，我们要重视阅读内容材料的完整性和整体性，要注意将文本内容材料本身的各部分与其他文本及各部分作为一个有机统一体来解读，要注意部分与部分、部分与整体、整体与整体之间的关联方式，以及每个部分对整个文本的不同地位和作用。

五、基于语文学习的整体性特征

语文学习的整体性，既指语文学习本身这个整体内部的各个部分之间的关联，又指语文学习作为社会一部分与其他部分之间的关联，同时也指学习者在语文学习过程中吸纳新知识、提高能力时将原有的知识与能力融会贯通，不断提高的过程。整体性的阅读学习在语文整体性学习中有着重要的地位和作用。语文整体性阅读学习，是指在语文阅读课堂学习过程中对课文侧重整体感知、整体把握、整体理解的一种学习方式。它着眼于文章的整体，注重理清文章内部的相互关联，领会文章的主旨内涵，吸收文章的精髓，并且把阅读学习看成是一个独立的整体。强调首先对文章进行宏观把握，掌握其整体特点，而后由此出发，深入分析对象各部分的特点，并将这几方面内容紧密结合起来思考。当然，这里的整体并不是各个部分的简单叠加，它们之间存在着紧密的联系。整体与部分相互印证，从而更准确、更全面地理解阅读对象的各个方面，把对微观的深入理解纳入阅读对象整体的坐标系上，也体现了整体由部分组成，部分决定整体的哲学思想，这也是语文整体性阅读学习的基本精神。

语文能力主要是依靠语言材料的积累、语感的形成，以及运用语言文字的能力。而语言材料和语感都是具有语文学习的整体性特征的。语言材料，显而易见指的是具体的阅读对象，也就是阅读材料。一篇文章是一个整体，文章中的每一个层次是一个整体，以至每个段落中每个语句也都是一个整体。这些语言内容材料只有有机地关联起来形成一个整体，才能充分地将其中蕴含的内容完整地表达出来。如果割裂开来分析，就真的成了“断章取义”。当然，语感也是不能被具体地分析的，它是人们在长期的语言实践中形成的对语言文字敏锐、丰富的感受领悟能力。当触及具体的语言对象时，应从整体上直接体会语言对象，将感知、理解、想象和情感体验等融入其中，找出关联，从而创造出新的意象。这种具有模糊性、意象性特征的语言模式与那些可以具体分析的语言知识最大的不同就是具有语文学习的整体性特征。至于语言文字的运用，则是语文综合能力的具体体现，它的整体性特征更是毋庸置疑的。因而，语文整体性阅读学习的提出是有着一定的现实意义的。

语文整体性阅读学习应先从教材的整体出发，再分解导读，最后回归到整体。即先从整体上把握文章的内容和表达特点，获得对文章的整体印象；再以整体印象为依据和出发点，分析理解文章的各个部分，直至词句的含义和作用；最后将这些局部的认识关联起来，形成对文章更新更深的理解。

语文作为一门综合性很强的学科，必须遵循其整体性原则，这样才能达到良好的学习效果。运用整体性原则，也就是要运用整体性原理去进行语文学习，关联各部分之间的内容。方法论上的整体性原理认为：“任何系统只有通过相互联系而形成整体结构，才能发挥整体功能。”语文学习中，正需要运用这种原理去达到综合、全面学习的目的。在阅读学习时，无论是句、段、篇都应该从整体性原则出发去处理问题，这样才能既理解字面含义，又能洞察深层含义；既能看到上下文呼应的语言结构，又能体会到字里行间的潜在含义；既能了解文章各部分的含义，又能抓住文章的中心思想，从而依托关联阅读对整篇文章达到较高层次的理解。坚持运用整体性的观念进行语文学习，除了能够使学生养成良好的阅读习惯，提高学生浏览文章的速度、提取相关信息的能力、概括文章大意的速度与准确度等，从而提高阅读效率之外，还能增强学生的整体意识与大局观念。整体性阅读学习，作为一种新型的、独特的学习方式，是有待大家共同探讨的一个话题。相信在新课程教学理念的引导下，在坚实的实践基础上，语文整体性阅读学习会得到不断的开拓与深入。

六、基于核心素养培育的阅读教学观

“核心素养”是教育界一个十分热门的词，是指学生应具备的、适应终身发展和社会发展需要的必备品格和关键能力。学科核心素养是核心素养在特定学科（或学习领域）的具体化，是学生学习一门学科（或特定学习领域）之后所形成的、具有学科特点的关键成就，是学科育人价值的集中体现。对于语文学科来说，语文教师如何培养学生的“语文核心素养”是必须研究的重要课题。《义务教育语文课程标准》（2011年版）就明确指出：“九年义务教育阶段的语文课程，必须面向全体学生，使学生获得基本的语文素养。语文课程应激发和培育学生热爱祖国语文的思想感情，引导学生丰富语言积累，培养语感，发展思维，初步掌握学习语文的基本方法，养成良好的学习习惯，具有适应实际生活需要的识字写字能力、阅读能力、写作能力、口语交际能力，正确运用祖国语言文字。”小学语文作为基础学科，主要从语文知识、语言积累、言语技能三个方面来培养学生的语文素养。而阅读教学，能够在很大程度上助推学生语文核心素养的形成。教师应在自己的教学实践和反思中总结出切实有效的方法，根据不同学生的发展需求，丰富学生的语文核心素养。

语言的学习离不开阅读、积累和运用。语文阅读教学，担负着积累语言的重任，主要包括语言材料、语言规律、语言典范的积累。重视积累，对提高学生的阅读能力，促进学生的全面发展有着极其深远的意义。《语文课程标准》（2011年版）指出：“各个学段的阅读教学都要重视朗读和默读。”积累语言，读是根本。朗读，是基本的语文阅读教学方法，也是语言积累的重要途径。阅读教学应以读为本，在读中理解感悟，在读中丰富积累。背诵内化，积淀语感。背诵是学生语言内化、强化的重要过程，通过熟读背诵，可以积淀语感，全方位地积累语言。《义务教育语文课程标准》（2011年版）要求学生背诵优秀诗文240篇（段），可见背诵的重要性。教师应在每一节课中落实背诵，特别是阅读教学，让背诵成为课堂必不可少的重要环节，让学生在背诵中丰富语言，积淀语感。学生如果在之前的学习中积累了一定量的精妙语言，且语言文字的规律、含义等在头脑中关联起来，就能在不知不觉中对语言的运用得心应手，增强自己的表达能力。由此可见，背诵内化的确是促进学生形成良好语感和语文核心素养的有效途径。当学生的语言积累丰富了，语言感悟能力提高了，语文核心素养自然也就提升了。

在语文教学中，阅读教学是重头戏。《义务教育语文课程标准》(2011 年版)明确指出："阅读是运用语言文字获取信息、认知世界、发展思维、获得审美体验的重要途径。阅读教学是学生、教师、教科书编者、文本之间对话的过程。"因此，学生提高语文方面的核心素养，除了生活中的体验，更多的则来源于阅读。因为不仅能从阅读中获取有用的信息和丰富的知识，还能汲取精神养料，提高人的整体素质。"语文课程是一门学习语言文字运用的综合性、实践性课程"，教师应把语文教学与现实生活关联起来，引导学生把学到的知识应用于实践，通过实践升华能力，从而提升学生的核心素养。作为教师，我们要给学生提供实践运用的机会，搭设展示个性才华的舞台。

《义务教育课程标准》(2011 年版)指出："应加强对阅读方法的指导，让学生逐步学会精读、略读和浏览。要重视培养学生广泛的阅读兴趣，扩大阅读面，增加阅读量，提高阅读品味。提倡少做题，多读书，好读书，读好书，读整本的书。"因此，阅读能力的提升是学生语文核心素养的重中之重。而在阅读教学中，关联阅读是语文学科核心素养的基本体现，既是促进学生与教师共同成长的一种教学理念，也是课程构建的一种理念。关联阅读是一种思维方式（它是分析、整合、概括、比较、分类、联想、推理、联结等的统称），也是一种阅读策略，具体如下：

1. 预测；

2. 推理；

3. 启动先备知识（内容、结构、自然、社会等方面）；

4. 图像化；

5. 整合资源；

6. 联结生活等。

如果在我们的语文课上，学生能真正学会积累、学会阅读、学会运用、学会关联，并且好读书、读好书，那么，学生的语文核心素养将会不断提升。

以上从认知理论、建构理论、教师专业发展理论、语文学习的整体性特征、基于核心素养培育的阅读教学观等方面阐述了小学语文关联阅读的理论基础，理论是指导实践的重要依据，同时理论也是对实践经验的总结。小学语文关联阅读的教学离不开理论的指导，更离不开实践的检验。

第三章　小学语文关联阅读教学的体系构建

一、实现文本内部关联的基本路径

语文教学中，教师巧妙地运用关联理论，可以拓展和丰富文本的内涵与意蕴，帮助学生更好地感悟文本。课堂上，教师凭借自己与学生各自的言语经验、言语感悟、言语智慧乃至言语人格，借助“关联视角”进入文本及言语场，把握文本中的关联信息，唤醒文本背后的作者及文本的深层意义，点化学生的言语悟性和灵性，提高学生的阅读能力、关联能力和综合运用的能力。语文教师要学会巧用文本中的内部关联，巧设问题，启发学生的思维，演绎更多的课堂精彩。

（一）文本内部关联的概念

文本内部关联指的是文本内部各要素间的相互联系。它强调的是文本语言和思想的关系，它的语言功能和意义体现在意思、感情、结构、语气和意向等方面。

文本内部关联从广义上说可以分为显性关联和隐性关联，主要的表现形式是语句关联、语脉关联、语境关联。从狭义上说可以分成言与意的关联、表与里的关联、上与下的关联、异与同的关联、知与用的关联、读与写的关联、文与人的关联等。

（二）研究背景

1. 突破学生思维窄化的局限性

在以往的学习中，“以考定教，以教定学”的现象普遍存在。教学中，老师只负责教零散的知识点，缺乏对学生整体思维和系统优化思维的训练。长期以来，学生的思维处于窄化状态，不能很好地把文本中的知识融会贯通、前后关联，缺乏思维的有力支撑，不具有发展性的功能。他们仅局限于老师讲哪儿，便学哪儿、想哪儿，学到的知识也仅仅运用于课堂或考试，不能较好地运用于各学科和生活。

文本内部关联在课堂上的恰当嵌入，有助于让学生做到既要看这儿，又要想那儿，找准关联点横纵链接，这样学生得到的不仅是知识，还有思维的方式，从而突破思维窄化的局限性。

2. 新入职教师专业发展需要

新入职的教师踏上教学岗位的前几年是专业发展的重要阶段。他们有知识、有能力、有热情、有斗志，但没有教书育人的经验，没有把理论转化为实践的基础，教育教学的基本技能薄弱。面对角色的转换，交际模式的转换，他们往往会不知所措，再加上对教材的内容不熟悉、对教材的重难点把握不准、对学生的年龄需求不明，出现的问题也会比较多。课堂上的文本内部关联，可以作为新教师专业成长的抓手，促使他们快速成长。

（三）文本内部关联的策略

1. 关注文本内部的显性关联

文本内部的显性关联是指文本内部各要素间有意识的、直接的、外显的关联。它具有目标明确、条件可靠、效率显著的特点和优势，可以通过联系上下文理解词意、句意等方式进行，容易被学生把握。

在课堂教学中，教师不可能把梳理出的所有的关联形式都用到，要根据文本特点、学生特点来选择恰当的文本关联策略，培养学生关联性阅读的思维。

（1）课前制订关联设计

教学前，教师要从文本特点方面进行考虑，寻找原文本的最佳关联，形成原文本的认知与理解。从关联理论的融入最佳点及对文本的语义关联点进行重点分析，找准解题效果关联点，结合师生共同的生活体验点及阅读经验点和文本展开深入对话，预设好课堂的有效关联策略，引导学生深入理解言语内容、言语形式和作者意图。

教师进行教学设计时可突出以下特点：整体掌握教学内容，完全熟知教学材料，准备必要的阅读素材，帮助学生建构相关的认知语境，注重提高学生掌握词汇、认清话语结构及捕捉篇章关联信息的能力、传授相关的阅读技巧，这样既可以让学生在分析、理解和推理过程中寻找和调用多方面关联信息，形成相关语境假设，培养自身的语用与推理能力，又可以让学生充分发挥主观能动性，主动开展讨论，拓展思维空间。教师提前做好教学设计不仅可以肯定或纠正学生的阅读理解表现，还可以增强他们对学习的兴趣。

（2）课上凸显关联特性

教学中，教师可引导学生抓住文本中词、句的提示，在语境线索的认知环境中，寻找语句关联，准确地推导出作者的交际或写作意图，凸显文本内部关联的特性。

① 联系上下文理解词义

文本中的词是作者在传递意图时常用来增强效果的一种方式。以关联理论为基础的认知模式有助于学生更加深入地分析词的运用，让学生明白作者是如何根据自己所要传递的意图，有意识地选择特定的词语，达到更好地鉴赏作品的目的，增强作者想要达到的语境效果。

联系上下文理解词语即“瞻前顾后”，具体是指联系文本前后的句子，明确词义，在具体语言环境中揣摩词意的变化，用自己最通俗易懂的语言表达出来，准确把握词语的外延和内涵。联系上下文理解词语不仅是语文教学的一项基本内容，更是学生理解课文内容、培养其自学能力的有效途径。

小学生的思维方式以形象思维为主，理解词语必须要依托文本中具体形象的语言环境。借助语境提供丰富的感性知识，把二者紧密联系，使抽象的词语转化为可感知的对象。有些词语在不同的语言环境中还有着其浓郁的情感色彩和特定的含义。所以，词义只有在语境里学习才能水到渠成。

教学中，教师要教学生联系上下文理解词义的方法。

首先，找准语境。读课文找准能诠释所要理解的词语意思的句段，即确定词语位置。

其次，明确外延。读词语所在的句段或跟词语有关的句段，思考词语在语境里是写什么的、写谁的。每个词语都有它描述的对象，这对象就是它的外延即词语使用的对象、范围，因此，教师还可以让学生顺着外延由表及里地深入到词语的内涵。

再次，感悟内涵。每个词语貌似静止的符号，却有着无比深刻的内涵。词语的内涵是词语的本质，是它区别于其他词语的分界点。学生不仅要把握词语的内涵，还要将其用语言概括出来。也就是把词语放在句中，带入文中的语境，联系上下文想想词语的意思。

在教学中，教师教学生联系上下文理解词义的方式如有以下几种：

A. 借助句子本身理解词义

一些新词在出现时，前面或后面已形象地概括出了词义，触手可及，引导学生理解这些词语时，应放手让学生读，边读边思考，借助句子本身来理解词义。比如学《将相和》这课时，学生在理解“负荆请罪”这个词的意思时就能关联“廉颇脱下战袍，背上荆条，亲自到蔺相如门上请罪”这句话。

教学时，这种联系上下文理解词义的方法，学生兴趣浓、易掌握、效果好。

B. 借助语句关系理解词义

语句间关系错综复杂。理解词义最有效的方法应是引导学生读懂词语前后的句子，挖掘语句间的关系。如讲《黄河象》中“甚至”的词义时，可以让学生找到原句中这个词语的位置，根据前后句的关系，理解“甚至”是更加的意思，它的后者比前者的程度深。

联系上下文利用语句间关系理解词语时，可先去掉需理解的词语，再读懂句子，悟出关系，再说明用这个词语表示的意思。

C. 借助事件发展理解词义

这些词语大多是在记事的课文中出现，字典的直白意思在句中无法解释清，这时就需要借助学生特别关心的故事情节的发展理解词义。如讲《养花》这篇课文时，学生对“循环”的词义理解起来很难，把字典的解释直接放在句中又解释不通，但引导学生把这个词带到文中，借助事件发展理解就容易了。学生能关联到“我”爱花，又有腿病，所以“我”想借养花来调节体力劳动和脑力劳动。于是，总是写一会儿就到院子里看看，……然后回……然后再……，这个过程就是“循环”，继续往下发展，遇到突变天气，全家抢救花草，第二天，天气好转，又搬出来。

课堂上遇到这样的词，先出示这个词不详讲，然后引导学生通过前后文字融会贯通地进行体会，使学生理解得更到位。

② 联系上下文体会句义

联系上下文理解句子的深刻含义必须先让学生熟读句子，理解句子的表面意思，再联系上下文，想这个句子的内容与上下文的哪些内容有关联，最后想这个句子的真正含义。学生在这种关联思维的训练中不仅理解了其中的句子含义，还在具体的学习实践中掌握了理解含义深刻的句子的学习方法，揣摩作者表达的情感，从而提高阅读能力。

2. 重视文本内部的隐性关联

文本内部的隐性关联是指文本内部间接的、内隐的关联，具有间接性、内隐性、广泛性的特点。进行文本内部的隐性关联需要教师备课中做好预设，课堂上给予学生指引，打开学生思路，找出话语的关联，推导出语境的含义，拓宽学生思维，培养学生树立大语文观。教师可以借助渗透写法、关注标点、整合文本、挖掘情感等多种方式进行语脉关联和语境关联，完成隐性关联到显性知识的转化，优化语文课堂教学。

（1）关注标点，注重关联

教师在教学中还要引导学生注意标点符号间的关联。有的文本在标点符号的使用上很有特点，平时不经常接触的标点符号在文本中重复使用，但使用的意义不尽相同，给读者以耳目一新的感觉。比如《穷人》中省略号多次使用含义也各不相同。引导学生上下关联，可以更深入地理解人物心理活动，为后文感悟作者要表达的情感做铺垫。教学中，教师要抓住文本中标点符号的作用，让学生在品读文本的过程中，找准标点符号之间的关联，根据使用特点进行分类，总结规律。这样，学生头脑清晰，对标点符号使用时的不同作用掌握得好，有利于把握文章的主线，感受作者表达的情感，对今后的标点符号的正确使用也大有帮助。

（2）理解内容，落实关联

在教学中，老师可引导学生多角度阅读文本，理解内容，演绎关联。

① 题目扩展关联

教师可以引导学生抓题目拓展来理解文本内容。有的题目能高度概括文本的主要内容，学习中就可以先从审题入手，弄懂题目的含义，然后关联文本内容加以扩展。如“董存瑞舍身炸暗堡”这个题目就是文本的主要内容，对它稍加扩展充实，学生就能准确概括、初步了解文本内容。然后，再引导学生从题目入手，以辐射状态关联文本隐藏信息，理解文本内容，这样能使学生学得轻松，兴趣浓郁。

② 分析比较关联

学生在理解课文内容的时候，不可能面面俱到，这就需要老师引导学生理清文章脉络，前后关联、反复比较、细致分析，分清主次，大胆取舍。特别是对文本主要内容的理解，要找准关联点，分析比较点，进行关键词句和段落的衔接，挖掘文本隐藏的信息，更深入地理解文本内容，体会作者情感。

（3）挖掘情感，凸显关联

每一篇好的文章，都充盈着作者的情感，奔涌着作者的思潮，在一字一句之间，情感被渗透、被传达、被倾诉。在实际教学中，教师应善于抓住文本中情感因素的隐性关联，帮助学生与作者、文本中的各种人物进行深入的情感交流和心灵对话，引发学生的内在体验，引起学生的情感共鸣，从而使学生愉悦性情、陶冶情操，培养健康的心灵和完美的个性。

在学习中，教师充分利用情感这一平台，抓住文章的情感线，挖掘教材内部情感的隐性关联，并在实际教学中深化这种关联，帮助学生更好地理解课文内容，形成正确的人生观和价值观。在教学中，情感既是教学内容又是教学结构，既是教学目标又是教学手段。教师要充分利用“情感”的关联支点，撬动文本内部多个关联点的对接，促进多种关联能力的提升。

（4）整合文本，深化关联

教学时，教师应注意文本的整合，即起始是合，终点在整，教学中要遵循“整体—局部—整体”的阅读教学基本规律，使文本的内能更大，课堂教学重点突出，难点迎刃而解。

在文本当中，文眼往往是最能揭示主题、升华意境、辐射全篇的关键性词句，通常它以文题、文中反复出现的词语、关键句等形式出现。阅读教学中，教师引导学生关联全篇的文眼，理清文本内部关联，进行研读文本，学生就能较为容易地走进文本，更准确地感受文本所传达的情感，获取更丰富的情感体验。例如：《鹬蚌相争》这篇寓言，讲的是河蚌张开蚌壳晒太阳，鹬去啄蚌的肉，蚌紧紧夹住鹬的嘴。双方互不相让，谁也不肯放开，结果一起被渔人捉去。文本围绕“争”这个字展开，由“争”的起因到“争”的过程，再到“争”的结果，步步推进，层层深入。阅读教学中，教师可以引导学生抓住鹬蚌之间的对话，深度品读，并让学生表演“鹬蚌相争”的情景，加深对鹬蚌激烈相争、互不相让的理解。之后又通过借助阐释“争”的古字形、本义等文字学的知识帮助学生理解鹬蚌相争的激烈情形，为理解故事寓意做铺垫。本课教学围绕“争”字展开，通过形式多样、各种情绪的“读”，将“争”逐步推向高潮，此时再话锋急转到“鹬蚌一起被渔翁捉走”，进而揭示寓意：双方争执不下，结果是两败俱伤，让别人从中获利。整个教学以“争”字整合全篇，浑然一体，使学生深入地研读文本，准确把握寓意。

可见，教师在教学中注意引导学生找准规律、总结方法，培养学生各种能力，加大内能，整合文本，重视文本之间的内部关联，并在教学中真正落实，可以使语文课堂教学效果最大化。

（5）渗透写法，演绎关联

对于写法突出的文本，教师给学生充分的时间感悟，让他们善于总结归纳，发现规律，找准段和段之间的关联、渗透写法。

对于写法突出的文本，教师要注意引导学生让文本内部建立起关联，避免写法相同段落的过多分析，给课堂重点的部分“增肥”，相同写法的段落“减肥”，巩固写法，提高学生的学习兴趣，提高课堂实效。比如《索溪峪的“野”》好几个段落写法相同，就可以采用“教、扶、放”的方式进行课堂教学，既有引领、又有放手，学生也学得轻松。

另外，对于文本中学生新接触的写法，教师在课堂上要重点讲解，让学生在反复朗读中找准文本中有关联的事物，确定作者运用的写法，体会运用这种写法的妙处，感悟作者表达的情感。

当然，教师还要注重课堂上的文本内部显性关联和隐性关联的有效融合，不能分割进行。根据学生的上课学习情况，老师可以给他们留绘制文本内部思维导图的作业。让他们根据自己课堂中印象深刻的地方，寻找文本内部间的显性关联和隐性关联点绘制思维导图，内容不限，形式不限，目的是让他们学会课后总结、归纳、反思，培养关联能力，训练关联思维。

（四）文本内部关联的影响

1. 有利于教师的专业发展

文本内部关联理论为刚入职不久的老师铺设了深入课堂、了解学生、提高学生能力、训练学生思维、完成课堂教学任务的捷径，为工作已久的教师的教学理念更新提供了着力点，为教师进行文本阅读分析提供了遵循学生认知规律、契合阅读心智动能的路径，而且帮助教师找准了提高学生课堂能动性的方法及在课堂上出诊把脉、对症下药的依据，便于教师掌握学生们在课堂上思维发散度的情况，有助于提高老师们课堂驾驭的能力，增强课堂实效。

2. 有利于学生的能力提升

教学中，巧妙地引用文本内部关联可以帮助学生解决课堂上的难题，既可以让他们掌握阅读方法，又可以提升他们的思维水平。学生在训练中，也会打破原有刻板的、机械的、单一的线性思维，获得灵活的、创新的、多样的关联思维。

（1）便于开阔阅读视野

关联理论在课堂上的实施既能开阔学生的关联视野，让学生根据语境推断语义，正确分析语料意义、逻辑关联、作者的写作目的及要表达的思想，又能兼顾学生语文素养的综合提升。

（2）便于掌握阅读方法

教学中的关联理论的引入，给学生提供了新的阅读思路，使原本单一的内容形成网络联系，建立起结构化知识网。学生能掌握关联阅读的方法，在特定的语篇语境下进行合理推断，准确寻找联结文本、语境与思想的最佳的关联信息进行深层次探究，对文本的理解也更加全面立体。

（3）便于训练关联思维

关联理论的巧妙使用训练了学生在理解文章字面意思的同时积极利用原有知识进行联想和认知语境推理的思维、利用前文阅读形成语境假设的思维，以及利用文本隐性信息补足显性文字内涵促进推理理解的思维，这样做有效提高了学生们文本阅读的自主分析能力，激发了他们探索阅读理解的兴趣，拓展了他们的思维路径，提高了他们的文学品质修养，同时训练了他们关联思维，让他们受益于课堂、受益于读书，并且把他们的思维方式带入生活，形成新的认知、判断。

总之，在语文教学中，教师要按照课前的关联教学设计做好预设与生成的转换，注重文本中的显性关联与隐性关联的互补，落实思维导图与文本内容的关联衔接，将学生所学新旧知识的结构相联系，促进知识间的迁移与构建，加深理解和记忆，提高学生的各种关联能力，优化语文教学。

二、有效整合，实现单元内部的关联

每个人心中都有一门语文课，你心中的语文课是什么样子的？《义务教育课程标准》(2011 年版)中指出“语文是一门学习语言文字运用的综合性、实践性课程”。语文教学为了什么?为了学科树人,为了让学生发展学科思维、学会学科表达。为了达到这样的教学目标,《课标》又指出“学生通过阅读与鉴赏、表达与交流,梳理与探究等语文学习活动,在语言构建与运用、思维发展与提升、审美鉴赏与创造、文化传承与理解几个方面获得进一步的发展。并且指出“使学生在不同内容和方法的相互交叉、渗透和整合中开阔视野,提高学习效率”。

(一)单元内部关联的概念

1935 年,夏丏尊与叶圣陶合编的《国文百八课》的出版,标志着单元组合教学法的进一步完善和成型。人民教育出版社根据 1956 年颁布的教学大纲,编写了初级小学和高级小学的语文教科书,除第一册以外,都是按单元进行编排。我国 2001 年《全日制义务教育语文课程标准》(实验稿)颁布以来,多个版本的教科书,也都是以单元形式呈现。2017 年全国部编版教材的编写,更是在每个单元都明确提出人文主题和语文素养,单元主题非常明确。根据教材的编排特点,教师引导学生在单元学习的过程中,有意识地将同一单元的几篇文章进行关联阅读,综合运用各种阅读技巧建立信息之间的关联,获取丰富的信息,实现对单元的整体理解,这就是单元内部的关联教学。那么如何构建单元内部关联的教学策略呢?

(二)研究背景

1. 立德树人的时代要求

习近平总书记在党的十九大报告中指出:“要全面贯彻党的教育方针,落实立德树人根本任务。”立德树人是发展中国特色社会主义教育事业的核心所在,是培养德智体美劳全面发展的社会主义建设者和接班人的本质要求。立德树人作为教育的根本任务,必然关注人的全面发展、和谐发展、持续发展和终身发展。单元内部关联教学研究为学生的全面发展提供了契机,更有助于学生形成良好的道德品格和健全的人格。

2. 部编版教材的基本特征

部编版教材的编写,更加强调在每个单元都明确提出人文主题和语文素养,单元主题非常明确。总主编温儒敏教授谈到部编版语文教材的编排时指出,结构上明显的变化是采用“双线组织单元结构”,按照“内容主题”(如“修身正己”“挚爱亲情”“人生之舟”等）组织单元，课文大致都能体现相关的主题，形成一条贯穿全套教材的、显性的线索；同时又有另一条线索，即将“语文素养”的各种基本“因素”（语文要素），包括基本的语文知识、必需的语文能力、适当的学习策略和学习习惯，以及写作、口语训练等，分成若干个知识或能力训练的“点”，由浅入深，由易及难，分布并体现在各个单元的课文导引或习题设计之中。根据教材的编排特点，教师就要引导学生在单元学习的过程中，有意识地将同一单元的几篇文章进行关联阅读，综合运用各种阅读技巧建立信息之间的关联，获取丰富的信息，实现对单元的整体理解。老师们教学实践中可以按照新教材的单元顺序来安排教学，但不能拘泥于人文主题，要特别注意语文知识、能力的落实这条线。还要注意把单元中阅读、写作、综合性学习等几方面结合起来。

3. 发展期教师专业发展的需要

教师入职以来，各种短期、长期、定期培训和教研活动参加的不少，外在的助力已经使这一阶段的老师比较熟知各个单元的教学内容，也比较自如地驾驭课文内部关联的单篇课文的课堂教学。这一阶段的老师会有较强的自我发展的心理需要，想在原有的教学实践上有所突破。单元内部关联教学的研究，可以助力这一阶段教师的专业成长，并且为这一阶段教师可持续发展做好准备。

《义务教育语文课程标准》（2011 年版）中明确指出：“在课程标准的学习和贯彻过程中，还要充分发挥一线教师的积极性，用他们的经验与智慧去丰富对课程标准的理解，只有紧密结合实际，课程改革的理念才能真正转化为教师的教学行为。”有学者（王尉竹，曲阜师范大学）以 Q 市 N 所小学的语文教学情况进行调查，发现 31.5% 的小学语文教师不太能够从教师、学生、普通读者等多个视角来进行文本解读和思考，还有 4.1% 的小学语文教师没有从多个角度进行过文本解读。数据说明大部分小学语文教师在这两个方面的理解程度是较低的。教师进行语文文本的解读不应只是去理解某一文章的语言、语境、谋篇布局等的特点，对于整个教学文本编排的指导思想、结构体系、重难点等情况的了解和把握也是非常重要的，要达到多维度解读教材，从整体上进行教学实践活动。教师应树立专业发展志向，并不断求索，同时提升自身的素养和专业水平。

在进行通州区小学语文教师教龄分布情况的调查时，我们发现全区 1098 名小学语文教师中，教龄 3 年以下的 254 人，占总数的 23.13%；4—10 年教龄的有

521 人，占总数的 47.45%；11 年以上教龄的有 323 人，占总数的 29.42%。

结合前两章所述，在学习教师专业发展阶段理论的过程中，受美国学者福勒的教师专业发展阶段理论启发，我们将教师专业成长分为五阶段，其中参加工作 4~10 年的老师处于发展期。发展期的教师，对教材的整个知识体系有了比较全面的了解，已经能比较自如地驾驭课本内部关联的单篇课文的课堂教学，刚入职的压力和不适基本消失，有了自己的教学风格，有自我发展的心理需要，但是又走不出入职以来单篇课文教学的课堂模式。如何助力这一阶段教师的专业成长呢？此时应指导他们进行单元内部的关联阅读研究，开阔他们的教学思路，让他们由把一篇看成一个整体到把一个单元的教学内容看成一个整体，选取核心的教学内容，合理安排课时进行教学，以此促进他们在职业发展的“黄金期”得到更大的发展，也为他们今后的发展做好准备。

（三）单元内部关联的教学策略

语文作为一门综合性很强的学科，必须遵循其整体性原则，才能达到良好的学习效果。崔峦老师说过：“单元内部关联这项研究的特点是‘整体’‘优化’。其教学目标是整合的，立足于教科书的单元编排，每个单元有明确整合的语文训练重点。”单元内部关联教学就要整合单元内的教学资源，为单元教学打下基础。

1. 整合教学资源，有效转化教学资源

整合单元内部的教学资源，就是要跳出逐篇设计、逐篇教学的定式，进行整体设计、整体教学。

（1）对教材深入分析，整合单元内容

“工欲善其事，必先利其器。”老师要深入分析教材，从多个维度去解读教材。第一，是以作者的角度，了解作者的写作背景；第二，是以读者的角度，读出作者通过语言文字传递出的信息、情感等；第三，是以教者的角度，了解的不仅仅是作者的创作背景，还有教材所体现的人文素养和语文要素，思考这些语文知识运用怎样的教学策略能让孩子们将知巧学会、真学会并学会用；最后的落点以学习者的身份（即学生）学会、运用和传承。例如作为教者进行北京版四年级下册第四单元的教材分析，这个单元安排了三篇精读课文《果敢的判断》《语言的魅力》《六个馒头》和一篇略读课文《天游峰的扫路人》，以及“语文实践活动七”。人文主题是四篇文章，都是通过一件事的叙述，突出人物的品质，使学生不仅懂得遇到困难要相信自己，敢于做出正确的判断，而且懂得尊重、同情、体贴和关爱别人。

语文要素是在阅读能力方面要注意以下几点，第一，要能从整体上把握文章的主要内容，层层递进，最后复述课文内容；第二，要进行质疑的训练，（质疑的地方：题目、遣词造句的妙处、课文的重点、难点处、矛盾之处、写作手法）第三，关注人物看似简单的细节描写，通过揣摩细节描写，体会人物品质。那么怎么让孩子们学到这些呢？教师的教学策略是什么呢？教师应根据对教材的分析，选择适合孩子的策略：引导孩子关注人物看似简单的细节描写，通过揣摩细节描写，体会人物品质；引导质疑：通过质疑题目、遣词造句的妙处、课文的重点、难点处、矛盾之处、写作手法，了解课文内容、学习课文的写作方法、体会文章的情感。

再如北京版四年级下册第五单元中的课文，从读者的视角来看，《天鹅的故事》用斯杰潘老人口述的方式记叙了他看到一只老天鹅带领一群天鹅奋力破冰、寻找食物，并被其感动将猎枪一挂三十多年的故事。课文中既让人感受到天鹅的光辉，又讴歌了斯杰潘老人对生命的尊重。《刺猬》这篇课文很有趣，写了作者在森林中抓了一只小刺猬并带回家去养后发生的一些有趣的事情。这篇课文成文于近一个世纪前，当时人们保护动物的意识远没有现在这么强，所以课文中尽管流露出对动物的关爱，但是并没有透出“最好的爱护就是尊重”这一观点。再从教者的视角来看《天鹅的故事》和《刺猬》。纵观《天鹅的故事》这篇课文，有许多地方存在着反差，如：斯杰潘老人酷爱打猎，但却将枪一挂三十多年；拥有优雅姿态的天鹅与“像石头似的”的破冰行为形成了反差；天鹅的三次叫声，也在内容与情感上存在着反差……《刺猬》这篇课文中尽管流露出对动物的关爱，但是并没有透出“最好的爱护就是尊重”这一观点。两篇文章体现的主题都是“尊重”，但是什么是尊重又是我们引导孩子深入阅读的点。所以这一单元的教学，聚焦主题为“人与动物”。

以上均是在进行北京版教材单元内部关联教学时的一些实践。部编版教材的主题更为突出，每个单元从人文主题、语文素养两个维度进行编写，更要求我们要有单元内部关联的教学意识，整合单元内容。例如部编版教材五年级上册第一单元，共包括三篇精读课文和一篇略读课文。首篇《白鹭》是近现代诗人、作家郭沫若于1942年10月创作的一篇散文。此文以真诚的笔触描绘了白鹭的生态特征（白鹭适宜的色素和身段，以及觅食、栖息、飞行的韵味），表达了作者对白鹭的喜爱与赞美之情，歌颂了与白鹭一样平凡美丽的人们。《落花生》是现代作家许地山写的一篇叙事散文，通过谈论花生的好处，借物喻人，赞扬了像花生一样具有不图虚名、默默奉献的品格的人，揭示了人要做有用的人，不要做只讲体面而对别人没有好处的人的道理。《桂花雨》是当代台湾女作家、散文家琦君的一篇语言优美的散文，作者回忆了与桂花相关的往事，寄托了作者对童年往事的无限怀念之情和对故乡的无限热爱与思念之情。《珍珠鸟》是当代著名作家冯骥才在1984年创作的一篇散文，记叙了珍珠鸟在作者精心照料下由害怕人到信赖人的过程，表达了作者对珍珠鸟的喜爱之情，并且抒发了作者渴望人与动物、人与自然和谐相处的思想感情。四篇文章的写法都是借助事物抒发作者的情感，这也是本单元的语文素养主题，本单元的人文主题是感受作者的情感。对教材的深入解读，能够从整体上了解单元课文的内容、单元的编排特点、单元主题，教师应对单元内容进行整合，为单元内部关联教学做好铺垫。

（2）整合学习方法、进行情感体验

在进行单元整体教学的准备工作时，要从整体上把握教材、处理教材，除了内容的整合以外，还要注重学习方法、情感体验的整合。例如在进行北京版五年级上册第二单元整体备课时，我们发现本单元包括精读课文两篇、略读课文两篇，一个实践活动，还有一篇习作，即选择参观游览过的一个地方，按参观或游览顺序，自拟题目，写一篇习作。本单元的主题是写景，写景的文章在低中年级都有涉及，但是这组课文安排在五年级，要突出的教学点是：有序观察、有序表达；详略安排（抓住重点事物进行重点描写）。

在教学中，没有“梳理”就没有探究，不对学习内容或材料进行“分类”“统计”“排序”或“列表”，你根本就不可能进行后面的“观察、聚焦、放大、比较、辨别、想象、预测、推理、判断”等。例如在进行北京版四年级下册第五单元的教学时，我设计了这样的单元知识导学单：

《天鹅的故事》		《刺猬》		《迎接绿色》		《吃虫的植物》	
我的做法	天鹅的表现	我的做法	刺猬的表现	我们的做法	丝瓜的样子	植物的样子	怎样吃虫

孩子们是通过读课文，根据自己初读感知，梳理出单元课文的基本知识和内容，并从三个维度来分析。第一个维度是前两篇是写动物，后两篇是写植物；第二个维度是前三篇是人与动植物，第四篇是单纯介绍植物；第三个维度是前两篇课文的开头和结尾是有变化的。带着这样的发现，孩子们就会深入地学习课文，做学习的主人，站在课堂中央。另外，教师要对学生进行适当引导，例如进行第三个维度的教学时，引导学生根据导学卷回忆这两篇文章的开头和结尾，并询问学生发现了什么。

（生）有变化——

斯杰潘老人的态度有变化、刺猬的行为有变化。

（教师出示两篇课文细读结尾）从哪里看出变化？请进行朗读。

对比两组变化（我——我；刺猬——它）你又发现了什么？

（生）一篇是人物发生了变化，一篇是动物发生了变化。

教师引导：读到这儿，有什么疑问吗？

预设：为什么发生这样的变化？

这个问题提得好，但是不好回答，一定要细细阅读。

通过朗读两篇课文结尾，引导学生学习抓住重点字理解的方法，培养学生进行课文内容质疑的能力。根据开头和结尾的变化、起因和结果的变化、两篇文章的变化，探究老人和刺猬的变化，感受人与动物需要和谐相助的人文精神。

再如部编版五年级上册第二单元是阅读策略单元，主要是让学生通过学习提高阅读速度的方法，阅读不同文体，学习阅读策略，了解课文内容，结合具体实例了解人物特点，了解所介绍的事物的特点。所以，在进行单元内部关联教学时，应让学生整合学习提高阅读速度的方法，通过有一定速度的阅读，体会表达的情感。在单元整体关联教学时，让学生根据快速阅读填写主要内容，引导学生体会有一定速度阅读的好处，并且总结交流有一定速度阅读的方法，为后面的情感体验做准备，起到承上启下的作用。然后通过有一定速度阅读、合作阅读活动，让学生真实感受到家乡人们走搭石的情景美和过搭石的心灵美。

课题	《搭石》	《将相和》	《什么比猎豹的速度快》	《冀中的地道战》
课文内容				
新的收获	方法： 体会：	方法： 体会：		

叶圣陶先生在1980年小学语文研究会的发言上指出“口头语言和书面语言都有两方面的本领要学习：一方面是接收本领，听别人说的话，读别人的东西；另一方面是表达的本领，说给别人听，写给别人看”。我们进行单元内部关联教学，就是要整合本单元的学习方法，让孩子们掌握学习方法，学以致用。学，不仅仅体现在学习方法上，更需要的是情感上的体验和熏陶。例如上述单元就是在快速阅读，合作阅读活动中，真实感受了人物特点事物特点的。学生通过单元内部的阅读与鉴赏、表达与交流、梳理与探究等语文学习活动，在语言构建与运用、思维发展与提升、审美鉴赏与创造、文化传承与理解几个方面获得进一步的发展。

2. 多角度联系，促进思维发展

无论哪个年级，哪一单元的课文，大多都有一个主题。有的是以热爱自然为主题，有的是以关爱动物为主题。我们的主题选择要从切实解决学生学习中遇到的问题等方面选定，而不是凭空选择。例如在进行北京版五年级上册第二单元的教学时，根据学生预做中的问题（不能抓住景物特点进行细致描写）确定了单元主题——抓重点景物进行重点描写；第三单元根据学生预做中情感不真实的问题确定主题——真实的爱；第六单元根据学生预做中写说明文枯燥的问题确定主题——生动的说明文。再如进行北京版四年级上册第五单元的教学时，以往在进行该单元《赵州桥》《参观人民大会堂》《珍珠泉》等课文的教学时，大部分老师们研读的是单篇课文，深入挖掘的是单篇课文的知识点，然后进行课堂教学。在进行单元内部关联教学研究后，我们通过研读教材，整体了解这一单元的内容。

并且在此基础上，通过学生预做发现问题，确定本单元主题，以单元主题为线，然后进行单元主题教学。老师们设计了导学单，贯穿预习几个模块的教学，体现了单元整体教学的主题意识。

《赵州桥》		《参观人民大会堂》		《珍珠泉》	
自然段内容	逻辑段内容	自然段内容	参观行程	自然段内容	主、次特点联结
知晓内容，了解结构（过渡段的作用：概括内容、了解顺序、突出特点）					

部编版教材五年级上册二单元是阅读策略单元，在进行这一单元的教学时就要紧紧扣住提高阅读速度的单元主题进行单元内部关联教学设计，因为每个课时的人文主题和语文素养主题统一，所以阅读要有一定的速度。教师还要让学生学习提高阅读速度的方法，结合具体事例写出人物的特点。

三模块教学目标		
第 1 课时 教学目标 1. 通过快速默读课文《搭石》(集中注意力，不回读课文)，了解课文内容，想象家乡人们走搭石的情景。通过演一演《将相和》中的小故事，练习尽量连词成句地读课文，不一个字一个字地读。 2. 通过快速默读本单元课文，结合文中具体事例、重点语句感受人物形象，体会人物的爱国思想和其他美好品质。	第 2 课时 教学目标 1. 运用学过的提高阅读速度的方法，阅读本单元课文感受自然的神奇，体会我国人民在战争中表现出的顽强斗志和无穷无尽的智慧。 2. 积累新的阅读方法（带着问题读，了解本单元课文表达顺序，圈画重点字词）提高阅读速度。	第 3 课时 教学目标 1. 总结、梳理提高阅读速度的方法，为后面的学习打下阅读基础。 2. 交流快速阅读的好处。

3. 聚点而教，言意共生

语文整体性阅读学习，是指在语文阅读课堂学习过程中对课文侧重整体感知、整体把握、整体理解的一种学习方式。它着眼于文章的整体，注重理清文章内部的相互关联，目的是领会文章的主旨内涵，吸收文章的精髓。所以在整体把握教材的基础上，要聚点而教，体现单元主题教学的特点。在教学时，把单元主题分散在每一个模块教学过程中，有所侧重，分点聚焦。聚焦这一单元文章，从主要内容到文章表达顺序、从作者情感变化到其缘由，根据相同或相似的特点确定单元主题。例如进行北京版四年级上册第七单元的《给予树》《卖木雕的少年》这两篇文章的教学时，要考虑到这两篇文章都是按照事情发展顺序进行记叙的，那么在概括主要内容的时候，都可以按照记叙文六要素进行概括，这样既全面，又简洁。再聚焦两篇文章的作者情感都是有变化的这一特点，分析这样的情感变化又都是缘于文中这金吉娅和黑人少年两个孩子。通过深入探究两个孩子的言行，体会到孩子的真情是通过言、行表现出来的。所以要聚焦单元人文主题“给予与感恩”和语文素养主题“言为心声，行为真情”。在教学时要做到如下几点：

1. 复习课文内容。在了解了课文的主要内容后，让大家说一说两篇课文分别写了一件什么事。

2. 引导学生在了解内容的基础上，提升概括方法。

① 这篇课文是按照什么顺序写的？

② 板书作者的情感（激动、感动）。

3. 金吉娅和黑人少年为什么能让作者有这样的情感？

引导学生关注金吉娅语言中传递的真情，练笔体会金吉娅做法的“体贴”，学习黑人少年两次会面的语言和动作，体会传递的情感。

4. 引导学生对比两篇课文，体会给予和感恩。引导学生练笔。

小女孩收到金吉娅的贺卡和礼物，她会怎么做呢？（力所能及地帮助别人，感恩——把给予传递给需要帮助的人。得到帮助的人又会怎样呢？）感恩是因为给予，但是给予不是因为感恩，感恩传递到我们的手中，我们会……

再如，部编版四年级上册第四单元中的前三篇精读课文：《麻雀》是俄国作家屠格涅夫《猎人笔记》的选篇，写于 1878 年 4 月，讲述了在庞大的猎狗面前，一只老麻雀奋不顾身地保护小麻雀的故事。至今已经有 140 年了，跨越了两个世纪，但是故事中反映出的亲子间深深的爱却是自然界中所有生物最普遍的最感人的情感。《鸟岛保卫战》介绍了青海湖西北角鸟岛的地理位置，以及岛上的十万多只水鸟相处融洽、遇到敌害能共同对敌等趣事，展示了鸟类的团结友爱，显现出自然界的神奇奥妙。这亲子间的关爱、同类间的友爱普遍存在于自然界中，使人，这个自然界的高等动物为之感动、叹服。《自然界之道》向我们展示了一个违背自然界道理的事实，告知我们要引以为戒。三篇文章体现的主题都是通过作者精心选择的突出主题的突出材料进行表达的。所以在进行本课教学时，要聚焦情感和写法，人文主题确定为“爱的味道”，学科素养主题为“突出主题材料的安排和表达”。例如在教学时注意以下几点：

1. 复习《麻雀》《鸟岛保卫战》《自然界之道》三篇文章的主要内容。

（从内容入手找相同点和不同点）——亲子之爱（从哪里看出老麻雀、群鸟的爱？）

2. 体会老麻雀的亲子之爱——无私、无畏。

（1）准确描写角度；

（2）激烈的矛盾冲突角度。

3. 体会群鸟的爱子之情——智慧、团结

（1）引导通过重点词句从准确描写和激烈的冲突两个角度进行理解；

（2）引导配音体会激烈的冲突，想象激烈的场面。

4. 引导小结两课，体会这样的亲子之爱是暖的，是甜的，因为是自然界普遍存在的，但是有些爱却是寒的，是不符合自然界的规律的；引导学生略读《自然界规律》这篇文章，找到人们好心办坏事的语句，对比体会爱的味道……

构建单元内部关联阅读策略，是符合关联理论两大原则的，即认知原则和交际原则，也是契合当下小学语文教材编排特点的。在部编版语文教材全面走进中小学校园的课堂，走进学生和老师的今天，更体现了它的价值。在单元内部关联的教学策略下，学生能够整体关联了解一个单元的内容，就会把每个单元的内容联系起来，把内容经纬交织，在头脑中形成内容的网络。不仅如此，在整体了解一个单元的内容基础上，学会整个单元的表达方法，并且学以致用。了解了知识，学会了表达，思维就能得到发展，就像叶圣陶先生所说“语言和思维是分不开的”。学习语文最重要的还是情感的熏陶，“语文是工具，要做到各个学生善于使用这个工具……提高整个中华民族的科学文化水平”，即学科树人。对于教师而言，要让学生在整体上了解内容，有主题意识，就要站在更高的层面，通过整体备课，聚点而教的策略，提高自身的实践能力，实现从理论知识到实践性知识的转变，最终指导实践，为成为一名“学高为师，身正为范”的优秀教师做好准备。

三、整体建构，实现教材系统内部的关联

奥苏伯尔的有意义接受理论认为：学生最主要的学习方式是有意义的接受学习。有意义的接受学习的过程就是将新知识纳入原有的认知结构的过程，一切新的学习都是在原有学习的基础上产生的，不受学习者原有认知结构影响的学习是不存在的。语文教材是承载与语文教学目标相适应的教学内容的学校语文课程的教学媒体。小学语文教材选择的内容编排目标指向一致，按学生学习语文的客观规律和语文知识技能结构的内在逻辑形成一个由浅入深、由简到繁、由易到难的螺旋上升体系，整个系统结构合理，全面协调。因此，教师在教学中有必要帮助学生把握教材的整体及其内在联系，使知识系统化，不断完善和优化学生的认知结构。教师要将小学阶段的语文教材看成一个整体，正确领悟编者的意图，整体把握所传授的知识，围绕要实现的各种目标，将有关文本、要素搭配、组合、安排，使它们互相关联、互相作用，形成系统，构成一个整体，以便学生“举一反三”“九九归一”，从多个例子中进行归纳、概括，实现“一加一大于二”的功能。

（一）教材系统内部关联的概念

新的语文知识的学习，能力的培养是建立在旧的、原有的知识基础上的，新的教学内容，是在旧的知识面上再拓展，在原有能力点上再提高。那么在进行新的知识的学习时，就应该和旧知识紧密联系，使学生能够根据旧知识学新知识，在现有能力水平上得到提升。这就需要教师从体裁、题材、思想内容、表现手法等不同角度，把教材系统内新知识与旧知识关联在一起，形成一个新旧知识密切联系的整体。

语文教材是语文学科知识和成果的系统阐述，是学生掌握学科基本知识的重要载体。教材系统内关联指的是出现单篇阅读文本时，要考虑到全套教材（1~12册）前后所学的内容，全面把握它在整套教材中的位置、作用及特点，了解它的外部联系和内在结构。从纵向和横向两个维度分析，把学生新旧知识之间相同、类似或相关的知识联系起来，组成有机的知识网络，使学生的知识系统化，更好地达到学习、巩固的目的，以便真正把握整套教材、驾驭整套教材。

（二）研究背景

1. 核心素养导向下的教学需求

整体性原则是人们认识事物的基本原则之一。格式塔心理学认为：人们通过感官知觉所得到的都是一些整体的“形”“样式”，是一种自主体的知觉活动组织成的整体。整体就是指事物各要素间通过各种各样联系构成的有机组织体。这一理论对语文教学有很大的启发意义。

《义务教育语文课程标准》（2011年版）指出：“语文课程应激发和培育学生热爱祖国语文的思想感情，引导学生丰富语言积累，培养语感，发展思维，初步掌握学习语文的基本方法，养成良好的学习习惯，具有适应实际生活需要的识字写字能力、阅读能力、写作能力、口语交际能力，正确地理解和运用祖国语言文字。语文课程还应通过优秀文化的熏陶感染，促进学生和谐发展，使他们提高思想道德修养和审美情趣，逐步形成良好的个性和健全的人格。”这段文字就是对“语文素养”最好的解释，这个发展目标是语文课程“总目标”的核心。要想实现这一理想目标，教师在语文教学中就要树立大语文教育观，实践整体性原则，把九年的语文教育看作一个整体。

课文作为培养语文核心素养的主要工具，包括了语文学科的全部内涵，每篇课文都承载着《义务教育语文课程标准》（2011年版）规定的教学目标。我们要将一册书看成一个整体，一套教材看成一个整体，关注若干篇课文间的关联，若干个单元间的关联，若干册教材间的关联，从整体上把握教材体系，立足整体、总揽全局。将零散的、庞杂的、无序的知识上升为整体的、系统的、有序的语文素养，全面落实语文核心素养目标。

2. 教材编者意图里的核心理念

根据《义务教育语文课程标准》（2011年版），小学语文教材的编者把与语文学科有关的知识能力、过程方法、习惯、情感态度、价值观等目标交织整合，借助每一篇课文，系统地安排教学内容，以部分带整体，从点到面，遵循由易到难、由浅入深、由低级到高级，循序渐进的原则，按梯度螺旋上升的趋势编成一套教材。

例如：部编版语文教材的双线结构：宽泛的人文要素和体现语文学科本质特点的语文要素。其中语文要素是一个重要的核心概念，其内容安排不仅有跨学年安排，还有跨学段安排。

例如：语文要素跨学年安排。

年级	单元	语文要素
五年级上册	第七单元	初步体会课文中的静态描写和动态描写。
五年级下册	第七单元	体会景物的静态美和动态美。

五年级上下两册第七单元都有对“体会作者对文中景物的描写”这一语文要素。从五年级上册的“初步体会”到五年级下册的“体会”，从知道到领悟这样描写的效果，体现了语文要素学年之间的梯度发展。

再如：复述能力在不同年段发展的梯度。

同一语文要素，在不同学段均有安排，从低到高，跨学段经历了“借助提示复述——详细复述——简要复述——创造性复述”这样一个循序渐进的过程。

部编版语文教材在年段之间，将语文要素按照一定的梯度逐步落实，由易到难，螺旋上升，这就提示教师在解读教材时要关注语文要素在教材系统内的梯度发展，将系统内的教学内容选择性地关联，这样做有利于学生系统地学习。

再如：北京课改版教材，从低年级开始，整套语文教材中出现多篇写人课文。关于“评价人物”这个语文要素的落实有一定的阶梯性、系统性。

下面从低中高各学段分别选取了两篇具有代表性的课文，列举了课文的课后习题和关于评价人物的目标，说明教材系统内知识体系间的联系。

学段	课题	课后习题（部分）	教学目标（部分）
第一学段	《聪明的华佗》		了解课文内容，能联系课文内容说出华佗很聪明。
	《数星星的孩子》		了解张衡从小喜欢观察星星，长大后刻苦钻研，成了著名天文学家的故事。
第二学段	《夸父追日》	想一想：夸父为什么要追赶太阳？你喜欢他吗？为什么？	初步理解夸父为追求光明而献身和为后人造福的伟大精神。
	《一夜的工作》	默读课文，说说你对周总理有了哪些了解。	感受周总理不辞辛苦的工作精神和简朴的生活作风。

续表

学段	课题	课后习题（部分）	教学目标（部分）
第三学段	《在炮兵阵地上》	画出描写彭总言行、神态的句子，选择重点做批注，体会彭总的思想感情，说说彭总是个怎样的人。	体会彭总对工作高度负责的精神。
	《将相和》	边读边思考，抓住重点内容做批注，体会廉颇、蔺相如各是怎样的人，写出你对这两个人物的评价。	感受鲜明生动的人物形象。

从以上内容，我们不难看出，关于评价人物的方法，由低年级的主观的、片面的、概括的评价方法，到高年级的客观的、全面的、具体的评价方法，是一个循序渐进的过程。培养评价能力的教学目标由最初的知识了解到体会情感，再到最终感受鲜明生动的人物形象，则是一个螺旋上升的过程。

一篇篇课文组成一个单元，一个个单元组成一册教材，一册册教材又组成一套教材，小学阶段六年的教学目标要通过这一套教材来完成，我们在关注一篇课文、一个单元的整体性教学的同时，更应该关注整本教材、全套教材这样更大的体系，关注教材系统内部的关联，实现学生语文素养的整体提高，逐步提高学生的语文能力。

3. 成熟期教师发展的刚性需求

成熟期教师因为有一定教学经历、教学经验等，容易出现盲目性和随意性，教师在使用教材时容易以自身为主，有意无意地忽略编者的意图，虽然对每篇课文十分熟悉，但是容易受到学段的束缚，整个小学阶段有哪些教学内容、要完成哪些教学目标，往往含糊不清。教师更多的是关注单篇课文的分析，总是单独处理一篇课文，没有把语文教学看成一个整体，这样势必会造成学段间漏教、重复教、跳跃教、颠倒顺序教等不良后果。由此可见，作为成熟期教师，对教材系统没有一个整体的把握怎么行呢？

教师要用好教材，就必须从整套教材的延伸和语文要素的落实上来把握教材体系，抓住教材构成的横线联系与纵线脉络来把握它的体系结构、内容实质及它所承载的教学目标，形成网络，这样教师才有章可循，教学过程才会有针对性和规范性。

（三）教材系统内部关联的教学策略

1. 重组单元内容，实施主题教学

语文教材大都以“单元”为组，一个单元的几篇课文往往会有一个主题，有的是内容相近，有的是人文主题一致，有的是训练目标趋同等，这有利于我们以语文教材为中心，在此基础上更进一步，跨越单元、跨越学年或跨越学段选择文本，根据教材的编排体系，提炼出阅读主题，重组单元教学内容，通过对相同类别的课文进行关联，为学生的阅读提供一定的思路，引导学生进行主题阅读。

例如，北京版教材四年级下册第七单元《七律·长征》是毛泽东在红军长征即将胜利时写下的一首诗。全诗 56 个字，生动地、高度概括地记叙了两万五千里长征路上的各种艰难险阻，赞颂了中国工农红军的革命英雄主义和革命乐观主义精神，饱含着中国共产党的万般豪情壮志。万里长征是人类历史上空前的伟大壮举，《七律·长征》是诗歌创作史上不朽的杰作。在大力提倡践行社会主义核心价值观的今天，“长征精神”走进小学课堂具有非凡的意义。

引导学生在习得语文知识、提高语文能力的同时，领悟“长征精神”，从真正意义上实现道德情感、人生理想的熏陶和提升，培养积极健康的世界观、人生观和价值观也是选编课文等文本的一大意图。要想实现这一目标，仅仅依靠《七律·长征》这一篇课文是远远不够的。因此，教师可以将北京版四年级下册第七单元《七律·长征》，与四年级下册第七单元《马背上的小红军》、五年级下册第八单元《草地夜行》、六年级上册第七单元《金色的鱼钩》进行系统内关联阅读教学。

首先，比较《七律·长征》与其他三篇课文：

（1）题材相同：叙述的是关于长征的故事。

（2）体裁不同：《七律·长征》是诗歌，其他是记叙文体。

（3）时间不同：《七律·长征》是毛泽东主席在 1935 年 10 月长征即将胜利之时所作，其他的故事都是发生在长征途中。

（4）内容不同：《七律·长征》描写的是“红军长征”这件伟大的历史事件，其他则记叙了整个长征途中的一个故事。可以说一个是面，一个是点。

（5）人物不同：《七律·长征》表现的是所有红军不怕任何艰难险阻，所向无敌的革命英雄气概和乐观主义精神，塑造的是群体形象；其他则表现的是红军之间患难相助，生死与共的革命精神。虽然塑造的是个人形象，也可以说是众多红军的代表。

基于以上分析，教师可以根据自己的教学目标，找好关联阅读的切入点。我们可以先指导学生精读《马背上的小红军》，感受红军长征途中的艰苦生活，体会红军战士患难相助、生死与共的革命精神，以及小红军一心为他人的崇高品质。习得抓住人物语言、神态、动作描写体会人物情感的阅读策略，再关联阅读其他三篇课文，在大量阅读中充分感受长征精神和鲜明的人物形象，体会人物描写的方法，以一篇带多篇。最后以《七律·长征》收尾，回归到长征这一伟大的壮举，回归到所有中国工农红军的品质与精神。

我们还可以以《七律 · 长征》为开篇，作为主要教学内容，其他三篇作为“阅读材料”。对小学生来说，理解《七律 · 长征》诗句的意思，从语言文字中去感受长征的艰难和红军战士的无畏及乐观，是一大难点，必须想办法让学生走进那个陌生的环境去感受。而《马背上的小红军》《草地夜行》《金色的鱼钩》这三篇课文正是对这一空白的补充。教师将这三篇文章关联在教学中，可以拉近学生与长征精神的距离，为诗的理解减缓坡度，从而突出重点，突破难点。

为了确保系统内课文相关联、重组，以及课文主题提炼的确切性，教师应深入研读教材内容，不断琢磨作者的写作意图。可以从人文主题、能力训练目标主题、同一作者主题、内容题材主题等几方面进行确立。确立主题之后，根据主题，选择同类别的课文进行关联。打破单元的壁垒，将系统内课文有机地关联在一起，带领学生经历“整体—部分—整体”的主题阅读，引导学生从整体入手，整体把握，紧扣教学目标，把相关知识连在一起，作为一条教学线索，可以把学生发散的思维最终集中于一点上，通过多篇文章的学习，得到共性的内容，梳理出阅读方法；也可以形成一个教学阶梯，通过多篇学习，逐渐加深对主题思想的理解，互相补充，最终形成阅读能力。

2. 依据文体特点，阅读一类文章

《义务教育语文课程标准》(2011 年版）在“评价建议”中提出“应注意考查对内容的理解和文体的把握”。对学生提出“文体的把握”要求，因此教师在语文教学过程中，应注重培养学生的文体意识。小学语文教材中课文选材多样，如诗歌、散文、童话、寓言、神话、小说……教师教学时要尊重文本特点、遵循文体特点，把童话教成童话，把散文教成散文，把小说教成小说。

以说明文教学为例，说明文在北京版小学六年语文教材中有着重要的地位，每一册教材中都有说明文教学单元。这些说明文课文集科普性、知识性、趣味性于一体，在说明文教学过程中，感知说明文的文体特点，了解说明文的说明方法，激发学生探索科学世界的兴趣是主要教学内容。但是我们在实际教学中，不能每篇说明文都按照惯例从这三方面入手，而是应该从说明文教学的全局着眼，根据不同说明文课文的特点，重点学习其中某些方面，这样，所有说明文教学结束之后，学生就在系统的训练中完整地领悟、掌握说明文的特点及阅读说明文的方法。

北京版 4—6 年级说明文（选读）

年级	单元	课题
四年级上册	第八单元	《29　缝纫鸟》
五年级上册	第六单元	《21　只有一个地球》
五年级上册	第六单元	《22　蝉》
五年级下册	第七单元	《25　奇异的琥珀》
五年级下册	第七单元	《26　鲸》
六年级下册	第七单元	《16　黄河象》

表格中的六篇说明文课文，除了单篇阅读、单元主题阅读之外，我们还可以系统内关联，按下面的表格重组进行主题阅读。

北京版 4—6 年级说明文（系统内关联）

年级	单元	课题
四年级上册 五年级上册	第八单元 第六单元	《29　缝纫鸟》 《22　蝉》
五年级上册 五年级下册	第六单元 第七单元	《21　只有一个地球》 《26　鲸》
五年级下册 六年级下册	第七单元 第七单元	《25　奇异的琥珀》 《16　黄河象》

《缝纫鸟》和《蝉》这两篇说明文的语言文学性极强，融知识性和趣味性于一体。字里行间蕴含着作者对所说明事物的强烈的喜爱之情，教学的侧重点可以在于体会文本语言之美，学习作者遣词造句的表达技巧和布局谋篇的匠心。

《只有一个地球》和《鲸》属于典型的说明文，可以用来强化说明文文体知识，以点带面，带领学生了解作者的说明对象及其特征，以及说明顺序和所采用的说明方法等，从而让学生领悟说明文语言的准确性。

《奇异的琥珀》和《黄河象》两篇课文从内容到表达方法再到思维方式都有着异曲同工之妙，重点可以是使学生了解琥珀和黄河象骨骼化石是怎样形成的，感受作者科学合理的想象。

通过这样的系统内关联说明文的教学方式，教师可以向学生全面传递科学知识、灌输思想教育、区别不同文体特征，从而使学生对说明文的认识全面、系统，教师轻松取得预设的教学效果。

学生语文能力的发展呈现螺旋上升的规律，必须在阅读了大量同一文体的作品之后，才能逐渐辨识这种文体的文本特征及阅读方法，知道对于这一类文体的作品，应该从哪儿入手，要特别关注哪些关键节点，思索这些关键点背后的语文知识，找到阅读这种文本的方法与策略，拥有属于自己的阅读经验。不论是从教师教的角度出发，还是从学生学的角度出发，依照文体教学，关联教材系统内相同文体的课文，引导学生阅读一类文章，是十分必要的。

3. 类比多篇文本，激发学生思维

系统内部关联往往会将学生导向多篇文本阅读，教师将相同作者或不同作者、相同风格或不同风格的课文同时展现给学生之后，最终带领学生走向哪里？如果仅仅止步于让学生进行阅读，那学生的收获仅仅是阅读数量的增加，这并不是我们的理想课堂。多篇阅读之后，引导学生将文本类比，并进行评价、比较与思考，才能够最大限度地激发学生的思维，让学生主动去思索和理解文章的内容。相同的作者，选择不同的题材进行描写，传递出不同的情感态度；相同的主题，在不同的作家笔下，故事情节可以完全不同。阅读时，学生如能就此方式进行文本类比，品析文本真味，能使学习的效果得到加深和拓展，进入新的阅读境界。

例如：北京版四年级下册第八单元的《捅马蜂窝》，可以在系统内部关联四年级下册第五单元的《刺猬》。

《刺猬》与《捅马蜂窝》主题相同，都是描写人与动物相处的课文，不过这两篇课文内容相对:《刺猬》是人类小心翼翼地保护刺猬，刺猬对人类由防备到亲近；而《捅马蜂窝》是人类因好奇冒失捅马蜂窝被蜇伤，马蜂为保护家园和入侵者同归于尽。教师可以引导学生将两篇课文对比阅读,《刺猬》和《捅马蜂窝》真实地展现了人与动物相处的情景，请思考：两位作者分别是怎样对待小动物的？事情的结果，一个是温馨相处，一个是两败俱伤，为什么会有如此不同的结果？

学生通过对比，对这个问题进行深入探讨，并展开热烈的讨论，大胆地表达自己的观点。从而对人与动物的相处有了深层的认识。

《捅马蜂窝》这篇课文还可以在教材系统内部关联六年级上册第五单元《珍珠鸟》。

《珍珠鸟》和《捅马蜂窝》都是同一作者冯骥才写的散文，并且都是作者本人的亲身经历。“捅马蜂窝”在少年时期，因为好奇冒失伤害了马蜂，使马蜂失去了家园和生命。“养珍珠鸟”在成年时期，为怕人的珍珠鸟创造了自由自在的生活环境，珍珠鸟与作者融洽相处。同一人物，对待动物不同的做法，产生了截然不同的结果。

将上述两篇课文进行类比，重点引导学生感悟作者的心路历程，使学生感受到作者在不同的人生阶段、不同背景与事件下的不同做法、不同情绪，进而使学生与作者产生情感上的共鸣。也许作者正是有了童年时捅马蜂窝的深刻经历，之后暗暗告诉自己不再做伤害旁人和动物的事，才有了后来与珍珠鸟的和谐相处，感受到信赖往往创造出美好的境界。这样的类比，又会让学生对于经历、成长有深层的认识。

让学生将关联在一起的文本进行类比，通过求同、比异、整合、判断的阅读策略运用及思维训练，发展学生的深刻性和批判性思维。

教师运用系统内关联阅读的方法，引导学生由原来的学习“一篇”课文，走向学习“一组”课文、“一类”课文，一方面使学生构建完整的知识体系，掌握阅读方法，促进自身发展；另一方面极大地丰富了学生阅读的内容，训练了学生的思维，对全面提高学生的语文核心素养具有重要意义。构建教材系统内部关联为小学语文阅读教学提供了新的思路，教师要在充分认识此教学优势的基础上，不断优化教学策略、创新教学方法、提升教学能力，在关联阅读过程中培养学生的语文核心素养。

四、扩大阅读视野，实现课内外的关联

（一）课内外关联及整本书阅读概念阐述

课内外关联：从宏观和微观两个层面对小学语文教材有着较为透彻的了解，既能从整体俯瞰年级、学段的教材，又能在对教材做局部整体把握的基础上，着眼于语文学科素养、学科能力、思维培养、价值观培育的目标体系，进行语文教材的课内外关联、语文教材与整本书阅读的关联，从而有效激发学生的阅读兴趣，促进学生大量阅读。教师在立足教材的基础上，走出教材，将课内外阅读互相结合、互相补充，通过课外信息的呈现，既可以加深对教材本身的理解，又能大力培养学生在高阶思维、口语、书面表达、文学作品阅读与鉴赏，以及文化传承、理解与创新等方面的素养。

整本书阅读：1941 年，叶圣陶在《论中学国文课程标准的修订》中对“读整本的书”做了专门论述，明确提出“把整本书作主体，把单篇短章作辅佐”的主张。由此可见，这里的“整本书”阅读是针对教材中的单篇短章而言。“整本书”阅读，是整本、整册书的阅读，它的篇幅更长，内涵更加丰富，结构更加复杂，其话语体系、思想体系和逻辑体系相对完整，在阅读时需要通观全书，系统思考。整本书阅读对于培养学生持久性的阅读习惯、丰富学生的言语实践、促进学生的精神成长具有无可比拟的优越性。

（二）研究背景

1. 扩大学生阅读视野的应然需求

2017 年版《普通高中语文课程标准》指出：“学生应培养广泛的阅读兴趣，努力扩大阅读视野。学会正确、自主地选择阅读材料，读好书，读整本书”“建设开放、多样、有序的语文课程体系”并安排整本书阅读的任务，将“探索阅读整本书的门径”“建构阅读整本书的经验”“根据不同的阅读目的，综合运用精读、略读与浏览的方法阅读整本书，读懂文本，把握文本丰富的内涵和精髓”作为扩展学生多方位阅读体验的重要内容。同时，《义务教育语文课程标准》（2011 年版）还强调培养学生“运用祖国语言文字的能力、发展思辨能力，提升思维品

质”。心理学研究表明，儿童思维能力的发展是在语言发展过程中逐步发展起来的。儿童思维活动中的分析、比较、判断和推理，都离不开语言。语言是思维的“物质外壳”。小学生思维发展的特点是从以具体形象思维为主过渡到以抽象逻辑思维为主，这种过渡是思维发展过程中的质变。而抽象思维是以概念为支撑的，词是概念的承担者，所以没有掌握丰富言语材料的个体，是很难发散思维的。因此，引导学生广泛地进行课内外阅读、整本书阅读，正确理解言语材料，丰富语言积累，把握语言文字的特点和运用规律，促进学生思维能力的发展与思维品质的提升、良好的道德品格和健全人格的养成就显得尤为重要。

2. 优秀期教师专业发展的必经之路

随着语文教育改革的推进，课堂教学对语文教师的素质要求越来越高。2017年版《普通高中语文课程标准》明确提出教师要“提高课程开发与设计的能力”，“语文课程资源形式多种多样”“语文教师应充分发挥自身的潜力，积极利用与开发各种课程资源”“形成与教材相呼应的开放的教学格局，拓展学生的视野，促进学科核心素养的建构和发展。”这一标准对小学语文教师同样适用，对于处于不同发展阶段的老师提出了不一样的挑战。尤其是对处于优秀期的老师，在精准把握教材，具有良好驾驭课堂能力的基础上，扩展语文课程资源，将课内外阅读结合起来，充分利用教材提供的学习资源，拓展学习和运用领域，在语文核心素养的目标统领之下，实现教学内容、教学时空、教学方法的全面开放，使全体学生在相同或不同学习方法的相互交叉、相互渗透和有机整合中开放视野、熏陶情感、积累语言、发展思维、提高表达能力，实现知识与能力，过程与方法，情感、态度与价值观的整合，整体提升学生的语文素养，是优秀期教师专业发展的必经之路。

（三）课内外关联的教学策略

1. 课内一篇文本关联课外一篇文本

课内一篇文本关联课外一篇文本，即当教师向学生讲解课文的某一部分内容时，为增强学生们的理解能力，拓展学生的阅读视野，教师选择某一篇课外文本与此相关联，根据教学目标和解释文本的需要，课外文本在选择上也有一定的依据，主要有同一内容、同一主题、同一文体、同一作家等。

（1）同一内容，彼此印证

由于受教材篇幅的限制，有些课文是名家名篇，有些课文仅是摘取了经典的片段，在教学过程中，教师依据课文内容讲述某一事件或描述某一物体时往往显得比较单薄，学生不易理解，而且作家本身写某篇文章时也是依据当时的背景、自身的经历，其中暗含了许多读者不易察觉的东西，这时让学生单从课文文字来读懂作者是比较困难的，若关联某一相关的内容，让学生能够多角度、多方面认识事物，不仅能够增强学生对课文的理解，印证课文内容的真实性、可信度，也能够激发学生阅读的兴趣，增强情感的共鸣，例如我们在学习《圆明园的毁灭》的时候，如果学生体会不到圆明园的美丽，也就难以体会到圆明园被毁灭的可惜，如果在学习《圆明园的毁灭》之前让学生拓展阅读描写圆明园美景的文章，以此印证圆明园昔日的辉煌，则更能激发学生对侵略者的憎恨。为此我们可以参看以下两则教学导入。

导入一：曾经有一座园林，花了150年的时间才建成，像仙境一般美丽，像阿里巴巴的宝库一样收藏了世界上最珍贵的历史文物，是当时世界上最辉煌最壮丽的园林，它就是圆明园。我满怀希望地来到它的跟前，却看到了——一片废墟。为什么呢？我们一起来学习——《圆明园的毁灭》。

导入二：雨果在《就英法联军远征中国给巴特勒上尉的信》中评价过圆明园："请想象一下，有言语无法形容的建筑物，有某种月宫般的建筑物，这就是圆明园。请建造一个梦境，材料用大理石，用美玉，用青铜，用瓷器，用雪松做这个梦境的房梁，上上下下铺满宝石，披上绫罗绸缎，这儿建庙宇，那儿造后宫，盖城楼，里面放上神像，放上异兽，饰以琉璃，饰以珐琅，饰以黄金，施以脂粉，请又是诗人的建筑师建造一千零一夜的一千零一个梦，再添上一座座花园，一片片水池，一眼眼喷泉，加上成群的天鹅，朱鹭和孔雀，总而言之，请假设有某种人类异想天开产生的令人眼花缭乱的洞府，而其外观是神庙，是宫殿，这就是这座园林。"

对比可知，第一则导入虽体现出对圆明园美的赞叹，但难以让学生形成画面感，从而更难以调动学生因圆明园的毁灭而引发的对毁灭者的憎恨之情，第二则导入是从法国作家雨果对圆明园的一段精彩的描绘中进行的，通过第二则导入，学生可以在脑海中浮现圆明园富丽堂皇的画面，可以了解一个外国人对圆明园毁灭的看法，可以从一个作家的角度体会文明毁灭的悲哀，从而更能引起学生们的思考，身临其境地感受侵略者的无情，从而印证了《圆明园的毁灭》的主题思想，即铭记屈辱的历史，增强读者的民族使命感，激发读者热爱祖国灿烂文化的感情。

（2）同一文体，把握特点

文体，是指独立成篇的文本体裁（或样式、体制），是文本构成的规格和模式，一种独特的文化现象，是某种历史内容长期积淀的产物。文体内涵丰富，种类繁多，记叙文、散文、小说、诗歌、说明文、议论文、应用文、戏剧等都属于文体的范畴。不同形式的文体具有不同的特点，认识文体的特点，有助于更深层次地理解作者写作的意图和文章的内涵。

文体的种类较多，特点也较繁杂，单纯地让学生记忆文体知识无益于学生的理解和应用，有些文体特点存在交叉，增加了学生学习的难度。例如神话和童话故事都有想象奇特的特点，但神话反映出的是先民对周围世界的想象和认识，童话是依据泛灵化的特点将自然物进行拟人化处理，两者存在着显著差异。为了让学生快速抓住文体显著的特点，可以采用关联阅读的方式，发现同一文体、不同内容的作品的共同点，增强学生对某一文体写作规律的认识。

《卖火柴的小女孩》是部编版教材三年级上册第三单元的一篇精读课文，这是丹麦作家安徒生的一篇著名童话，讲述了一个卖火柴的小女孩大年夜冻死在街头的故事。写实和写虚交替进行，美丽的幻象和残酷的现实更迭出现，是这篇童话的特点，也是这个凄美的故事最打动人心的地方。在学习过程中，学生一般能够跟随教师的讲解体会小女孩的无助和可怜，但让学生们通过这篇童话故事来总结出童话的特点是比较困难的，例如童话通过丰富的想象、幻想、夸张、象征的手段来塑造形象、反映生活，语言通俗生动，故事情节往往离奇曲折，引人入胜。若关联一些其他的安徒生童话，相信同学们就能从中发现童话故事共同的特点，例如关联阅读《丑小鸭》，同学们可以体会到童话充满绮丽的想象；关联阅读《皇帝的新装》，同学们可以体会到童话夸张、曲折离奇的特点；关联阅读《小克劳斯和大克劳斯》，同学们可以体会童话故事其实也是对现实的反映，是对底层民众悲苦命运的揭露。

通过关联阅读，同学们能够发现童话故事独特的叙述方式，感悟童话故事的魅力，更能够从更高的角度来看待童话故事的影响，而不单单是故事情节带给同学们的触动。

（3）同一作家，深度认知

孟子说“知人论世”，意思是阅读文学作品是要先把握好作者本人的思想和经历。部编版教材选取了许多名人作品，是学生们文化的“大观园”，例如部编版教材选取了朱自清的《匆匆》、许地山的《落花生》、老舍的《猫》等，但一篇文章不能够体现一个作者的全部风貌，学生们想要读懂文章，还需要进行关联阅读，从而通过作品达到深度认知作家的目的。例如我们学习了一篇朱自清的散文《匆匆》，认识到这篇散文有许多写作特点，如其中使用了大量的叠字，阳光是“斜斜”的，它“轻轻悄悄”地挪移，“我”“茫茫然”旋转，时间去得“匆匆”，它“伶伶俐俐”跨过，使得散文的语言具有节奏的美感，而且语句平淡但质朴生动，如“早上我起来的时候，……新来的日子的影儿又开始在叹息里闪过了”。《匆匆》为什么读起来这么美妙？朱自清仅仅是在这篇文章中使用了一些特殊的写作技巧吗？要想更深一步地读懂《匆匆》，了解朱自清的写作风格，我们就需要去关联更多的有关朱自清的文章。

在关联阅读中我们可以发现，朱自清的散文情感真挚，例如写《背影》，作者力求逼真现实，将自己的真挚情感与叙事结合起来，通过生活中的一些细节，抒发自己的真情实感。例如《荷塘月色》运用了独到的修辞手法和叠音字，用“泻”形容如流水一般自上而下普照的月光情态，用“浮”形容薄薄的雾气轻盈的情态，准确而传神。同样《荷塘月色》也使用了许多叠音字来写景状物，如“曲曲折折”的荷塘，“静静”的月光，“田田”的、“亭亭”的、“层层”的荷叶等。

通过阅读朱自清的其他文章，我们很容易就发现朱自清散文的共同特点，反观散文《匆匆》，我们就不难理解朱自清的散文为什么那么优美生动，语言质朴、纯真。文如其人，同学们再通过关联一些描写朱自清生平的作品，就更能理解他的写作风格，对朱自清也能有更深刻的认识。

（4）同一结构，助益写作

结构是文章的“骨架”，是谋篇布局的手段，是运用材料反映中心思想的方法。结构体现着作者行文的逻辑，有助于增强读者对事物的认识，理解事情发展的脉络。常见的文章结构主要有总分、总分总等。结构的学习不仅有助于学生理清文本的脉络，感受作者表达的思想感情，更对学生自身的写作有一定的益处。

《赵州桥》是部编版语文教材三年级下册的一篇写景文章，这篇文章用词准确、结构严谨，条理性强，有助于学生学习介绍事物的方法，可以锻炼学生的写作能力。学生由二年级升入三年级，积累的词语逐渐丰富，但写作方面还存在很多问题，尤其是写景类的文章，对怎样写清楚层次、怎样抓住特点写具体等存在困惑。如果在教学设计中细致分析《赵州桥》这篇文章的写作结构，并关联《美丽的北海公园》这篇文章，潜移默化地让学生学会如何首尾呼应、如何过渡、如何描写景物特点等写作方法，总结出开头、具体景物、结尾的写作结构，让同学们在感悟景物之美、文章对景物的描写之具体的同时学会写景的结构和方法，对学生的阅读和写作皆有助益。

2. 一篇课内文本关联多篇课外教材

一篇课内文本关联多篇课外教材的阅读方式更为学生阅读拓展了空间，同时也有助于为学生提供专题阅读学习的方式，能够让学生在短时间内掌握某个领域的信息资源，有助于培养学生多角度思考问题的思辨能力，也有助于培养学生专注某个问题的聚焦能力。

（1）同一主题，广度延伸

广泛阅读有助于提升学生思维的活跃程度和创新能力，对增长知识、培养学习习惯及提升语文核心素养等都有很大的益处。部编版语文教材为扩展学生们的阅读广度做了很多尝试，比如，小学一年级就设置了“和大人一起读”，目的在于和学前教育进行衔接，提升学生的读书兴趣。小学中高年级增加课外阅读的延伸，初中则加强了“名著导读”，引导学生注重读书的方法。教师在教学中也应该意识到延伸学生阅读广度的好处，但非舍本逐末，要抓住重点，围绕主题，在同一主题下进行广度的延伸。

“乡愁”是古往今来人们热议的主题，但不同的作家总能以不同的形式来描写“乡愁”，表达自己思乡的情怀。萧乾的《枣核》以“枣核”为线索，写了一个美籍华人要几颗故乡的枣核试种，以寄托思乡之情的故事，反映了中华民族是一个具有深厚的民族意识和丰富的民族情感的民族。冰心的《纸船——寄母亲》

以一个童心未泯的孩子的口吻写成，通过“叠纸船”这充满童趣的行动，托物言情，赋予纸船特别的含义，寄托对母亲的爱与思念，抒发对母亲、对祖国的深深眷恋之情。叶圣陶在《藕与莼菜》中描写“藕”和“莼菜”实际上是表达自己的思乡之情。琦君的《桂花雨》描写桂花却处处弥漫着自己对家乡、亲人的思念。

以主题为中心的关联阅读学习，能够让学生们发现描写主题的不同写作手法和表达方式，从而提升学生的想象力，拓展学生知识的广度和深度。

（2）同一题材，深度挖掘

题材是文学作品内容的基本因素，是产生和表现主题的基础。不同的题材都有其丰富的内涵和寓意，学习同一题材的作品，可以有效帮助学生多角度去认识事物，培养其辩证思维和创新能力，在拓展阅读的基础上挖掘事物的深刻内涵。为了让学生在传统神话题材中体会传统文化的魅力和神话的神奇之处，感悟自强不息、顽强拼搏的民族精神和奉献精神、牺牲精神，教师在讲授传统神话故事《夸父追日》时，可以让学生关联阅读《精卫填海》《后羿射日》等文章，关联此类文章迎合了学生爱读故事的特点，激发了学生的阅读兴趣，同时也激励学生深度挖掘这类传统故事中所体现的中华文化的精髓和深刻内涵，培养了学生热爱祖国文化的热情和信心。

“春”从古至今都是众多文人笔下描写的题材，但不同文人笔下的“春”又各有其特色，叶绍翁在《游园不值》中描写了春日游园的所见所感，全诗写得十分形象又富有趣味和哲理，取景小而含义深远。韩愈的诗《早春呈水部张十八员外》生动地写出了京城早春景色的特点，风格清新自然，富有画面感。朱自清的《春》诗意盎然，以明快婉转的诗化语言、侧面烘托的诗歌表现手法，以及情景交融的诗化意境谱写了一曲春之赞歌。由此可见虽然都以“春”作为写作的题材，却各有千秋，同一题材的关联阅读，让学生们看到更多的可能，能够帮助学生挖掘题材更深的内涵。

（四）整本书阅读的教学策略

1. 一篇或多篇课内文本关联整本书阅读

为了更好地帮助学生理解课内文本的内容，教师可以采用一篇或多篇课内文本关联整本书阅读的方式，以整本书阅读的引入扩展学生阅读。例如将人教版五年级下册的《草船借箭》、苏教版六年级下册的《空城计》和《三国志·蜀书·诸葛亮传》整合，以不同文本下诸葛亮的传奇故事关联《三国演义》和《三国志》，以小见大，培养学生读书的兴趣和方法。例如将课文《用奇谋孔明借剑》关联我国著名古典历史小说《三国演义》，通过学习课文把握诸葛亮的人物特点，拓展《三国演义》中其他对诸葛亮的描写，激发学生阅读古典名著的兴趣。

又例如为了让学生体会父母的爱，开展以“父母之爱”为主题的关联阅读，我整合了《母亲的纯净水》《我看见了大海》《零点降生的女孩》三篇文章，并让学生完成如下表格：

文中的少年在成长中遇到了哪些问题或困难？父母是怎样帮助他们的？你从中体会到了什么？将学习收获记录在表格中。

课题	遇到的问题或困难	父母的做法	感悟
母亲的纯净水			
我看见了大海			
零点降生的女孩			

这三篇文章讲述了儿女在遇到困难的时候，父母是如何给予关心和爱护的，父母之爱的形式可能不同，父母之爱可以像山一样伟岸，也可以像潺潺流水一样绵延温婉，却总以其纯真质朴打动儿女的心，父母之爱的无私伟大正如史铁生《我与地坛》中的母亲，在儿子遭遇不幸时，母亲坚忍的意志和毫不张扬的爱伴“我”渡过生命中最困难的时光。通过学习《母亲的纯净水》《我看见了大海》《零点降生的女孩》，我们认识到父母之爱的伟大，接着关联《我与地坛》，我们更能从史铁生细腻的笔尖下感受到父母之爱的坚忍、无私，也感受到史铁生内心深深的愧疚。由此，我们在教学中可以学会通过一个典型故事关联到整本书的阅读，例如由《卖火柴的小女孩》关联《安徒生童话》，由《负荆请罪》关联《史记》，由《武松打虎》关联《三国演义》，正是一篇或多篇课内文本的关联，引发了学生们的阅读兴趣，从而提高学生们阅读的质量和数量。

2. 整本书阅读课型及教学策略

2019 年起，全国小学和初中统一使用部编版语文教材，新教材中特别强调让孩子多读书、会读书，读整本的书，教材中专门开设了“快乐读书吧”的栏目板块，向学生推荐的中外文学名著、科普作品多达四十余种。由此可见，整本书阅读在语文课程中的地位越来越凸显。相对于教材中的单篇短章而言，整本书阅读教学有其自身的特点和规律，如何开展整本书阅读也对教师提出了新的挑战。

“整本书”阅读的“整”具有完整、整体的意思，既包括对全书脉络的通盘把握，也包括对全书内容的整体思考，甚至是序言、目录也应包括在内，表现出来的阅读行为较单篇文本阅读应更具连续性；“本”是阅读的数量单位，既可以是独立的一本，也可以是分为多册的一套，或者是互相关联的多本。阅读的对象可以是文学作品、文化典籍，也可以是科普作品。“整本书”阅读由于容量大、结构完整，在培养小学生持久性的阅读习惯、丰富小学生的言语实践、促进小学生的精神成长、传承优秀文化等方面具有无可比拟的优越性。

不过，从阅读过程上来说，教师在充分尊重学生个性化阅读体验的同时，需要加强对学生阅读理解过程中的指导与点拨，总结提炼教学策略，因为从整本书的言语材料中获取、建构意义，这对阅读者本身具有一定的要求，尤其是对于小学生而言，由于其年龄发展特点，更是需要进行全程性的指导，让其在提取信息、生成意义等方面具备较强的能力，提升阅读素养。

为此，通州区的一线老师们做了富有成效的课型探索，研磨了导读课、过程指导课、分享交流课等多种课型，采用多种教学策略，在读前—读中—读后的过程中，介入指导，引导学生关注整体性问题，联络全书，多线齐头并进，对整本书获得完整而深入的认识。

（1）导读课

导读课始于读前，是指在学生阅读开始之前，主要利用猜读法、跳读法、略读法，引发学生的阅读兴趣和阅读期待。

A. 猜读法

整本书的阅读不同于单篇阅读教学，它的内容更多，结构更为庞杂，需要学生投入更多的时间和精力才能完成。而为了保持学生持久的阅读兴趣和阅读期待，就需要教师巧妙地进行教学设计，让整本书的阅读任务与学生自有经验、期待视野之间既有一定的熟悉感，又保持一定的距离，于“曲径通幽处”领略“柳暗花明”的曼妙境界，不断让学生在阅读期待中猜想，一路探究，从而初步感知整本书的魅力。

如《窗边的小豆豆》的导读课设计。《窗边的小豆豆》讲述了作者上小学时一段真实的故事。作者因为淘气被原学校退学后，来到巴学园。在小林校长的爱护和引导下，一般人眼中“奇怪”的小豆豆逐步变成了一个大家都接受的孩子，奠定了她一生辉煌的基础。这本书不仅带给全世界几千万读者无数的笑声与感动，而且为现代教育的发展注入了新的活力，成为20世纪全球最有影响力的作品之一。

教师在进行导读课设计的时候，应先截取书中的一些片段，让学生了解小豆豆在课堂中种种怪异的表现后，谈对小豆豆的印象，猜想小豆豆可能会面临怎样的处境，学生根据现有的经验进行想象推测，拉近了作品与学生之间的距离，让学生对作品产生亲切感。然后指出刚上一年级的小豆豆就被学校勒令退学了，打破学生原有预期，紧接着设疑，这样被退学的小豆豆，长大后可能成为怎样的人？学生自由推想后，教师介绍作者的背景知识，出示作者（即小豆豆）长大后取得的诸多荣誉，使学生原有的期待受挫。在期待受阻中学生自然会产生这样的疑问，到底小豆豆退学之后，在新学校里遇到了哪些人、哪些事情，让她具有如此大的转变？学生带着这样强烈的好奇心，开启整本书的阅读。

这样让学生边猜边读，根据现有的经验进行想象推测，拉近了作品与学生之间的距离，让学生对作品产生亲切感；边猜边读，学生带着强烈的好奇心去读，自然会对作品展开深度的阅读，而在问题的不断追寻中，学生随着对作品情感体验的增加，逐步发展了自身感受和理解作品的能力，初步感知作品的主要内容，进而引发强烈的阅读期待。

B. 略读法

略读法，是根据一定的阅读目的对整本书阅读加以取舍之后的有详有略的读书方法。这种方法常在一本书不需要全面精读或时间和精力不允许全面精读，或书中有些内容与阅读目的无关时采用的。让学生学会略读，是避免学生指读、逐字逐句阅读、纠缠生字、返读等现象的发生，是提高阅读速度的重要策略。

在《青铜葵花》一书的导读课教学设计中就可以先采用略读法。《青铜葵花》是部编版语文教材五年级上册出现的推荐阅读篇目，是由著名儿童文学作家曹文轩先生所写，主要讲了主人公城市女孩葵花的命运，她在父亲不幸遇难后，由另一主人公农村男孩青铜的家庭领养，哑巴青铜因突然出现的妹妹意识到作为小男子汉的责任，把仅有的上学机会让给了葵花。他为葵花能照相，冒风雪站街头卖芦花鞋；因为没钱买油灯，他为葵花做萤火虫灯；他为葵花在舞台上更夺目，制作华贵光亮的冰项链。一家人互相扶助，度过了一个又一个难关。后来女孩又被命运召回了城市，青铜从此便常常望着芦苇荡的尽头，遥望葵花所在城市的那个方向。

在进行导读课设计的时候，先由封面引出两位主人公，然后浏览目录。由目录中每一章节的名称（如第二章葵花田、第四章芦花鞋、第六章冰项链）进行快速略读，了解主人公之间的主要事件和章节大意，把握全书的情节发展脉络。这种略读的方法，可以帮助学生在较短的时间里获得对整本书内容的认识，以及知道某些关键事件和关键人物，从而快速地了解全书的梗概。

C. 跳读法

跳读法，是指读书时并不严格按照全书的顺序依次阅读，而是根据一定的阅读目的，跳跃式地阅读。这种方式有助于学生对书中的重点内容进行反思、回读，引领学生走向更加深入的阅读。

如《鲁滨逊漂流记》的导读课设计中跳读"旅途开始""荒岛日记""岛上来客""离开荒岛"等几个章节的相关内容，初步了解鲁滨逊因出海遇难，漂流到无人的荒岛，在岛上艰难地存活下来，后来又返回原来所生活社会的故事线索，这样不仅提高了学生的阅读速度，而且在较短的时间内，使学生清晰地把握书中的内容，提高了学生的阅读效率。

（2）过程指导课

过程指导课是指在阅读过程中，引导学生关注整体性问题，在某一专题的研究下，对书中相关重点内容进行精读，并在关照全书的视野下，从中抽取出理性认识，深入理解作品的人物形象、主题意蕴、结构方式、语言风格等。主要采取的方法有定位阅读法、统整阅读法。

A. 定位阅读法

定位阅读法是指在阅读整本书的过程中根据一定的研究任务，定位到相关章节、段落进行研读品析。以《爱丽丝梦游仙境》为例，它是部编版教材六年级下册中的推荐书目。《爱丽丝梦游仙境》主要讲了一个叫爱丽丝的女孩和姐姐在河边看书时睡着了，梦中她追赶一只会说话的兔子，而不小心掉进兔子洞里，从而来到了一个奇妙无比的世界。在这个世界里，她喝点什么、吃点什么，身体就能发生变化。她时而变大时而变小，还遇到了许多稀奇古怪的动物和人。爱丽丝参与了这个世界中的许多活动，一次疯狂茶会、一场荒诞离奇的槌球比赛和一场有关馅饼的审判，直到最后她和红桃王国的王后发生冲突才醒来，发现自己依然躺在河边，姐姐正温柔地拂去落在她脸上的一片树叶——原来一切只是一场梦。这本书被公认为世界儿童文学经典的童话，不仅深受孩子们的欢迎，同时它还是一本较为严肃的文学作品，对当时的英国社会进行了辛辣的讽刺。不论是胆小怯懦的大臣白兔先生、一味顺从麻木的小蜥蜴比尔，还是独裁专断的红桃王后，都具有较强的象征意义。爱丽丝以其天真无邪、性急冒失的个性，在这个世界里横冲直撞，嘲弄和反抗着这个世界种种不合理的地方。学生通过“贴标签”“人物画册”等活动，对书中的人物形象有了整体的认识。在此基础上，为了更加深入地探究作品的主题意蕴，采用定位阅读的方法，重点品析荒诞的审判会一章，完成阅读任务。

教学片段：

荒诞的审判会

在一个公平公正的法庭审判中，法官需要公正地主持案件的审理，陪审团需要辨别事实的真相，对案件进行裁决，而证人需要提供与案件有关的证言证词，可是爱丽丝在这个奇幻的世界里，却参与了一场十分不合理、荒诞的审判会，到底这次法庭审判存在哪些问题呢？快来完成下面的小任务，和爱丽丝一起分析分析并完成表格。

案情回顾			
参与的人员	谁	人物身份或者你发现的不公正、不合理的地方	爱丽丝的态度或做法
原告			
被告			
法官			
陪审团			
证人			
其他官员			

通过定位阅读，让学生感受到当时社会的不公平现象、感受爱丽丝充满正义感，敢于反抗的精神品质，从而对这部文学名著有了更加深刻的理解。总之，定位阅读法旨在通过关照全书的阅读任务，驱动学生定位到书中相关的重点章节，深入阅读，引领学生高质量地完成阅读活动，获取更加深刻的理性认识。

B. 统整阅读法

统整阅读是在通读全书后，基于进一步的研究目的，让学生按照一定要求重新组织整合作品内容进行阅读，以帮助学生产生更深入的思考，做出更加深刻的分析。以《草房子》阅读过程指导课教学设计为例。

《草房子》里一场意外的事故，让从小衣食无忧，在孩子们中极有优越感和自尊心的少年杜小康承受着没钱上学的精神打击，受困于典卖度日的生活境遇。这些意外给成长中的杜小康造成了极大的心理创伤，他将自己封闭在一个只有自己的世界里，所有的欢乐和痛苦不被别人理解，只能自己品尝痛苦与孤独。但是在苦难中，他凭借战胜苦难的勇气和坚忍不拔的毅力最终成长起来，在苦难中收获的那些精神成为日后应对生活苦难的最重要的品质。同时，作者也通过这个人物警示着我们倘若在苦难中没有一份对生活的希望和勇气，就会成为生活中的弱者。在阅读的过程中可以指导学生梳理杜小康这个人物的成长故事和心理变化，分析成长轨迹，理解作品中“在苦难中学会成长，慢慢走向成熟”的主旨。

学生首先通过通读全书，画出杜小康的人物心情变化曲线图。

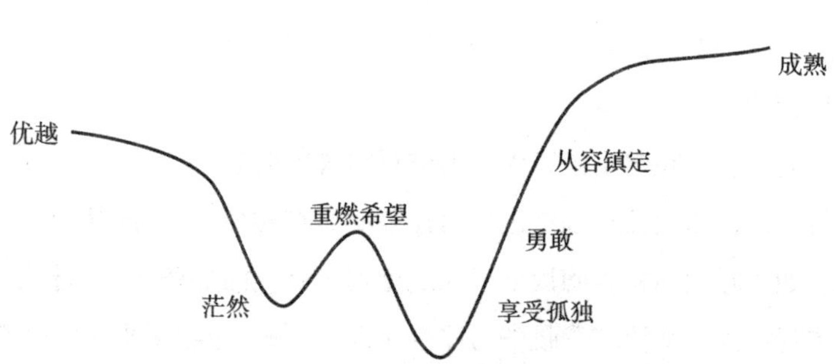

杜小康心情变化曲线图

学生通过画曲线图梳理出新的阅读线索，再次走入书中，阅读与杜小康这个人物有关的所有内容，提炼出与杜小康有关的重要事件，将人物的事迹加以整合重构，深入体味杜小康人物命运的起伏变化，以及人物在命运变化过程中所采取的态度和行为，理解“人要成长最重要的就是在低谷中的选择，在低谷中历练出来的独立、坚强、勇敢、担当，在以后的生活中熠熠生辉，这种精神上的胜利永远难以磨灭，伴随着人的一生”的人生启迪，进而培养学生形成良好的情感、价值观。

统整阅读法有助于学生阅读大篇幅的作品，尤其是那些人物众多、情节复杂、章节穿插的文学作品，依据重新梳理后的阅读线索，统整阅读，能够帮助学生提取信息，建立联系，让学生在深度阅读中，汲取宏大叙事结构中蕴含的丰富的精神养料，促进自身的精神成长。

（3）交流分享课

交流分享课是为学生提供的读书交流平台，是整个读书过程的一个总结环节。教师通过阅读活动的组织，引导学生深入思考、讨论与交流，并将自己个性化的读书感悟在班级进行展示。

A. 思维导图法

如《水浒传》读书交流课教学设计，是在学生读完整本书后，通过结构图的形式展现自己的学习成果。教师给孩子交流的空间，孩子在交流中、在评价中更好地理清故事的脉络，从而更好地把握全书故事的主要内容。学生交流后，教师再次提炼出全书的重要人物，并以人物为中心勾画简单的结构图，通过教师的指导，学生在自主学习的基础上，提升自身对整本书内容的把控。学生在勾画导图、讲故事的过程中对整个故事进行整合，对故事内容形成完整而清晰的认知。

B. 对照交流法

对照交流法，是在学生读完整本书进行讨论的时候，以小组为单位，选取不同角度进行交流，在交流过程中进行对比参照，在相似中区分细微或本质差异的阅读方法。如《呼兰河传》阅读分享课之走近“呼兰河那些人”的教学设计，学生分小组进行汇报，交流“我眼中的呼兰河人”。每个小组汇报的角度不同。

教学片段：

学生从以下几个角度汇报“我眼中的呼兰河人”。

（1）冷漠；

（2）虚荣；

（3）看客；

（4）观念陈旧而顽固。

在小组讨论过程中，学生对“呼兰河人”这一人物群像做出评价，并能够结合事例阐述给出评价的理由，做到有理有据，自圆其说。由于知识经验不同，所依据的事例不同，不同的学生对人物形象的理解和解释也就不同。在对照交流中，每个学生都对人物群像形成个性化的解读，而作为教师，要指导学生开放自己的视域、倾听不同的声音，这样，整本书阅读的课堂对话才会走向深入，经典作品、经典人物形象的教学意义和审美价值才能不断丰富。

五、学用结合，实现学习与实践的关联

培养学生的创新能力是时代发展的要求，是学生自我发展的要求，也是语文综合实践活动要实现的重要目标。在语文综合实践活动中培养学生的创新意识和创新能力，就是引导学生在充满自主性、综合性、实践性的语文实践活动中，创造性地学习和运用语文知识，增强自主创新意识、提升创新能力。

（一）学习与实践关联的概念

语文实践是将已有的语文知识技能在实践中应用，又在应用中获得新知、提高实践能力的过程。

教师只是学生语文实践活动的组织者、引导者和合作者，绝不能以复杂的分析和机械练习去干扰和压抑学生的求知欲和探索欲。一句话，教师的职责是因势利导、从旁协助，而不是越俎代庖，包打天下。

《义务教育语文课程标准》（2011 年版）指出：“语文是实践性很强的课程，应着重培养学生的语文实践能力，而培养这种能力的主要途径也是语文实践。”“沟通课堂内外，充分利用学校、家庭和社区等教育资源，开展综合性学习活动，拓宽学生的学习空间，增强学生语文实践的机会。”由此可见，语文教学应该与实践活动紧密地结合起来，语文课程不能局限于语文课堂，还应与其他课程进行有效融合，让学生将书本知识与实践活动紧密结合，从而实现学生作为“整体”的人的和谐发展，培养学生的人文精神和社会责任感。只有让学生通过实践，才能使知识、技能的掌握更为牢固。

因此，作为语文教师，在日常语文学习过程中，要注重引导学生，使其不断

参与到语文实践活动中，增强语文学习的实践性。我们期望学生们学过的语文知识技能，能够对其学习新教材、新知识产生积极的影响。所谓从已知到未知，举一反三，前提是要“会用”——用已知去探索未知，用“一”去反“三”。

（二）学习与实践关联的研究背景

1. 知识与素养转化间的巨大差异

语文教育的基本目标是培养学生运用语文的实践能力，提高学生的人文素养。语文教育的过程是学生读写听说不断实践的过程，是在语文实践中受到熏陶感染的过程。换句话说，“语文是实践性很强的课程”，为了学生能够运用语文去实践，就“应着重培养学生的语文实践能力，而培养这种能力的主要途径也应是语文实践”，必须注重在语文实践中学习语文。所以《义务教育语文课程标准》（2011 年版）提出语文教育应“重视学生的语文实践”，既应注重为实践而学习，又应注重为学习而实践，做到“从实践中来，到实践中去”，学习与实践相交互。

2014 年 10 月 13 日北京市教委发布的《北京市中小学语文学科教学改进意见》第十八条指出：“加强教学和社会实践的联系，将不低于 10% 的课时用于以语文应用为主的综合实践活动，发展听说读写能力。”

从部编版小学语文教材的编撰设计上来看，每个年级的教材都涉及了综合实践活动的内容，这种编撰实质上是对综合实践活动的强化。

于永正老师退休之后曾写过一篇《我明白了教育究竟是怎么一回事》，对怎么教语文进行了反思：语文能力不是讲出来的，学习兴趣不是讲出来的，情感态度更不是讲出来的。讲，作用真的有限。于老师说：“如果我再教小学语文，我会引导学生多读书、好读书、读好书、读整本的书。不但多读，还得多背——在初知大意的基础上，多背点经典诗文。”“我会引导学生在语文实践中养成读书读报和动笔写作的习惯。”于老师还引用了清朝颜元说过的一句话：“讲之功有限，习之功无已。”

于老师是从事语文教学几十年的老教师，认为学好语文就是在语文学习中要多读、多写、多积累，强调的是语文课程实践性的特点。这完全符合学生语文学习的规律。

2. 学生终生发展的迫切需求

这么多年来，很多语文老师对语文实践活动重视不够，语文实践活动课形同虚设。一是教师认为“非语文”内容过多介入使语文教学不像“语文课”。他们认为语文教学应该是封闭性的，教育者在课堂上讲，学生在下面被动地记录教育者的笔记。二是教师觉得无从下手，一些语文综合学习课实效性不强。有一些课为活动而活动，单纯追求活跃气氛，做表面文章。

其实真正有效的语文学习方式是学生的语文实践，语文课必须将研究重心转移到学生如何“学”上。语文课的形式不应该是以教师讲、学生听为主，而应该是以学生的听说读写语文实践活动为主要学习方式，这必须成为一种信念，必须作为评价语文课有效性的刚性指标，这样我们的语文课才能真正上成一门实践性课程。

语文实践活动使语文生活化，把学生带入一个活生生的广阔的语文学习天地。生活是创新之源，它帮助学生积累大量的感性经验，拓宽和加深知识面；知识是创新之基，人的知识面越广，视野越开阔，思维的灵活性和深刻性越强，思维的迁移及产生独创见解的可能性就越大。

随着语文教学改革的逐步深入，语文教学社会化已成为教育工作者的普遍共识，这一点可以通过我们长期的教学实践得以证实，作为社会化的语文教育，已不能再将学生封闭在课堂内，我们教育工作者应将语文学习推向社会，让学生在实践中领悟到语文学习的快乐，给学生的学习提供创造的空间，更注重学生的个性发展、终身发展。

3. 卓越期教师专业发展的突破

对于教师而言，课堂教学是其职业生活最基本的构成部分，它的质量直接影响教师对职业的感受、态度和专业水平的发展、生命价值的体现。当老师们经历入职期、发展期、成熟期，进入优秀期后在语文教学中能熟练掌握文本内部关联、单元关联、教材系统关联、课内外关联的教学策略，这时我们就要引导教师向卓越期迈进，在专业发展上有所突破。

从课程内容方面来说，要不断开发，充分利用学校、家庭、自然、社会中的语文教育资源，特别是那些鲜活的、密切联系现实、密切联系学生经验世界的教育资源，使语文课程内容不再局限于教科书，成为不断充实、不断更新、源远流长的一泓活水。从课程实施来说，要拓宽学生的学习空间，增加学生语文实践的机会。要大力改进课堂教学，变封闭为开放，加强与课外生活的联系和沟通；变读书、答问等单调的教学形式为课堂上充盈丰富多彩的语文实践活动：讨论、游戏、表演、展示、欣赏、评价……让每个学生动脑、动口、动手，让同学间有更多交流、合作的机会，使语文实践活动贯穿于教学的全过程，通过课内外相沟通，使小课堂连着大世界。

语文教师应积极主动地进行与语文学科相关的实践活动，以学生为主体，紧扣学情，适时引导，让学生走出教室，到自然和社会中更好地学语文、用语文，让学生在自主学习、实践中逐步提高自己的学习能力，生成智慧。

（三）学习与实践关联实施的策略

1. 挖掘教材内容，开展实践活动

（1）关注课堂开展实践活动

课堂是语文教学的主阵地。教师应在课堂教学中树立语文实践意识，给学生创造实践的机会，使学生在大量的、丰富多彩的语文实践中感悟、习得语文知识，逐渐掌握运用语文的规律，努力激发语文课堂的活力，从而培养学生的语文实践能力。

在语文课上，减少琐碎分析，让学生给古诗配画、写绘画日记、或用绘画表达课文内容等，这就是实践活动。学生在绘画中放飞思维，在想象表达中创新思维。教师还可以让学生演一演，比如部编版六年级上册第一课《草原》中有这样一段话：

也不知怎的，就进了蒙古包。奶茶倒上了，奶豆腐摆上了。主客都盘腿坐下，谁都有礼貌，谁都又那么亲热，一点儿不拘束。不大会儿，好客的主人端进来大盘的手抓羊肉。干部向我们敬酒，七十岁的老翁向我们敬酒。我们回敬，主人再举杯，我们再回敬。这时候鄂温克姑娘戴着尖尖的帽子，既大方，又稍有点儿羞涩，来给客人们唱民歌。我们同行的歌手也赶紧唱起来，歌声似乎比什么语言都更响亮，都更感人，不管唱的是什么，听者总会露出会心的微笑。

这段话表达了草原人民的热情好客，这时可以让学生演一演，这也是一种实践活动，能够培养学生的想象力、语言表达能力、表现力等。

（2）关注课文内容进行实践活动

阅读不光可以增长我们的知识，还可以开阔我们的视野，因此在语文教学中我们要鼓励学生根据课文查阅相关资料，进行拓展阅读，以阅读来增加知识的储量。

如进行部编版语文教材六年级上册第一课《草原》的教学时，学前让学生通过课外阅读、上网搜索，查找有关于草原的文字图片资料，使学生对草原有了进一步的了解，在讲读感悟时学生能够滔滔不绝地讲出自己的见解。课后又让学生了解草原上生活的少数民族及那里人们的生活习惯，对课文拓展延伸，丰富学生的知识。

部编版语文教材五年级下册第二单元的课文是《草船借箭》《景阳冈》《猴王出世》《宝黛初会》，学生对于古典名著有了一定的兴趣，教师便可乘机将这条“中国古典名著之旅”的路走得更长，可让学生分小组根据自己的兴趣进行看电影、走进名人故居、故事会、最喜爱的名著人物交流会、写读后感等一系列的活动，在丰富的交流活动中，让学生通过查找、调查、讨论、再造、交流，了解更多的古典名著，同时在综合实践的过程中进行思维碰撞，产生火花，燃起更为浓厚的阅读兴趣，开拓阅读视野。

（3）结合口语交际开展实践活动

在部编教版小学语文教材中，八个单元中有六个单元都设计了口语交际的内容，其实口语交际本身就是一种语文实践活动，旨在让学生通过口语交际这一形式将自己的所见、所闻、所想、所感与人进行交流，它能更好地培养小学生的口语表达能力。

然而在语文教学中我们常常遇到这样的情况：学生在进行口语交际时不知道说什么，或想说却找不到适当的语言，只能用一些肤浅的、没有个性的语言来表达；有的老师干脆跳过不上或者简单的三言两语草草了事。

其实，口语交际作为语文教学的一个重要组成部分，它在贯彻语文教学的目的和任务中有着不可缺少、也无法代替的功能。在进行口语交际活动时，教师要注意创设交际情景，采用多样的方式，激发学生的兴趣，完成实践任务。

（4）结合“快乐读书吧”开展实践活动

部编版教材每册都有“快乐读书吧”这样一个单元，当学生读完推荐的书后，教师可鼓励学生开展项目研究，自主地开展语文实践活动。

上学期，通州区第一实验小学开展了《漫话三国》语文学科实践活动，活动流程如下：

导读激发兴趣（上好《三国演义》导读课，1课时）

↓

自主阅读有滋味（整本书阅读，教师指导方法、组织话题交流，8周）

↓

项目研讨促生成（分组，制订项目研究主题，进行研究，2周）

↓

分享交流品味（阅读分享课、项目汇报课等，展台展示学生作品，5课时）

这个实践活动主要采用的是项目研究的实践形式。通过项目研究引领学生经历一整套的发现问题、提出问题、分析问题、解决问题的过程，经历真正的研究问题的过程，培养学生的科学探究精神，锻炼学生的意志品质，

项目研究的实践方式，让学生通过自主选择活动主题、自行设计活动方案和自主完成活动任务的项目研究活动，把语文实践活动的过程变成一个积极的、主动的探索过程。活动的过程不仅使学生的语言实践活动成为一种动态生成的过程，也成为学生创新思维的训练过程，更是学生创新意识和创新能力形成的有效途径。教师要鼓励学生在活动中主动发现问题、大胆提出问题，在实践活动中要充满自信，要有冒险精神，要不怕艰苦、不怕失败，要百折不挠、坚忍不拔，这样可以使学生的依赖心理降低，调动学生思维的积极性和独立性，从而为他们的创新能力的发展提供不竭的动力。

2. 挖掘校园资源，开展实践活动

如何使语文与校园实践结合，达到语文知识活学活用的目的？我认为，可以结合校园生活设计语文实践活动，进行有的放矢的训练。

为进一步发展师生的人文素养、创建书香校园，北京教育科学研究院通州区第一实验小学举办了“发现·少年行阅读嘉年华”活动。活动以团队闯关形式进

行，分为六人一组的班级闯关和三人一组的年级闯关。班级闯关竞赛，学生分别通过“心有灵犀”“猜题目”“趣味问答”三个关卡即为成功。三个环节，全部通关完成，并用时最短的小组，获得用时最短优胜奖。年级闯关竞赛，由各班选出三名优秀代表进行比赛，根据“必答题”“抢答题”两个环节的积分评出最佳小组。

活动中，同学们通力合作、妙语连珠，在运用阅读知识解答题目的同时，也在相互交流中取长补短、不断学习。

我们还可以举行古诗文诵读赛、书画比赛、故事大王比赛、读书交流会等。这样的实践活动，有助于创新学生的阅读形式，增强学生的阅读体验，鼓励学生的阅读分享与展示，让阅读陪伴学生成长。

阅读嘉年华现场

3. 挖掘家庭资源，开展实践活动

《义务教育语文课程标准》(2011 年版) 中提出：“重视情感、态度、价值观的正确导向，培养学生高尚的道德情操和健康的审美情趣，使学生形成正确的价值观和积极的人生态度。”我们的语文教材也选取了相应的文章进行潜移默化的教育。例如部编版语文教材五年级下册收录了这几篇文章：《慈母情深》《父爱之舟》《精彩极了和糟糕透了》，这几篇文章的主题都是体现家庭生活内容，对学生进行亲情教育。

亲情是语文学习和实践结合的一个极好的切入点，学生整天和父母在一起却对亲情的真正内涵体会不深，尤其受当今社会金钱意识、物质意识至上的错误观念的影响，很多学生处事冷漠、亲情缺失。这时，我们就利用家庭资源，开展了一次“体味亲情”的社会实践活动。我和学生们确立了“我为父母做一次晚饭”“我为父母洗一次脚”“我为父母捶捶背”的实践活动内容，并把感受以日记的形式记下来在班内展示。课上，当看到很多同学边读日记边流泪的时候，我真正体会到语文学习不能局限于课堂，必须深入实践。

此外教师还可指导学生在家中种植花草、饲养小动物，在种植、饲养过程中观察动植物的生长情况和特性，写观察日记。

4. 挖掘当地资源，开展实践活动

语文实践也应该是丰富多彩的。如何使语文与社会实践结合，达到语文知识活学活用的目的？我认为，可以根据当地资源，设计语文实践活动，进行有的放矢的训练。通州有大运河、西海子公园、韩美林艺术馆、中国民兵武器装备陈列馆、李卓吾墓地等，我们可以用上这些资源，开展实践活动。

部编版语文六年级上册第十一课《故宫博物院》的主题是对学生进行“爱家乡、爱祖国”教育，于是我提议开展一次了解大运河的实践活动，学生积极响应。

本次实践的课题以分组的形式讨论，每个组挑选最有价值的切实可行的实践课题，最后在班内进行集体讨论后选出符合本单元“爱国”主题的最佳课题：“走近运河，探寻运河号子”“走近运河，访问运河名人”等项目研究活动。之所以选择上述课题是因为这样的实践活动既符合本单元的学习要求，又能对应学校所在地的社会资源。

陶行知先生也曾经提出：解放孩子的头脑，使他能想；解放孩子的眼睛，使他能看；解放孩子的双手，使他能干；解放孩子的嘴，使他能谈；解放孩子的空间，使他能接触大社会、大自然。我想这是我们每一个教育工作应该去努力做的。

学生通过实践，增强探究与创新意识，学习科学研究方法，发展综合运用知识的能力。有利于加强自身对自然的了解、对社会的了解与参与，密切自己与社会生活的联系，建立新的学习方式；还可以促进自己多方面的情感、态度和价值观的发展，培养自己的动手能力、利用信息的能力。

语文实践活动的主体是学生，在活动过程中学生的主动性和创造性得到了最大限度的发挥，课题需要学生自己发现，方案需要学生自己设计，资料需要学生自己收集，问题需要学生自己解决，活动过程的顺利完成既对学生提出了创新的要求，又为学生提供了创新能力发展的空间，随着学生主体意识的觉醒和主体能力的提高，学生主动创新的潜能必然得到发掘和提升。

课程的整合，为广大教师提供了自我表现、创造展示的无限空间，增强了教师的课程意识，有利于发挥教师的特长，促进教师专业化的发展，提高教师的素质。

陆游《冬夜读书示子聿》中提到“纸上得来终觉浅，绝知此事要躬行”。语文实践活动有利于促进学生在学习过程中的研究和探索，有利于学生个性的张扬和创造才能的发挥，并充分发挥了学生的主体作用，增强了学生的社会实践能力。学生根据自己的兴趣、爱好参与语文实践，这样便产生了强大的学习内驱力，提高了学生学习、运用语文的积极性和主动性，由“要我学”变为“我要学”，其潜能得到充分的开发，个性特长得到充分的施展，智力因素能在各自不同的水平上得到充分的展现。诸如掌握和运用知识的能力、搜集和处理信息的能力、提出问题和解决问题的能力等都会得到迅速提高。学生在实践中获得知识、陶冶情操、激发灵感、发散思维，有力促进了自身语文素养和综合素质的提高。

第二部分

第四章　小学语文关联阅读教学设计样例

第一节　构建文本内部关联的教学设计

一、《夜色》教学设计（第二课时）

【教材分析】

《夜色》是部编版一年级语文下册第四单元第二篇课文，这个单元围绕“家人”主题编排了《静夜思》《夜色》《彩虹》《端午粽》等四篇课文。《夜色》是一首叙事儿童诗，作者用富有童趣的语言，以第一人称写出“我”原本胆子很小、很怕黑，在妈妈和爸爸的帮助下，战胜了对黑夜的恐惧，从此学会欣赏夜色的过程。诗歌讲述了“克服胆小，做个勇敢的人，能收获美好”的道理。

【学情分析】

经过半年的学习，学生已经具备一定的识字及阅读能力。此外，“害怕黑夜”这一主题和学生日常生活体验联系紧密，容易引起一年级学生的共识，依据这一情况教师在教学时可以启发学生将主题关联到自己的生活中，通过生活实际的代入深入理解诗意，进而体会诗中所要传达的道理。

【教学目标】

1. 朗读课文，了解课文内容，体会“我”心情的变化和夜色的美好。

2. 学习课文中的生字，正确美观书写“色”“爸”。

3. 初步明白“克服胆小、做个勇敢的人，能收获美好”的道理。

【教学重点】

会写“色、爸”；能正确、流利地朗读课文，体会“我”心情的变化。

【教学难点】

初步懂得“克服胆小，做个勇敢的人，能收获美好”的道理。

【教学过程】

（一）导入

今天我们继续走进夜色，大家齐读课题。

【设计意图：开门见山，直接引出课题《夜色》。】

（二）复习字词句

通过闯关游戏复习字词句。闯过一关你就可以看见夜空中一个神奇的现象。

1. 第一关：把词语读准了

（1）胆子 胆量 大胆

（2）原来 草原 高原

2. 第二关：选词填空

勇敢 勇气 勇士

（1）小明是个（ ）的孩子。

（2）小猫是那么的有（ ），不要说老鼠，就算是蛇也要上去斗一斗。

（3）猫头鹰是有很名气的（ ）。

3. 第三关：读长句子

（1）窗外 乱跳

妈妈把勇敢的故事讲了又讲，可我一看窗外心就乱跳……

（2）偏要 散步

爸爸晚上偏要拉我去散步，原来花草都可以像白天一样微笑。

师小结：三个关都成功闯了过去了，还看到了夜空中的景色，下面我们一起走进夜色！把我们复习的字词句放入文中，再读一遍课文，要求把句子读通顺流利。

【设计意图：上课伊始，通过“闯关游戏”这一有趣的环节，复习第一课时学过的生字词和句子，如易错字读音、轻声词语等，为学生把课文读通顺流利做铺垫。】

（三）整体感知

通过朗读课文，引导学生试着把下面的句子补充完整。

在夜色下，从前，我胆子（　　），后来“我”变得（　　）了。

【设计意图：通过朗读课文，再次整体感知课文内容，并培养学生从文中提取信息的能力。】

（四）讲读课文

1. 学习第一小节

引导学生学习第一句：

（1）引发学生讨论：“我”的胆子怎么样？

让学生自己读第一小节并把“我”胆子小的句子找出来。

（2）引发学生讨论：文中的“我”胆子到底有多小？

（3）教师出示句子，将“很小很小”，学生试着把自己的感觉读出来。（多种形式读出自己的感受）

引导学生学习第二句：

（1）引导学生从文本中提取信息：为了帮助“我”克服胆小，妈妈是怎么做的呢？是讲了一次吗？从文中哪个词可以看出来？

（2）引读一生读。

因为我胆子很小很小，第一天妈妈给我讲了勇敢的故事，可……

因为我胆子很小很小，第二天第三天妈妈把勇敢的故事讲了又讲，可……

因为我胆子很小很小，即使妈妈把勇敢的故事讲了又讲，可……

（1）引导学生联系生活讨论：你想到了什么心就乱跳？

【教学意图：通过关联生活，引导学生走进夜晚，说出自己对夜晚的感受，将学生的生活体验和课文内容自然地结合起来，激发学生的学习兴趣，让学生带着神秘与兴趣学习。】

（2）师小结：对啊，这就是你们想象的，这么多种情况，虽然本来没有这些，但是想象起来心里还是很害怕的，这么多情况就省略在这六个点的省略号中了。

（6）同桌互相读。

2. 学习第二小节

引导学生学习第一句：

（1）引导学生回文本中提取信息：在妈妈的帮助下，“我”虽然有了进步，但是胆子还是很小，爸爸可和妈妈的方式不同了，那么爸爸是怎么做的呢？自己读一读第二小节。

（2）引发学生讨论：“我”很愿意和爸爸一起散步吗？你从哪个词语看出来的？（指名说：偏要）

（3）通过评价引导学生读出因为害怕天黑不想去散步。

引导学生学习第二句至第四句：

①但是在妈妈的鼓励下，爸爸的带动下，小朋友最终还是走了出去。

②引导学生回到文中提取信息：到外面去散步，“我”发现了什么？自己读读第二小节。

交流：“我”发现花草像白天一样微笑，知道了小鸟怎样在月光下睡觉。

（3）引发学生联系生活实际进行讨论：夜晚除了可以看见花草微笑、小鸟睡觉，还能看见什么？

（4）带领学生走进夜色，欣赏更美的夜景。（按照从下到上的观察顺序出示图片）

引导学生观察图片：你看到了什么？什么样的小草……

（5）引导学生交流：结合老师的图片或者你自己的生活经历填空。

①我可以看见（　　）的（　　）。

②在夜色下我可以看见（　　）的（　　）和（　　）的（　　）。

③在夜色下我可以看见（　　）的（　　）和（　　）的（　　）和（　　）的（　　）。

（6）师小结（出示第二小节）：“美丽的夜晚有……，有……”，美丽的夜景都被省略在这六个点的省略号中了。在大人的保护下，夜晚我们出去走走还是很有意思的，看了这么多夜景，让我们美美地读读第二小节。

【设计意图：在第二小节的学习中，通过创设情境，让学生体会“我”的不情愿和爸爸的坚持。与此同时，按照从下到上的顺序出示夜晚的景色，引导学生观察，启发学生想象，发展学生思维，让学生练习有序表达。】

（五）回顾全文

1. 回顾全文，配乐齐读。

2. 小结、过渡：孩子们，在妈妈的鼓励和爸爸的帮助下，我们勇敢地走出去，一定会收获更多美好的景色。“色”和“爸”还是我们今天要学习的生字呢！

【设计意图：学习完整篇课文，让学生再次整体感知全文，加深对课文语言表达的印象。】

（六）学习生字"色""爸"

1. 如何记忆？

2. 如何书写？

（1）观察两个字的相同点和不同点；

（2）把握关键笔画；

（3）组词；

（4）范写并书空；

（5）描一写二；

（6）评价；

（7）修改。

【设计意图：在识字环节，将"色""爸"进行归类，对比识字，引导学生自主观察，拓宽学生识字方法，培养学生独立识字写字的能力。】

（七）小结

孩子们，这节课我们走进了夜色，美丽的夜色中藏着许多我们原来不知道的小秘密，只要我们勇敢地走出去，就一定会有惊喜。《摩奇摩奇树》中的和爷爷相依为命的小豆太在爷爷生病的那天夜晚鼓足勇气走了出去，他有什么惊喜的发现呢？推荐大家读一读这本书，我们下节课交流。

【设计意图：拓展了同样发生在夜晚的一个故事《摩奇摩奇树》，激发学生的勇气，引导学生进行归类阅读。】

【板书设计】

9. 夜色 胆小 → 勇敢

（北京市通州区第四中学小学部，罗子叶，教龄 7 年，通州区小学语文骨干教师）

【评课建议】

（一）游戏导入，既激发了学生的学习兴趣，又复习巩固了知识

在上课伊始的复习环节，老师利用"闯关游戏"这一活动，把枯燥的字词句复习，转化为字词句的运用，闯过每一关的学生可以看到的夜景，巧妙地与夜色主题相扣，既激发了学生复习的兴趣，又培养了学生的运用能力。

（二）巧妙关联，拉近生活与文本之间的距离

曹文轩曾说过："文学一开始就是满足人们的情感需要的。"在诗歌教学的过程中，教师要善于将儿童的生活融入其中，把教材所写的生活和学生的生活勾连起来，引导学生展开想象体会文中表达的情感。课上，老师突出了这一关联。一年级一些小朋友夜晚怕黑，如讲到第一小节的"一看窗外心就乱跳"这一句时，创设情境，带领学生走进夜晚，引导学生说说想到什么心就乱跳，激发学生的兴趣。第二小节讲到夜晚时，引导学生关联到自己的生活，在夜晚的时候，你出去散步，还能看到什么。两次关联，拉近了文本与学生之间的距离，让学生与作者产生了共鸣。

（三）关注词语，读中引发思考

本课中出现了"很小很小""再黑再黑"这样比较有特点的词语，这些词语是非常好的书面语言。学生学习第一小节时，从文中知道了"我"是个胆子很小很小、很怕黑的孩子。罗老师抓住"很小很小"一词，通过"你能从哪句话中读出'我'的胆子很小？"来引发学生思考。学生通过朗读"我"是多么怕黑的两个事例，解读了"很小很小"一词在文中的意思。学习第二小节时，罗老师引导学生通过"一起走进夜色，一起出去散步，'我'变得怎么样了？"这个问题走进文本，学生从"微笑、再黑再黑"等词中感受到我不再怕黑。学生边读书边思考，结合上下文内容了解了词语的意思。

（四）按观察顺序出示图片，层层递进地练习表达，发展学生的思维

一年级学生词汇积累不多，掌握的句式也非常有限。对于正处于语言发展最佳时期的他们来说，扩大词汇量、熟悉各种句式是学习语言的重要任务。课文第二小节的最后一句话写出了"我"在爸爸的帮助下变得勇敢，发现了夜色中许多美好的事物。教学中，老师引导学生想象"夜晚，'我'还会看见什么？听到什么？"。为了让不同需求的学生都有话可说，罗老师借助动画图片创设和文中的小朋友走出家门，亲眼看到美好夜景相似的情境，引导学生仿照书上"从此再黑再黑的夜晚，我也能看到 ×× 样的 ××"的句式层层递进地进行表达。由于这一活动是在学生生活实际和感受美好夜景基础上进行的，因此学生的表达不但成为教师教学的一种资源，也使学生的学习过程变得丰富而充满个性。

二、《孔雀变了》教学设计（第二课时）

【教材分析】

《孔雀变了》是教育部审定北京版课改教材二年级上册第五单元的一篇课文。第二单元是识字阅读单元，围绕“文明礼仪”的主题安排了五篇课文，旨在让学生通过学习课文，感受文明的重要性，并在实际的生活中运用文明用语。

《孔雀变了》一课紧紧围绕“变”展开，之前的孔雀自以为漂亮，对谁都没礼貌，“一出口就是喂、喂”，而小猫则不然，因而同样是问路，孔雀问路的结果是谁都不搭理他，而小猫问路，大象会微笑着告诉得清清楚楚。后来，孔雀听了大象的话，认识到自己的错误，很惭愧，也变得懂礼貌了。这个故事告诉我们做人一定要有礼貌。

【学情分析】

本课是学生喜欢的童话故事，内容也贴近学生生活，浅显易懂。由于学校制定的校级好习惯为“文明用语在口中”，根据要求，学校每月都有文明小标兵的评比，因此，大部分学生对于使用礼貌用语已经养成习惯，这就有助于他们感悟课文内容；教学时，我还充分利用文本内部的关联和关联学生的生活实际等方法让学生感悟孔雀的傲慢无礼和小猫的谦虚有礼，从而感受文明的重要性。

【教学目标】

1. 认识 12 个字。认读 9 个词语。
2. 在田字格中正确书写“告、诉、厂、尽”四个字。
3. 能正确、流利、有感情地朗读课文，分角色朗读课文。
4. 感受文明的重要性，懂得如何尊重他人。

【教学重点】

1. 识字；指导学生书写“告诉”。
2. 通过展示图片、结合生活实际等方法，让学生了解词语意思并积累词语。
3. 分角色朗读课文。

【教学难点】

能展开想象说话，培养学生的语言表达能力。

【教学过程】

（一）引入课文，设置悬念

1. 生活导入

（1）平时你有过向别人问路的经历吗？你是怎么问的？

（2）有一只孔雀，他也迷路了，去问老水牛，老水牛没有理他，他又去问大象，大象也没有理他，这是为什么呢？（老师边说边适时地展示配有动物名字的图片）

【设计意图：从学生的生活出发，引入课文的学习，更能调动学生参与课文学习的积极性。同时设置悬念，激发学生探究的欲望。】

2. 由“变”展开

（1）这节课我们就来学习这个小故事，请大家和老师一起写课题。

板书课题：25　孔雀变了（强调“变”的笔顺，点横写完之后要先写中间两竖，后写两边的点）

（2）“变”字笔顺很容易错，我们再来写一个。注意写完点横之后写什么。（先中间后两边）

【设计意图：让学生跟着老师两次书空写“变”字，强调了“变”字的笔顺，防止了写字时倒插笔。同时揭示了本文的主旨“变”字。】

（3）师：大家齐读课文的题目。

（二）初读课文，扫清障碍

1. 检查字词

（1）请大家先来读一读这个小故事，注意读准字音。

（2）读好的同学请你练习读一读书后的认读字和红色的生字。如果遇到不认识的字怎么办？（到文中找拼音）

（3）已经练习好的同学赶快读给你同桌听一听。

（4）请一组同学用“开火车”形式来读词语。

依次出示词语：大象　附近　迷路　微笑　应该　错了　惭愧

向左　礼貌　搭理　小猫　告诉　从此　尽头　加工厂

【设计意图：通过自己读、同桌读、开火车读等形式，使学生在充分朗读中随文识字。】

2. 重点强调

（1）适时强调“理”字单独出现要读“lǐ”；而放到词语中要读轻声，然后再来读一读。

（2）适时提问：“告”字带有“口字旁”，“诉”字带有“言字旁”，你根据偏旁表义的特点猜一猜“告诉”是什么意思。

（3）出示食品加工厂图片：让学生通过看图了解食品加工厂就是对食物进行加工的地方。而后，继续引导学生思考：生活中你还知道哪些加工厂？

【设计意图：借助图片帮助学生了解词语的意思，同时，向生活拓展，进一步丰富词语的意思。】

（4）再读课文，思考：孔雀开始是什么样？后来变成了什么样？

（三）深入学习，感受变化

1. 提问并指导朗读第一、二自然段

（1）课文的哪个自然段写的是孔雀傲慢又没礼貌呢？请你赶快读读课文找一找。

（2）一天，孔雀迷路了，他问老水牛（出示第一次问话，学生接读），老水牛没有搭理他；他又去问大象（出示第二次问话，学生接读），大象也没有理他。

喂！到附近的公园怎么走？

喂！到附近的公园怎么走？

（3）自己读一读孔雀问路的句子，想一想，从哪儿看出这是一只傲慢又没礼貌的孔雀呢？

（4）孔雀向老水牛和大象问路，可他对他们的称呼却是“喂”，那他怎么这么傲慢又没礼貌呢？

【设计意图：引导学生关联上文内容来理解，帮助学生弄清孔雀傲慢无礼的原因。】

（5）指导学生读出孔雀傲慢又没礼貌的语句。

①指名读；②引导学生评价；③范读；④导读：一天，孔雀迷路了，他问老水牛（学生接读第一次问话），老水牛没有搭理他；他又去问大象（学生接读第

二次问话），大象也没有理他。

（6）假如你是老水牛或大象，听到孔雀这样向你问路，你心里会怎么想？

预设1：这只孔雀怎么这么没礼貌。

预设2：这么没礼貌，我才不理他呢！

预设3：这是谁家的孩子，家长怎么不教育他呀？

预设4：这么问路谁会告诉他呀！

【设计意图：教师利用“假如”，不但训练了学生的想象力，而且让学生真正走进文本中人物的心理。】

2. 提问并指导朗读三至五自然段

（1）这时，小猫走到大象旁边轻声地问……

（2）还记得孔雀是怎样问路的吗？（出示句子）

大象叔叔，请问到附近的公园怎么走？

喂！到附近的公园怎么走？

【设计意图：通过关联上文孔雀问路的句子，使孔雀问路与小猫问路形成鲜明的对比。】

（3）自己读一读孔雀和小猫问路的句子，想一想，假如生活中有人也像孔雀和小猫这样向你问路，那你喜欢谁的问路方式呢？

（4）师：小猫不但注意了称呼，还使用了礼貌用语呢，这样的小猫真是又谦虚又有礼貌。你能通过你的朗读表现出来吗？

①指名读；②范读后问学生：“老师为什么读得这么轻呀？”引导学生关注提示语。

（5）同样是问路，孔雀是________（学生读）；而小猫是________（学生读）。

【设计意图；新课程标准强调要让学生在读中感悟，尊重学生的独特体验。在这里，教师通过让学生对比读，引导学生走进生活去想象，使学生真正感受到文明的重要性。】

（6）师：这么谦虚又有礼貌的小猫，难怪大象会微笑着说“顺着这条路往前走，走到尽头”。谁知道“这条路的尽头”在哪儿？（学生到前面指图，课件同时出现“尽头”）

顺着这条路往前走，走到尽头。

（7）大象这么耐心地给小猫指路，看，旁边的孔雀可生气了！出示句子：

喂！你为什么告诉小猫却不告诉我呢？

①孔雀的话我们该怎样读呢？想一想，应该用什么样的语气、怎样的表情？自己试着读一读。

②指名读；

③引导学生想一想平时的生气时是怎样说话的。

（8）看到孔雀这么生气，大象耐心地教导了他。出示句子：

喂！你为什么告诉小猫却不告诉我呢？

你呀，一出口就“喂喂”！你呀，应该向小猫那样谦虚有礼。

（同桌两人，一人扮演孔雀，一人扮演大象，来把这一部分演一演）

（9）听了大象的话，孔雀很惭愧，认识到自己的错误，大家齐读最后一个自然段。

（10）师小结：孔雀开始是傲慢又没礼貌，他向老水牛问路（出示句子），老水牛没有理他。他又去问大象（出示句子），大象也没有理他。后来，在大象的帮助下，他认识到自己的错误，并做出了改变（出示句子）。

喂！到附近的公园怎么走？

喂！到附近的公园怎么走？

从此，孔雀变了，变得又谦虚又有礼貌。

（11）你们喜欢这个小故事吗？那让我们再来读一读吧！（分角色朗读）

【设计意图：分角色朗读是低年级学生非常喜欢的形式。这篇课文是由几个小动物的对话构成的，非常适合分角色朗读。在分部分学习之后，再回到整体，指导学生练习分角色朗读，使学生把对全文的理解通过读充分地表现出来，同时进一步巩固了生字的掌握情况。】

（12）关联生活，练习表达。

①假如现在再让孔雀去向大象和老水牛问路，他会怎么说呢？

②孔雀来到了公园，在做游戏时，不小心踩到了小猴子的脚，他会怎么说？

③一天，孔雀到老山羊家做客，他会怎样谦虚有礼貌与老山羊交谈呢？同桌两人，一人扮演孔雀，一人扮演老山羊，来演一演。

【设计意图：学习语言的目的是为了在生活中运用语言，学生在学习了课文后，从课文中习得了文明的语言，此时，教师将学习关联到学生的生活，创设多种生

活中的情境，让学生用刚才习得的语言来表达，培养了学生的语言表达能力。】

（四）指导书写

1. 通过儿歌复习生字

孔雀傲慢没礼貌，向人问路没人理。
大象叔叔告诉他，多多学习小花猫。
轻声问，客气说，从此变得有礼貌。
过工厂，到尽头，公园里面欢乐多。

【设计意图：以儿歌的形式复现生字，不但回顾了课文内容，而且进一步巩固了本课所学生字。】

2. 教师指导书写“告诉”

（1）观察生字在田字格中的分布情况，想一想写好这两个字应注意什么？

（2）教师范写。

（3）学生练写。

（4）教师巡视，个别指导，然后展示、组织评议、评价，让学生再次修改自己写的字。

3. 独立书写“厂、尽”

【设计意图：在指导写字过程中，观察、交流、指导、仿写、展示、评价等方法相结合，既发挥了学生的主动性，又适时强化教师的有效指导。学生眼、口、手、脑并用，有利于提高写字的效率。】

（五）作业

我们中国有礼仪之邦的美称，礼貌待人是中华民族的传统美德，今天张老师给大家带来了一本书《中国礼仪故事》，相信你们读了之后，一定会学习到更多的文明礼仪。

【设计意图：在学生充分认识到文明的重要性后，推荐学生课下阅读相关书籍，将课堂学习延伸到课外，使学生对文明的认识更加深刻、广泛。】

【板书设计】

孔雀变了
傲慢无礼　　变　　谦虚有礼

（北京市通州区第四中学小学部，张海涛，教龄 25 年）

【评课建议】

（一）运用文本内部关联，促学生对文本的感悟

本节课，老师特别注意运用文本内部关联，引导学生揣摩、感悟作者的情感。如：在学生读了孔雀问路的句子后，老师适时提问：“那孔雀为什么这么傲慢无礼呢？”引导学生关联到上文“孔雀很漂亮”，从而知道了孔雀没礼貌的原因。又如：学生在读了小猫问路的句子后，老师适时地让学生关联上文孔雀问路的句子，让学生对比读孔雀和小猫问路的句子，使学生更深刻感受到什么样的语言才是文明的语言。学生在前勾后连中，充分体会到了文明语言的重要性，语言得到了训练，能力得到了提升！

（二）利用空白，促学生思维发展

《义务教育语文课程标准》（2011年版）指出：“在发展语言能力的同时，发展思维能力，激发想象力和创造潜能。”在本课教学中，老师有意识地培养学生的想象力，主要采取“抓住文中空白，丰富想象”的方法。如，在本课中，孔雀在向老水牛和大象问路时，傲慢又没礼貌，而老水牛和大象面对孔雀这样问路，文中只是写了没有搭理孔雀，他们心里是怎么想的没有描写，老师适时抓住这一空白，启发学生想象：“假如你是老水牛或大象，听到孔雀这样向你问路你心里会怎么想？”学生在充分想象后，真正走进文本中人物，走进人物心里，了解老水牛和大象不愿搭理孔雀的原因，从而知道了有礼貌说话的重要性。

另外，课文的结尾处，“从此，孔雀变了，他变得又谦虚又有礼貌”，那孔雀以后会怎样谦虚有礼呢？课文没有继续写，老师充分抓住这一“空白”，让学生展开想象：“假如再让孔雀去向老水牛和大象问路，他会怎么说？”并创设生活中的情境，引导学生将课文内容延伸到生活，思考并模拟“孔雀在做游戏时踩到了小猴会怎么说？孔雀到老山羊家做客又会怎样说？”，这样可以鼓励学生“学以致用”，培养表达能力，同时促进了学生思维能力的提升。

（三）关注朗读，深化学生对文本的理解

培养学生的朗读能力是小学语文教学的重要内容。著名特级教师于永正老师说过：“语文教学如果离开一个读字，就什么都没有了。反过来说，抓住了一个读字，什么语文能力、思想教育、情操的陶冶等，便在其中了。”本课中，老师首先让学生借助拼音把课文读正确，这是“保底工程”；为了扫清学生阅读障碍，老师又采取了自己练习读、同桌读、开火车读等形式让学生将课后生字读熟练，之后再让学生整体读文。课上，老师引领学生自己体会读、合作读、对比读、关注提示语读、角色体验读等多种方式既激发了学生的兴趣，又让学生感悟到文明的重要性，效果好。

三、《陶罐和铁罐》教学设计（第二课时）

【教材分析】

《陶罐和铁罐》是部编版语文教材三年级下册第二单元中的第二篇课文，继续承载着读故事明白其中道理的任务。本课讲的是国王橱柜里的铁罐自恃坚硬，瞧不起陶罐。多年后，陶罐出土成为文物，铁罐却化为绣土，不复存在。铁罐的傲慢无礼和陶罐的谦虚友善都在人物的对话中展现。

本课围绕铁罐奚落陶罐写出了铁罐和陶罐性格的三个层次：易碎—性格懦弱—寿命短，层层推进，体现了铁罐一系列的情感变化，从而让我们明白了正确看待自己长处和短处的道理。

本课主要通过对话展现情节、推动故事发展，塑造人物形象、说明道理是本课的表达特点。铁罐的蛮横无理、陶罐的谦虚友善均在对话中体现。教师应引导学生聚焦铁罐和陶罐对话的部分，感受文章具体生动的神态和动作描写，在朗读中揣摩角色的语气及性格特点，理解本课阐述的道理。“阅读链接”中《北风和太阳》也有同样的表达特点，教师应引导学生应用课内阅读的方法学习《北风和太阳》，培养学生主动探索的意识。这样，学生扩大了阅读量，思维品质也得到了发展。

【学情分析】

问题	选项及比例		
从陶罐和铁罐不同的结局中，你明白了什么道理？	做人谦虚，不骄傲 70%	尊重他人 12.5%	人都有长处和短处 17.5%
课文中运用了什么写法？	拟人 77.7%	对比 22.3%	不知道 0

本篇课文语言生动、趣味性强，非常符合儿童的心理，学生乐于阅读。在教学前测中发现，学生对故事情节的理解感觉不难，但他们的认识会有偏差，他们以为陶罐是好人，而铁罐是“不好”的，几乎没有任何可取之处。对于“从陶罐和铁罐不同的结局中，你明白了什么道理”这个问题，70% 的学生明白了做人要谦虚、不骄傲；12.5% 的学生认为要尊重他人；而认识到每个人都有自己的长处和短处的学生占 17.5%。在课文表达方法上，77.7% 的学生知道运用了拟人的写法，知道运用了对比的写法的仅占 22.3%。

本篇课文精彩的对话表现了人物性格，推动了故事情节的发展，是进行有感情朗读的好材料，学生学起来感兴趣。铁罐的傲慢无礼、陶罐的谦虚友善在人物对话和神态上得到了充分的体现，狂妄的自恃坚硬的铁罐最后竟然消失了，易碎的陶罐依然朴素美观，还成为有价值的文物，这种全文的对比，学生认识是非常模糊的，需要教师采用恰当的手段引导学生自主发现，而最恰当的策略就是比较，让学生在比较中认识对比的写作方法。

另外，课后习题中要求学生知道铁罐和陶罐的性格有什么不同，想想北风和铁罐有哪些相似之处，从而引导学生关注对比，因为对比是学生容易忽略的。

【教学目标】

1. 学习课文，了解寓意。

2. 多种方式有感情地朗读课文。

3. 学习并运用对比的写法和学习方法。

【教学重点】

1. 学习课文，了解寓意。

2. 多种方式有感情地朗读课文。

【教学难点】

学习并运用对比的写法和学习方法。

【教学过程】

（一）复习词语，感知“对比”

1. 复习词语

（1）今天我们继续学习第六课，大家齐读课题。

（2）出示词语，让学生自由读，然后提问：你有什么发现吗？

奚落　骄傲　傲慢　轻蔑　恼怒

谦虚　争辩

预设：

①第一行写的是铁罐，第二行写的是陶罐。

②骄傲——傲慢（近义词）　骄傲——谦虚（反义词）

③傲慢、轻蔑、恼怒是描写人物神态的。

④奚落、争辩是描写人物语言的。

（3）词语运用。

（　　）的铁罐　　（　　）的陶罐

2. 复习主要内容

（1）在陶罐和铁罐之间发生了一个怎样的故事呢？

【设计意图：给学生提供开放的空间，培养学生从不同角度积累词语的意识。由词语分类到词语运用，做好第一、第二课时的衔接，让学生初步感知对比。】

（二）学习课文，理解“对比”

从主要内容中可以看出这篇课文讲了两部分内容，你对哪部分最感兴趣？为什么？

1. 铁罐和陶罐对比

（1）铁罐是从哪几方面奚落陶罐的？

①老师请三位同学，第一位同学读第二、三自然段，第二位同学读第四、五自然段，第三位同学读第六至九自然段。其他同学思考：每次对话，铁罐是怎么奚落陶罐的呢？

②交流：

第一次对话：

学生反馈，板书：坚硬——易碎；教师板书：特点

第二次对话：

学生反馈，板书：坚强——懦弱；教师板书：性格

第三次对话：

学生反馈，板书：永远——几天；教师板书：寿命

③小结：铁罐是从哪几方面奚落陶罐的？

【设计意图：聚焦文本内容，让学生感知叙述内容的对比，培养学生的理解

能力。】

（2）铁罐奚落陶罐时是怎样说的？

①称呼的对比。

铁罐是怎么称呼陶罐的？陶罐是怎么称呼铁罐的？你有什么感受？

预设：铁罐称呼陶罐为陶罐子、懦弱的东西、东西。陶罐称铁罐为兄弟。铁罐看不起陶罐，没有礼貌，目中无人。

②标点的对比。

铁罐的语言用的是什么标点？陶罐呢？你又有什么感受？

预设：铁罐用的是感叹号，陶罐用的是句号。铁罐越来越生气，语气越来越强烈，情绪越来越激动。陶罐是心平气和地说。

③态度的对比。

a. 铁罐第一次是傲慢地说，谁能做一个傲慢的样子？下巴一抬，胸口一挺，真傲慢，带着这个样子给大家读读。

b. 铁罐第二次是轻蔑地说，轻蔑是什么意思？同桌之间带着轻蔑的神态读读。

c. 铁罐第三次是恼怒地说，你们有什么发现吗？

预设：铁罐不容陶罐争辩，越来越生气，对陶罐的态度越来越嚣张。

d. 读下面的句子，你觉得这次铁罐会怎样说？你能试着补充一个提示语吗？

出示句子："和你在一起，我感到羞耻，你算什么东西！"铁罐（　　）说，"走着瞧吧，总有一天，我要把你碰成碎片！"

e. 怒不可遏的铁罐奚落陶罐的语言更尖刻了，大家读一读下面的句子，并试着填空。

铁罐	陶罐
"你敢碰我吗？陶罐子！"（傲慢）	"不敢，铁罐兄弟。"（谦虚）
"我就知道你不敢，懦弱的东西！"（轻蔑）	"我确实不敢碰你，但这并不是懦弱。""我们生来就是盛东西的，并不是来互相碰撞的。说到盛东西，我不见得比你差。再说……"（争辩）

续表

铁罐	陶罐
“住嘴！”“你怎么敢和我相提并论！你等着吧，要不了几天，你就会破成碎片，我却永远在这里，什么也不怕！” （恼怒） “和你在一起，我感到羞耻，你算什么东西！”“走着瞧吧，总有一天，我要把你碰成碎片！” （　　）	“何必这样说呢？”“我们还是和睦相处吧，有什么可吵的呢！” （　　）

【设计意图：关注人物语言的对比，体会两个罐子的性格。】

（3）铁罐真是欺人太甚了！陶罐是怎样回答的？请你按照刚才的学习方法，小组讨论一下。

【设计意图：体现教师由教到放的过程，按照课上方法，学生自己感悟陶罐的情感变化。】

（4）现在你心中有铁罐和陶罐的形象了吗？同桌之间分角色再读一读它们的对话吧，如果喜欢可以加上动作。

小组分角色朗读，生生评价。

（5）师生合作读。（男生读铁罐，女生读陶罐）。

①铁罐自恃坚硬看不起陶罐，傲慢地说……

陶罐谦虚地回答……

②铁罐以为陶罐怕自己，更加轻蔑地说……

陶罐并不懦弱，争辩道……

③铁罐怎能接受陶罐的反驳，恼怒道……

陶罐依然和善地劝道……

④最终铁罐愤怒了……

谦虚的陶罐没想到铁罐如此不可理喻，不再理会铁罐。

【设计意图：通过分角色朗读，体会文章对比的表达特色，感悟两个罐子不同的性格特点。】

2. 铁罐与人们对比

（1）很多年过去了，铁罐和陶罐的结局怎么样了？请你默读 10~17 自然段。

（板书：消失、美观）

（2）对比读铁罐的话和人们看待陶罐的话，在对陶罐的认识上有什么不同？

出示句子：

“和你在一起，我感到耻辱，你算什么东西！”铁罐说，“走着瞧吧，总有一天，我要把你碰成碎片！”

“多美的陶罐！”一个人说，“小心点儿，千万别把它碰坏了，这是古代的东西，很有价值的。”

预设：陶罐易碎，但也有自己的长处，人们很珍惜它。铁罐只看到了陶罐的短处。

（3）从铁罐和陶罐的不同表现和结局中你得到了什么启示？

预设：铁罐不应该拿自己的长处和别人的短处比，应该正确看待自己的长处和短处。

（板书：正确看待自己）

【设计意图：以问题为引领，培养学生运用比较的方法解决问题的能力。建立关联意识，勾连上文，体会对比。】

（三）读写结合，想象“对比”

1. 如果我们把时间的指针往前拨一拨，在铁罐刚开始生锈之前，让他再与陶罐有一番对话，他们会说什么呢？请完成写话练习。

“____________________________________”铁罐（　　）地问。

“____________________________________”陶罐（　　）地回答。

“__________________”铁罐（　　）地说，“________________”

“__________________”陶罐（　　）地说，“________________”

2. 学生交流，师生评价。

【设计意图：创设情境，让铁罐自身构建对比，培养学生想象力和语言表达能力。】

（四）勾连链接，延伸“对比”

1. 铁罐与北风对比

（1）骄傲的铁罐明白得太晚了，和铁罐一样办了傻事的还有一位——北风。读一读，看看铁罐和北风的相同之处是什么（教师出示《北风和太阳》这个故事）。

（2）我们一起读读看（师读北风，生读太阳）。

【设计意图：借助课内阅读推进课外阅读，延伸“对比”，发散学生的思维。】

（3）在生活中你见过像铁罐和北风这样的人吗？你能用什么方法劝劝他？

预设：

①我会告诉他每个人都有自己的长处和短处。

②我会给他讲《陶罐和铁罐》《北风和太阳》这两个故事，告诉他应该正确看待自己。

【设计意图：让学生借助寓言形成解决生活中的问题的能力。】

（五）作业百花园

1. 编排《陶罐与铁罐》课本剧。

2. 用对比的方法阅读《池子与河流》《骆驼和羊》。

3. 选择阅读：《中国寓言故事》《伊索寓言》。

【设计意图：让学生运用对比的方法进行课下阅读，提高阅读理解能力，发展学生的思维和品质。】

【板书设计】

陶罐和铁罐		
	铁罐贴图	陶罐贴图
性格	坚硬	易碎
性格	坚强	懦弱
寿命	永远（消失）	几天（长久）
正确看待自己		

（北京市通州区东方小学，王文静，教龄8年，通州区小学语文骨干教师）

【评课建议】

（一）一纵一横明确思路

纵观整堂课，老师紧扣教材特点，运用对比策略，围绕对话展开教学，从铁罐奚落陶罐什么、是如何奚落陶罐的这两方面来体会铁罐的傲慢和陶罐的谦虚这一教学重点，学生在对比中明意，在对比中晓理。

更可贵的是老师紧抓部编版教材特点，能从单元出发设计这节课，勾连阅读《北风和太阳》，推荐阅读《中国寓言故事》，借助课内阅读推进课外阅读，把阅读推向深入。老师还抓住寓言的特点，设计了“如果生活中遇到了铁罐和北风这样的人，会怎样劝他”的提问环节，建立了学习和生活的联系，培养了学生借助寓言解决生活中问题的能力。整节课，学生不仅学习了寓言，还提高了思想品质。

横看老师的排兵布阵：复习词语，感知对比。学习课文，通过铁罐和陶罐、铁罐和人们两个层次的学习，理解对比。学习对话，写下对话，读写结合，想象对比。纵看链接《北风和太阳》，铁罐和北风比较，延伸对比。环环相扣，轻松自然。

（二）一点一面要点纷呈

一点，即以悟人物神态、品人物语言为朗读重点，建构主题教学，抓住“铁罐奚落陶罐”这一点，建构阅读话题。抓准点，铺开面的教学就牵一发而动全身。这堂课的精读部分，在于学习铁罐的语言时，紧紧抓住“傲慢”“轻蔑”“恼怒”的神态提示语帮助学生入情入境，又引导学生读文本想象，“第四次铁罐会怎样说”，不断丰盈铁罐的形象。课前导入时，通过“铁罐和陶罐各有什么长处和短处”形成触动性话题；初读时，通过提问“骄傲的铁罐常常奚落陶罐什么”形成感知性话题；细读时，通过“铁罐是怎样奚落陶罐的”形成探究性话题；赏读时，通过个别读、同桌合作读、表演读，形成综合性话题。随着教学的不断深入，阅读话题也有了“温度、宽度、广度、深度”，具有了思维激发力、文本穿透力、研读支撑力。

（三）一说一写夯实语言

一说，就是这堂课中，老师精心设计了一个说话训练——就是给课文两处没有神态描写的地方补白，这是课堂上的一个亮点。这个说话训练是在前几次朗读品悟与积累的基础上而进行的，引导学生体会了铁罐最初的傲慢，再次的轻蔑，再三的恼怒等一次又一次的神态与心情的剧烈变化，进而体会到了铁罐的蛮横无理，以至学生想象第四次铁罐神态水到渠成。一写，就是在学完课文进行情感朗读后，学生情绪高涨，要有所表达。老师抓住契机趁热打铁：如果把时间的指针往前拨一拨，铁罐再次遇到陶罐，他会说什么？在学完对话的基础上，学生练习写对话写作，实现理解语言到运用语言的转化，从而提高语言表达能力。

四、《天鹅的故事》教学设计（第二课时）

【教材分析】

《天鹅的故事》是北京课改版实验教材第八册第五单元的第二篇文章。这一单元选编了三篇精读课文和一篇略读课文，从不同角度抒发了人们对生活的热爱，抒写了人们对生命的感悟。编者将感人至深的《天鹅的故事》编入教材时，对其进行了适度改编，删去了第一部分有关爱情的情节，突出了天鹅破冰和老人弃猎三十年的情节，突出了天鹅品质的光辉，清晰地呈现出了斯杰潘行为转变的内心依据。课文中的内容，不但向人们展示了天鹅为生存而勇敢奉献、团结拼搏的精神，为生命而战的壮举，而且故事的讲述者斯杰潘老人由喜爱打猎到放下猎枪，再到把猎枪挂在墙上 30 年的行为，更是使读者在读故事、品味语言的过程中深受震撼。这个故事唤起了人性中的善与美，拉近了读者与动物之间的情感距离。

【学情分析】

四年级学生对动物类文章比较感兴趣，和动物之间天生就有一种不解之缘。对于有了一定阅读基础的四年级孩子来说，课文的篇幅虽长但是内容不难理解。本班的学生已经有了一定自读自悟的能力，但天鹅破冰的场面，离学生的生活较远，学生对天鹅在关键时刻表现出来的用自己的生命去抗争恶劣环境的精神及斯杰潘老人的情感变化理解上有一定的难度。所以，我重点抓住老天鹅舍身破冰和群鹅齐心协力破冰这两个场面，积极创设情境，通过引导学生抓关键词句和标点、想象画面、品味朗读等形式去引领学生深刻体验天鹅的心理和斯杰潘老人的内在语言，使学生和天鹅们、和斯杰潘老人实现心灵互动，从而去感受天鹅的内在精神，去感受老人对生命的珍爱。

【教学目标】

1. 正确、流利、有感情地朗读课文。

2. 引导学生抓住关键词句，读懂语言文字背后的含义，通过想象画面，走进人物的内心世界。

3. 通过朗读感悟、启发想象，感受老天鹅勇敢奉献、团结拼搏的精神和斯杰潘对生命的尊重与珍爱。

4. 激发学生爱护动物的思想感情，使学生懂得尊重、珍爱生命。

【教学重点】

通过朗读感悟、启发想象，感受老天鹅勇敢奉献、团结拼搏的精神和斯杰潘对生命的珍爱。

【教学难点】

激发学生爱护动物的思想感情，懂得尊重、珍爱生命。

【教学过程】

（一）情境渲染、回顾内容

1. 回顾前文

（1）在三十年前的一个初春，一群天鹅从南方飞回了贝加尔湖，这里原本是它们的乐园，可是谁也没有想到……

复习齐读词语：寒流降临、北风呼啸、湖面结冰。

（2）天气极其恶劣，但是冰封的湖面却发生了巨大的变化，你能把表示冰面变化的词语写正确吗？

我会写。

jìng zi

①经过这沉重的一击，（　　）般的冰面被震得颤动起来。

tā xiàn

②冰面终于（　　）了，出现了一个小的冰窟窿。

kuò dà

③天鹅们沿着冰窟窿的边缘继续扑打着，水面在慢慢地（　　）。

a. 对照大屏幕自己进行修改。

b. 说一说你错的是什么字？为什么容易错？

2. 梳理文章脉络

（1）是谁让冰封的湖面发生了变化？打开书略读一遍课文，回忆斯杰潘老人给我们讲述了一个有关天鹅的什么故事。

（2）小结：可以抓住时间、地点、人物、起因、经过、结果这几个要素用简练的语言来概括故事的主要内容。

【设计意图：读有关环境的词语、写有关冰面变化的词语，不仅对第一课时重点知识展开扎实、有效的复习，也为第二课时的学习做了情感的铺垫。梳理文

章脉络、结构，给予学生概括主要内容的方法指导。】

（二）巧抓词句、想象画面

1. 抓住词句和标点去体验老天鹅的内心世界

（1）出示读书提示。

读书提示：

a. 默读课文的第五、六、七自然段，用心感受天鹅破冰觅食的场面。

b. 哪些地方使你感动？用横线画出来并读一读。

（2）交流老天鹅破冰的场面，抓住“腾空而起”“重重”“胸脯和翅膀”“石头”等词语及省略号，引导学生感受老天鹅带头破冰的场面，引领学生感悟老天鹅勇敢奉献的品质，并指导学生朗读。

①老天鹅为什么要腾空而起？

②引领学生加上动作体会：飞得越高，扑打的力度就越大。

③朗读方法的指导：突出重点词更能表达出情感，更能体现出这一处令人感动。

④石头是没有生命的，但是老天鹅呢？石头是坚硬的，但是老天鹅的身体呢？所以和石头一样坚硬的是什么？（老天鹅破冰的决心、意志、勇气）有了这样的体会这句话你们一定能读好。

（3）小结：抓住关键词句我们品味出了语言的含义，这是一种特别好的阅读方法。

（4）老天鹅腾空而起，又重重地落下，换来的只是冰面颤动而已，他会放弃吗？

①所以老天鹅艰难地站起来，迅速发起了它的第二击。这时你仿佛看见了什么？把你看到的画面读出来（指名读）。

老天鹅腾空而起，像石头似的用自己的胸脯和翅膀重重地扑打着冰面。

②冰没有破，它竭尽全力，发起了更加猛烈的第三击。你仿佛看见了什么？把这样的画面读出来（指名读）。

老天鹅腾空而起，像石头似的用自己的胸脯和翅膀重重地扑打着冰面。

③冰依然没有破，它无数次地扑打冰面。你又看到了什么？能用朗读让我们也看到这样画面吗（指名读）？

老天鹅腾空而起，像石头似的用自己的胸脯和翅膀重重地扑打着冰面。

（5）小结：有时候，标点就是在向我们传递着信息和情感、传递着画面。

2. 通过想象画面去感受斯杰潘老人的内在语言

（1）如果你就是站在天鹅群不远处的斯杰潘老人，看到这样的一幕，你有什么疑问？

（2）伴随着这一个个的问号和回答，你读出了一只怎样的老天鹅？

（3）小结：通过读文字想画面，我们走进了老天鹅和斯杰潘的内心世界，这也是一种特别好的阅读方法。

（4）让我们在脑海中想象着老天鹅破冰的画面，齐读这一段，再现这一震撼人心的场面。

突然，一个个儿特别大的老天鹅腾空而起，不过并没有飞走，而是利用下落的冲力，像石头似的用自己的胸脯和翅膀重重地扑打着冰面。经过这沉重的一击，镜子般的冰面被震得颤动起来。接着是第二次，第三次……

【设计意图：抓住文本的空白和省略号的作用，引领学生想象老天鹅一次又一次破冰的画面，让学生深入文本世界中去感悟、品味和探究，用自己的体验去创造性地填补文本的空白点，既建构文本的意义，又建构自我世界。在角色扮演中，学生的内心体验得以开掘，与老天鹅、斯杰潘老人的情感融为一体。】

（三）文本补白感悟表达

1. 想象一群天鹅破冰的场面，发展语言思维

（1）老天鹅破冰的声音在贝加尔湖上空不断地回响着，它的举动感染了其他的天鹅，有关一群天鹅破冰的场面有哪些地方打动了你呢？

（2）它们在重复谁的行为？

①还记得老天鹅是怎么破冰的吗？指名读。

老天鹅腾空而起，像石头似的用自己的胸脯和翅膀重重地扑打着冰面。

②有几只天鹅来帮忙了。出示材料，指名读。

只见这边一只腾空而起，像石头似的用自己的胸脯和翅膀重重地扑打着冰面。

又见那边一只也同样腾空而起，像石头似的用自己的胸脯和翅膀重重地扑打着冰面。

它们刚刚落地又再次腾空而起，像石头似的用自己的胸脯和翅膀重重地扑打着冰面。

③重启发想象：你就是其中的一员，你为什么加入破冰的行列?

④整群的天鹅都来了，出示材料。

它们干得那样齐心，

虽然有的天鹅已经____________________________，

但是它们还是______________________________；

它们干得那样欢快，

虽然有的天鹅已经____________________________，

但是它们依然______________________________。

⑤让我们一起来给天鹅们加加油！女生读天鹅的叫声，男生读劳动号子。它们干得那样齐心，来！女生们我们来给它们加加油！它们干得那样欢快，男生们我们来给它们鼓鼓劲！马上就要有吃的了，天鹅们激动极了！我们一起来读。

女生：克噜——克噜。

男生：兄弟们哪，加油！齐心干哪，加油！

2. 以斯杰潘的视角去感受这群天鹅的精神

（1）多么震撼人心的场面啊，此时此刻目睹了这一幕的斯杰潘老人又会想些什么呢?

（2）有什么困难能挡得住这个团结拼搏的集体呢?谁来读下面这段话?

小小的冰窟窿终于变成了一个很大的水面。好像听了谁的命令似的，所有的天鹅都停止了工作。它们在水里高兴地游来游去，捕食着鱼虾，还不时地发出阵阵胜利的欢呼声："克噜——克噜——克噜！"

（3）（出示破冰成功的天鹅在自由嬉戏的图片）看，这群破冰成功的天鹅在湖面上悠闲地觅食，尽情地嬉戏，在那遥远的贝加尔湖畔，阵阵胜利的欢呼声不断地传来。这激动人心的声音，久久地回旋在斯杰潘老人的耳畔，这时他又会想些什么呢?

【设计意图：进一步凭借语言文字，充分激起和调用学生的"已有经验"和"情感储备"，让学生去感受这群天鹅的团结拼搏，用内心去触摸、碰撞这群天

鹅和斯杰潘老人的情感与内心。补充空白，促进学生进入课文情境，强化自己的内心体验，使学生的思维空间、语言实践得到拓展。】

（四）读写结合、深化主题

1. 在感动中思想走向深刻

（1）难怪他每每回忆起这个故事总是深情地说……出示材料，指名读。

多么可爱的鸟啊！我当时离他们才 30 多米，双手端着上了子弹的猎枪，可是，我没有扣动扳机。我把枪挂在肩头，悄悄地离开了湖边。从此以后这只猎枪就一直挂在墙上，再也没有用过。

（2）斯杰潘是一个猎人，只有打猎才能给他带来收获，他怎么把猎枪挂在了墙上，而且一挂就是 30 年呢？

（3）这把猎枪仅仅是为天鹅而挂吗？

2. 在练笔中获得心灵的触动和智慧的启迪。

（1）孩子们，一个好的故事结尾就是这样耐人寻味，留给我们无尽的感动和思考！让我们拿起手中的笔，把读完故事后的感受写下来吧！

（2）小结：在写感受时，我们既可以对故事中的天鹅与老人进行评价，也可以从珍爱生命的角度去表达体会，还可以联系生活来丰富自己对故事的认知。

【设计意图：课文学完了，学生仍被天鹅的精神感染着，被斯杰潘老人挂起猎枪的行为感动着，让学生抓住这一契机写出读文后的感受，既升华了学生情感的余韵，又引导学生将获取知识、运用知识的触手向课外延伸、向社会延伸，以拓宽学生的学习空间。】

（五）课外阅读、拓展延伸

1. 带着感情和领悟，试着将这个动人的故事讲给更多的人听。

2. 用抓词句、想画面的阅读方法试着读一读斯杰潘老人讲述的另一个天鹅的故事。

【设计意图：鼓励学生扩展阅读，丰富学生的知识储备、能力储备、情感储备。】

【板书设计】

天鹅的故事

破冰 → 老天鹅 勇敢奉献
破冰 → 一群天鹅 团结拼搏

端 珍爱生命 挂
→

（北京市通州区马驹桥镇中心小学，许佳成，教龄9年，通州区小学语文骨干教师）

【评课建议】

这堂课立足有效教学，争创高效课堂，依托关联阅读的教学理念，主要突出了以下几点教学特色：

（一）复习相关联的词语，创设情境，未成曲调先有情

在本节课中，许老师巧用相关联的重点词语来导入，随着老师富有激情的渲染，学生们齐读三个形容恶劣环境的词语，加强了自己的情感体验。然后，老师话锋一转，让学生找在故事中、在意境里出示的一组有关冰面变化的词语：镜子、塌陷、扩大，及时检查学生掌握基础字词的情况。扎实、有效的复习与许老师富有感召力的语言同构共生，可谓一举两得。

（二）巧用文本留白，关联上下文，点燃思维的火花

文本中的留白给了读者无限的遐想空间，恰当地挖掘文本的留白，能让学生更好地关联上下文，点燃思维的火花。作者对老天鹅破冰的动作进行了细致的描写，还运用了形象的比喻句来刻画老天鹅破冰的决心，使老天鹅勇敢奉献的形象跃然纸上。但是群天鹅受到了老天鹅的感召是怎么做的、怎么想的却没有详述。在此，老师引导学生去思考：群天鹅在重复谁的动作？让学生去发现文本中隐性的关联点，原来每一只天鹅都在像老天鹅一样腾空而起，像石头似的用自己的胸脯和翅膀重重地扑打着冰面。这时，老师再用充满情感的语言为学生创设情境，引领他们关联上文展开想象、入情入境，为朗读做好铺垫。许老师关注文本中的留白，注意关联上下文，不仅为学生理解文本搭建了桥梁，而且发展了他们的思维和品质。

（三）关联斯杰潘老人的情感变化，走进角色，获得心灵的触动

一个吸引人的故事，常常有一个出人意料的情节。而每一个出人意料的情节背后，又都有一个震撼人心的理由，这个理由既出人意料，又在情理之中，这就是一个好故事的魅力。老师在课堂上引导学生找准这个故事的开篇和结尾，理解斯杰潘老人把猎枪挂在墙上 30 年的理由。但为了突破学生在理解上的难点，老师始终以斯杰潘老人的情感变化为主线，引领学生在角色体验中去想象斯杰潘老人在看到老天鹅和一群天鹅破冰胜利后的内在语言，使学生和斯杰潘老人实现心灵的互动，从而去感受老人放下猎枪的背后是对生命的珍爱。这样，在交流中、在想象中、在感悟中文本的主题顺势而出，学生的思想也在感动中走向丰富，走向深刻。

五、《鼎湖山听泉》教学设计（第二课时）

【教材分析】

北京版第三学段语文教材中共安排了十二篇写景抒情的散文，散文注重表现作者的生活感受，情感真挚，写景如在眼前，写情沁人心脾。对于高年级学生来讲除了学习散文融情于景的写法，还可从中学习选材立意、布局谋篇的技巧，提高自己的语言表达能力。

本文是北京市义务教育课程改革实验教材六年级上册第四单元第二篇课文。这一单元安排了两篇精读课文《林海》《鼎湖山听泉》，两篇略读课文《松坊溪的冬天》《迷人的张家界》。进行这一单元的教学要使学生感受到祖国山河的美丽多姿，为生活在这样的国度里感到骄傲与自豪，同时体会到作者对大自然的热爱与赞美之情，感受人与自然的和谐之美。

全文以游览顺序记叙了作者在景区的所见、所闻、所感，文章以写在鼎湖山听泉的感受为主要内容，抒发了作者亲近自然、热爱自然之情。文中第二、四自然段都提到了听泉，但因为时间不同、地点不同、听泉方式不同，作者听到的泉声不同，所以作者的感受自然有所不同。第二、四自然段帮助学生体会作者用心聆听泉声后的感受。教师可以利用重点段第四自然段引导学生感受泉声与文字的关联，实现声音与文字的对接。另外，本文在 1982 年就被刊登在《人民日报》

上，这说明文章在当时还具有一定的政治意义。这篇文章在选入小学课本时有删改，删改版课文与原文的关联也可以帮助学生打开作者情感的突破口。

【学情分析】

前测问卷：

1. 你最喜欢文章的哪一个自然段？为什么？

2. 文中哪些句子让你印象深刻？为什么？

3. 读第四自然段，说说作者是怎样把泉声的特点写具体的。（可以多选）

A. 比喻　B. 拟人　C. 夸张　D. 排比　E 有详有略　F 联想

4. 你认为作者是否喜欢鼎湖山的泉水？为什么？

5. 读了这篇文章，你有什么疑问？

第一题中大部分学生聚焦到文章的重点段，也就是描写最精彩的第四自然段，但是几乎都是从修辞角度出发，感受作者的文笔之美。第二题 46% 的学生喜欢文中第四自然段的排比句，其中 81% 的学生觉得作者用了比喻和排比的修辞手法，十分优美，读起来朗朗上口。第三题，大部分学生能对排比和比喻进行具体解释，但是选择“有详有略”的学生中，只有 21% 的学生能够正确说明理由；在小部分选择“联想”选项，即作者对泉声聆听、辨识与品味的学生中，只有 4 人能基本说明理由。第四题 100% 的学生都认为作者喜欢鼎湖山的泉水，其中认为作者因为泉水特点喜欢泉声的占 54%，从修辞手法上考虑的占 17%，有 29% 的学生提到了文章最后一段，但是只是抄写了原文，不能深刻理解。第 5 题 40% 的学生不理解最后一个自然段的含义，另外有学生有这样的困惑：“这无比平凡的泉声，为什么作者把它想成美妙的乐器的声音呢？”“如此大的山，作者为什么时时刻刻都能清楚听到泉声呢？”这些问题都直指作者的思想情感。

综上，大部分学生都能从修辞的角度发现泉声的特点，体会到作者对泉水的喜爱。但是至于这泉声美在何处，作者为什么要把这平凡普通的泉声写得这么美，都与作者的思想感情有关，因此，作者的思想感情是学生理解的困难点，也是这节课要解决的问题点。

【教学目标】

1. 感悟泉声的悦耳动听、变幻莫测，体会作者的思想感情。

2. 有感情地朗读课文，背诵第四自然段。

3. 理解最后一个自然段的含义。

【教学重点】

感悟泉声的悦耳动听、变幻莫测，体会作者的思想感情。

【教学难点】

理解最后一个自然段的含义。

【教学过程】

（一）问题导入，引发思考

由学生的前测问题“这无比平凡的泉声，为什么作者把它想成美妙的乐器的声音呢？”导入课文。

【设计意图：以学生的问题为出发点，引起学生的学习兴趣，同时直接指向作者的思想情感。】

（二）建立关联，触摸情感

1. 抓住题眼“听泉”，构建第二、四自然段的联系。

2. 学习第二自然段，初步构建鼎湖山泉声与泉景之间的联系。

（1）观赏鼎湖山风光片。

（2）自由读课文，漫步鼎湖山，说说你的所见和所闻。

（3）说说这一段中让你印象最深刻的内容。

（4）提出疑问。

【设计意图：抓住题眼，建立文本内部的关联；让学生通过鼎湖山风光视频及课文描写进行直观感受，初步构建起鼎湖山泉声与泉景的联系，为理解文章的最后一段话及作者的思想情感做铺垫。】

3. 学习第四自然段，在感受泉声的变幻莫测、悦耳动听中感悟作者的情感。

（1）再次建立第二、四自然段内容的关联，发现两者的不同点。

预设 1：一个是白天，一个是晚上，听泉时间不同；

预设 2：一个走在路上，边走边看边听泉，一个躺在床上，听泉方式不同；

预设 3：一个在山中，一个在庆云寺，听泉地点不相同；

预设 3：听到的声音不一样。

【设计意图：构建联系意在使学生感受：作者同样是写听泉，白天是边走边看边听，晚上却可以用心去聆听，通过辨识和品味，产生自己的感悟和思考。】

（2）在“万籁俱寂”的环境中聚精会神、轻轻地读第四自然段，初次品味泉声特点。

预设 1：泉声很美，很动听；

预设 2：泉声多种多样，富有变化。

【设计意图：结合语境，再次体会“万籁俱寂”的意思；引学生进入情境，用心品味泉声。】

（3）朗读感受“那像小提琴……”这段话的写作特点。

那像小提琴一样轻柔的，是在草丛中流淌的小溪的声音；

那像琵琶一样清脆的，是在石缝间跌落的涧水的声音；

那像大提琴一样厚重回响的，是无数道细流汇聚于空谷的声音；

那像铜管齐鸣一样雄浑磅礴的，是飞瀑急流跌入深潭的声音。

预设 1：作者用了比喻的修辞手法，生动形象地写出了不同泉声的特点。

预设 2：作者用了排比的修辞手法，表达了自己对泉声的喜爱。

【设计意图：从学生已了解了本段使用的修辞手法这一点入手，让学生在感悟语言之美中感受鼎湖山泉水的特点，进而体会作者的思想情感。】

（4）聆听、辨识、品味泉声。

①找出作者聆听、辨识、品味到的内容。

②通过不同形式的配乐朗读感受泉声特点。

③配乐背诵。

【设计意图：回应前测中学生不能理解“聆听、辨识、品味”的问题点；举例进行分析，意在让学生跟随作者用心聆听，理解作者的“听泉”历程，在听—想—悟中感悟作者情感；让学生在朗读和理解中成诵，积累好词佳句。】

（5）朗读，画出作者从对景物描写中想象到的内容。

还有一些泉声忽高忽低，忽急忽缓，忽清忽浊，忽扬忽抑，是泉水正在绕过树根，拍打卵石，穿越草丛，流连花间……

预设 1：泉水像个顽皮的孩子，打着滚儿在林间嬉戏。他一会儿亲近大树爷爷，一会儿拍拍石头哥哥，奔跑着，嬉笑着……

预设 2：泉水因为遇到卵石，声音忽高忽低、忽扬忽抑……

【设计意图：学生自主联想，建立“声”“景”关联，能够深刻理解文本、丰

富阅读内容，并且进行创造性阅读，读写结合。】

（6）比较两段话布局谋篇方面的不同。

那像小提琴一样轻柔的，是在草丛中流淌的小溪的声音；

那像琵琶一样清脆的，是在石缝间跌落的涧水的声音；

那像大提琴一样厚重回响的，是无数道细流汇聚于空谷的声音；

那像铜管齐鸣一样雄浑磅礴的，是飞瀑急流跌入深潭的声音。

还有一些泉声忽高忽低，忽急忽缓，忽清忽浊，忽扬忽抑，是泉水正在绕过树根，拍打卵石，穿越草丛，流连花间……

【设计意图：前测中学生没有关注到"详略得当"的写法，这里意在解决学生认知上的不足。】

（7）引入《鼎湖山听泉》未删改版的相关语句，思考：流入作者心田的只是鼎湖山的泉水吗?

这万般泉声，被一支看不见的指挥棒编织到一起，汇成一曲奇妙的交响乐。在这泉水的交响之中，仿佛能够听到岁月的流逝，历史的变迁，生命在诞生、成长、繁衍、死亡，新陈代谢的声部，由弱到强，渐渐展开，升腾而成为主旋律。我俯身倾听着，分辨着，心神犹如融于水中，随泉而流，游遍鼎湖；又好像泉水汩汩滤过心田，冲走污垢，留下深情，任我品味，引我遐想。啊，我完全陶醉在泉水的歌唱之中。说什么"山不在高，有仙则名"，我却道"山不在名，有泉则灵"。孕育生机，滋润万木，泉水就是鼎湖山的灵魂。

【设计意图：关联《鼎湖山听泉》原文，逐步深入作者情感，感受到作者在聆听、品味、辨识泉水的过程中感受到了生命发展的历程和力量，让人有一种心灵洗涤的感悟。】

（三）再建关联，深悟情感

1. 探讨象征着生命力量的鼎湖山泉水和鼎湖山万木有怎样的关系

蒙胧中，那滋润着鼎湖山万木、孕育出蓬勃生机的清泉，仿佛汩汩地流进了我的心田。

（1）课外资料补充。

鼎湖山位于北回归线上，因地球上北回归线穿过的地方大都是沙漠或干草原，所以鼎湖山又被中外学者誉为"北回归线上的绿宝石"。

鼎湖山面积1133公顷，最高处的鸡笼山高1000.3米，从山麓到山顶依次分布着沟谷雨林、常绿阔叶林、亚热带季风常绿阔叶林等森林类型。而保存较好的南亚热带森林典型的地带性常绿阔叶林是有400多年历史的原始森林。鼎湖山因其特殊的研究价值闻名海内外，被誉为华南生物种类的“基因储存库”和“活的自然博物馆”。

（2）结合课外资料，再读第二、四自然段，思考文章最后一段话是什么意思。

【设计意图：回归文本，引入课外资料，建立课内外联系，引导学生关注鼎湖山泉水的作用；联系课外资料，关注文中第二、四自然段中“泉”“景”的对接，理解鼎湖山泉水对鼎湖山万木的滋润和灌溉作用，深刻感悟作者对鼎湖山泉水的赞美。】

2. 联系《林海》，启发思考

老舍先生赞美大兴安岭，不仅是因为它那千山一碧、万古长青的自然美，更是因为它“美得并不空洞”，它的美是与广厦良材、子孙万代联系在一起的。大家再读课文最后一段，产生新思考。

【设计意图：联系本单元课文《林海》，感受泉水的滋润对鼎湖山草丰林茂的巨大作用，体会作者爱大自然的情感，进而培养学生热爱自然、亲近自然的情感。】

（四）回归问题，布置作业

1. 请学生自主回答课前他们提出的问题。

2. 布置作业：

（1）阅读《鼎湖山听泉》原文资料。

（2）结合自己搜集的资料，用自己的方式说服父母带自己游览鼎湖山。

【设计意图：检测教师是否已解答学生心中疑惑；让学生再次亲近鼎湖山，感悟作者情感；关注学生输出，让学生学以致用。】

【板书设计】

聆听　辨识　品味	悦耳动听 变幻莫测	泉水 → 泉景 生命 → 奉献	热爱　赞美

（北京市通州区芙蓉小学，冯霄，教龄2年）

【评课建议】

（一）渗透联系，发展思维

课上教师十分注重关联理论的渗透。一方面，抓住题眼“听泉”，构建第二、四自然段的联系，引导学生通过对比第二、四自然段听泉的相同点与不同点，感受作者在夜晚用心聆听的心境。另一方面，构建起声音与文字的联系，突破重点。教师关注到前测中“课文是怎样把泉声的特点写具体的”一题，很少有学生进行联想，于是根据学情，在学习中引导学生构建了文字与声音的联系，让学生通过读文字想象，对接声音，达到情感共鸣，然后再由声音回到文字，抒发情感。第三方面教师巧借原文，打开理解情感的突破口。教师通过前测及对学生已有认知的了解，发现学生很难理解“那滋润着鼎湖山万木、孕育出蓬勃生机的清泉，仿佛汩汩地流进了我的心田”这一句话。针对这一点，老师恰当地把《鼎湖山听泉》原文片段引入，帮助学生认识到泉水之音，弦外有音，从而打开理解作者感情的突破口。同时，教师还引入鼎湖山有关“北回归线上的绿宝石”相关资料，引导学生追根溯源，联想到鼎湖山的泉水的作用。接着让学生再读课文，联系上下文发现“泉”“景”之间的联系，体会到鼎湖山泉水对鼎湖山万木的滋润和灌溉作用。最后联系本单元另一篇文章《林海》，让学生感受泉水的滋润对鼎湖山草丰林茂的巨大作用，体会泉水的奉献精神。课堂上，老师始终以学生学习前及学习中所反馈的问题为中心进行引导，解决了学生在知识点及理解上的问题，让学生有所收获。

（二）由表及里，妙悟情感

叶圣陶先生曾经说过：“作者思有路，遵路识斯真。作者胸有境，入境始与亲。”教师深知只有引导学生入作者境界才能与作者感同身受，于是从学生有关修辞的学习经验也就是学生的已知点入手，师生共同感受语言之美，接下来跟随着作者聆听泉声，辨识出泉景，品味出作者对泉声之爱，走进作者内心。

另外，教师始终跟着作者的写作思路追根溯源。作者为什么将并不稀奇的泉流之声写成了“人间难得几回闻”的美妙乐曲？教师带学生一步步发现“泉”中有“景”，泉与景密不可分。接着引导学生了解鼎湖山，“山得水而活”，因为泉水，鼎湖山有了“北回归线上的绿宝石”的美称。教师结合《鼎湖山听泉》未删改版原文，引导学生建立泉景与泉声的联系，在品味泉声之美中感受作者对泉声之爱，通过课内外资料的融合逐渐深入作者内心。教师从学生前后的朗读对比中，发现学生对文章理解得越来越深入，对鼎湖山的泉水也充满了热爱，课堂效果好。

第二节　构建单元内部关联的教学设计

一、单元内部巧关联　提取信息学复述

——以《麻雀》《神奇的鸟岛》和“口语交际”为例的单元内部主题教学

【主题教材分析】

本主题教学围绕“多元理解动物情，提取信息学复述”展开，选取了北京版教材四年级上册第四单元的《麻雀》和《神奇的鸟岛》展开教学。第四单元共有四篇动物题材的课文，但是《麻雀》和《神奇的鸟岛》中的“鸟岛保卫战”这一故事有较多相同之处：内容方面：两篇课文均生动形象地描写了动物之间相斗的场面，情节紧张，环环相扣，引人入胜；情感方面：两篇课文都是围绕“爱”的主题讲述的。《麻雀》一课中老麻雀为救小麻雀以弱抗强的勇敢，是个体间的爱；《神奇的鸟岛》一课中的“鸟岛保卫战”则是群鸟为保护幼雏群策群力的智慧，是群体间的爱；写作特点：从写作顺序上来说，《麻雀》全文和《神奇的鸟岛》中“鸟岛保卫战”这一部分都是按照事情的发展顺序写的，这一写作顺序不仅对学生理清故事脉络尤为重要，而且也是学生进行复述时的重要线索。从描写方法上来说，两篇课文在塑造动物形象时，都运用了大量的动作、神态、心理描写，这些细节描写是学生揣摩动物形象、感知动物情感的重要依据。

复述的要求在北京版教材《神奇的鸟岛》课后题中第一次出现，目的是指导学生将书面表达转化为口头语言，从而提高学生的语言运用能力。因此本主题教学是让学生在体会情感的基础上，运用文本框架梳理思维，学习复述，并在复述中继续升华情感的体验。

【主题学情分析】

为了了解学生的学习起点，我以学过的《我爱家乡的柿子》中“摘柿子”的片段，让学生尝试复述，结果有 12.6% 的学生直接背下来，有 68.3% 的学生复述时顺序错乱，有 74.6% 的学生丢失故事情节，有 26.4% 的学生只是简单概括，有 83.7% 的学生语言表达不流畅。

学生对动物题材的课文感兴趣，通过预习我了解到学生能够体会到课文传达出的勇敢、团结，但是体会不到勇敢的背后是老麻雀对小麻雀的爱子之情，体会不到团结智慧抗敌的背后是群鸟对幼雏的群体之爱。

第一课时：品词析句感悟真情　抓取关键初学复述

——《麻雀》第二课时

【教材分析】

《麻雀》一文构思新颖，语言文字精炼，生动地塑造了一只奋不顾身、救子心切的老麻雀形象。文中运用了大量的细节描写，把老麻雀面对庞然大物时既害怕又舍身救子的矛盾心理直观地呈现在读者面前，既渲染了紧张的气氛，又加深了学生对老麻雀无私伟大的爱的理解。因此，我在课上对老麻雀勇敢救子的过程重点讲解，在学生品词析句理解老麻雀形象的基础上，提炼关键词，为学生复述做准备。

本主题教学的目的之一是提高学生复述的能力，想要真正掌握复述，需要通过学习—运用—巩固这一过程逐步进行。《麻雀》一课的学习目的是学习复述。通过解读教材发现，故事是围绕老麻雀、小麻雀、猎狗三个动物形象展开的，而且从老麻雀救子的语句中不难体会到老麻雀对小麻雀伟大的爱。所以，我把学生课前自行设计的板书和课上提炼的关键词相结合，紧扣课文脉络，抓实关键情节，让学生学习复述本领。

【学情分析】

课前给学生发了本课的研学单，既有对第一课时所学内容的回顾、考量，又有对本课时所学内容的前测：

《麻雀》第二课时导学单

一、我回顾

1. 看拼音写词语。

niǎo cháo　　shuāi xià lái　　hòu tuì

(　　)　(　　　)　(　　)

2. 多音字组词。

似 { shì (　　)
　 { sì (　　)

二、我可以

在学习了第一课时的基础上，请你给《麻雀》这篇课文设计一个板书。

通过对 36 名学生的研学单进行统计，我发现板块一“我回顾”里的内容，学生能够全部掌握。

板块二“我可以”的板书设计情况如下：

板书情况统计图

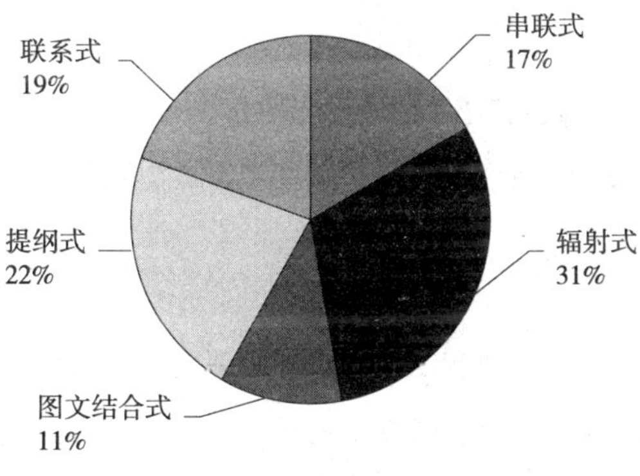

（温馨提示：板书中可以将文字、符号、线条、图形相结合来直观反映课文内容）

通过对学生板书的分析发现：板书上内容较多，不够准确简练，情感线与内容线交织、混乱。因此，为使学生能够更好地利用板书学习复述，我在教学中首先示范性地提取描写老麻雀动作的词语，然后放手让学生自己提取其他关键信息，为学习复述做好准备。

【教学目标】

1. 有感情地朗读课文，了解老麻雀的形象。

2. 抓住老麻雀保护小麻雀的句子，体会老麻雀的勇敢的背后是爱子之情。

3. 提取关键信息，借助板书提示，学习复述。

【教学重点】

抓住老麻雀保护小麻雀的句子，体会老麻雀的勇敢的背后是爱子之情。

【教学难点】

提取关键信息，借助板书提示，学习复述。

【教学过程】

（一）梳理情节，建立支架

1. 反馈研学单情况，让学生复习多音字“似”。

2. 同学之间欣赏彼此设计的板书，并用一个词或一句话评价。

3. 同桌互相欣赏板书，并利用板书回顾课文主要讲了一件什么事。

（板书：猎狗、小麻雀、老麻雀、吃、护、斗）

【设计意图：利用学生设计的板书，梳理故事情节，整体感知内容，为学生学习复述建立支架。而先欣赏、模仿板书，再创造板书，也符合学生的思维发展过程。】

（二）品词析句，体会情感

1. 默读课文第四、五自然段，抓住老麻雀保护小麻雀的句子，体会这是一只怎样的老麻雀。

预设 1：

突然，一只老麻雀从一棵树上飞下来，像一块石头似的落在猎狗面前。它蓬起了全身的羽毛，样子很难看，绝望地尖叫着。

这是一只勇敢的、舍己救子的老麻雀。

预设 2：

老麻雀用自己的身体掩护着小麻雀，想拯救自己的幼儿。可是因为紧张，它小小的身体发抖了，发出嘶哑的声音。它呆立着不动，准备着一场搏斗！

这是一只伟大的、爱子心切的老麻雀。

（板书：飞、落、蓬、叫、抖、立）

【设计意图：本环节抓住关键信息培养学生的理解能力，让学生在朗读中感受老麻雀的爱子之情，体会动物像人一样是有情感的，从而在充分挖掘文本张力的同时，发挥其育人价值。】

（三）提取信息，学习复述

1. 观察板书提炼的词语，交流发现的点。

2. 找一名学生朗读第四、五自然段，其他学生圈画认为同样具有关键性的词语。

3. 根据学生汇报，教师选择归类，并补充板书：

难看

紧张、绝望

4. 根据板书，用上提取的关键信息，按照文中顺序，讲述老麻雀救子的过程。

5. 总结：复述有法，即梳理情节是支架，体会情感是基础，提取信息是关键。

【**设计意图**：借助关键信息，使学生实现了由书面语言到口头语言的转化与活化，既教给了学生复述的方法，又提高了学生的语言运用能力和思维整合能力。】

第二课时：梳理脉络展现精神　整合思维运用复述
——《神奇的鸟岛》第二课时

【教材分析】

《神奇的鸟岛》一文语言生动活泼，读起来朗朗上口。课文在“鸟岛保卫战”这一部分按照“起因—经过—结果”的顺序进行叙述，通过简练、准确、生动的语言把群鸟与黑鹰几个回合的争斗描述得扣人心弦。

学生在《麻雀》一课已经通过利用板书、提取关键信息的方法，学习了复述。而“鸟岛保卫战”因出现的鸟较多，且群鸟和黑鹰之间展开了好几个回合的打斗，如果用板书这一形式，不足以清晰地梳理故事情节，因此本课时改变教学策略，利用表格概括关键信息，学“鸟岛保卫战”，为学生在复述中能够有序表达做准备。因“鸟岛保卫战”和老麻雀救子的故事情节相似，有利于单元教学主题的建构，所以我没有按照课文的叙述顺序进行教学，而是先让学生利用表格学习“鸟岛保卫战”，在学习、体会、复述感受群鸟团结、勇敢护雏后，再欣赏岛上鸟多之神奇。

【学情分析】

通过学习《麻雀》一课，学生对动物世界里发生的故事充满兴趣，也掌握了复述的基本方法。在此基础上，本节课课前依然要求学生完成一份研学单：

一、我回顾

1. 看拼音写词语。

yǎn huā liáo luàn　　róng qià　　jǐn xiù huà juàn

(　　　　)　(　　)　(　　　　)

2. 用“融洽”写一句话。

融洽：________________

二、我可以

围绕第四、五自然段，提取关键信息，完成下面的表格。

<table>
<tr><td>起因</td><td colspan="2">两只黑鹰企图掠取幼雏</td></tr>
<tr><td rowspan="6">经过</td><td>黑鹰</td><td>群鸟</td></tr>
<tr><td></td><td>大雁：</td></tr>
<tr><td></td><td>群鸟：</td></tr>
<tr><td></td><td>斑头雁群：铜墙铁壁</td></tr>
<tr><td>另一只向另一边冲去</td><td>鸬鹚群：</td></tr>
<tr><td></td><td>渔鸥：</td></tr>
<tr><td>结果</td><td colspan="2">两只黑鹰遍体鳞伤，逃向远方</td></tr>
</table>

通过查阅学生完成的表格，我发现有 72.68% 的学生填写的是句子。基于这一学情，课上要强调利用表格学习的目的是为了一目了然，所以在反复朗读的基础上，概括关键信息更为恰当。鉴于在《麻雀》一课已经初步学习了复述，知道复述既不是背课文，也不是简单地概括故事内容，而是在保证课文意思不变的基础上，用自己的话讲述故事，可以加入自己的语言、想象，因此，本节课，学生在运用复述方法讲述“鸟岛保卫战”这一惊心动魄的故事时会稍容易一些。

【教学目标】

1. 利用表格，概括信息，梳理故事情节，感受群鸟团结、勇敢抗敌的智慧之爱。

2. 运用复述的方法，讲述“鸟岛保卫战”，并学会倾听和评价。

3. 从不同角度感受岛上鸟多之神奇。

【教学重点】

利用表格，概括信息，梳理故事情节，感受群鸟团结、勇敢抗敌的智慧之爱。

【教学难点】

运用复述的方法，讲述“鸟岛保卫战”，并学会倾听和评价。

【教学过程】

（一）变换形式，梳理内容

1. 观察《麻雀》和《神奇的鸟岛》的研学单，谈发现。

（板书：保卫战）

2. 根据课文内容，猜测本课设计表格的原因。

小结：根据不同的故事情节，选择不同的形式提取关键信息。

3. 反馈表格填写情况。

4. 集体订正表格。

5. 学生根据课文内容和表格谈感受。

（板书：勇敢　团结）

6. 自读第四、五自然段，再次体会群鸟团结合作的智慧之爱。

【设计意图：利用表格梳理课文内容，使动物的打斗过程一目了然，既为复述做好有序表达的准备，又使学生明白，根据不同的故事情节，可以采用不同的形式梳理内容。】

（二）概括信息，丰富支架

1. 利用文本空白进行想象，进一步丰富复述支架，并利用表格，尝试复述“鸟岛保卫战”。

2. 小组内交流复述，全班交流复述，并进行师生评价。

【设计意图：由提取关键信息到概括关键信息，完成支架的搭建，促进学生复述能力的提高，巩固学生在课堂上实际获得的知识。同时，想象点的设计，有利于促进学生的思维发展。】

（三）感受鸟多之神奇

1. 群鸟打败了企图掠取幼雏的黑鹰，岛上又恢复了以往和谐的情景。自读第二自然段，谈谈鸟岛给作者留下怎样的印象。

2. 探讨岛上的鸟有什么特点。

3. 预设：

抬头看，天空中是一群群的飞鸟，红的、蓝的、白的、花的，组成一幅幅色彩夺目的锦绣画卷。

从“一幅幅”“一群群”看出鸟数量多；从“红的、蓝的、白的、花的、色彩夺目”看出鸟颜色多。

湖水里，那披着彩色花衫的是斑头大雁，小巧玲珑的是燕鸥，张着长长的嘴东张西望的是环嘴鸥，还有洁白的天鹅，美丽的凤头潜鸭，迈着长腿踱步觅食的黑颈鹤……

从“大雁、燕鸥、环嘴鸥、天鹅、凤头潜鸭、黑颈鹤”看出鸟的种类多。

3. 找学生读第二自然段，感受总—分—总的写作特点。

4. 汇报总结湖水里的鸟都有什么特点，并出示图片，引导学生想象，湖水里还会有什么鸟，都有什么特点。

【设计意图：图文结合，既加深了学生对课文内容的理解和体验，又让学生直观地体会到岛上鸟多之神奇，同时还强化了学生对各种鸟特点的记忆，为背诵打下了坚实的基础。】

第三课时：交流故事升华情感　强化复述巩固策略
——动物故事交流会

【学情分析】

四年级的学生思维活跃，求知欲望较高，具备一定的语言组织能力和表达能力。通过学习第四单元四篇动物题材的课文，学生既对动物世界的情感有所感悟，又学习、运用了复述的表达方法，可以说获得了情感和能力的“双丰收”。

为了让学生能在交流会上更顺利地讲述动物故事，课前让学生完成了一份研学单：

动物故事交流会研学单

你想给大家介绍哪种动物呢？你想怎么介绍呢？可以用学过的方法做做准备。

通过学习《麻雀》和《神奇的鸟岛》，学生知道根据不同的故事情节，要选取不同的形式提取关键信息，这样对复述有很大的帮助。下图为个别学生完成的研学单：

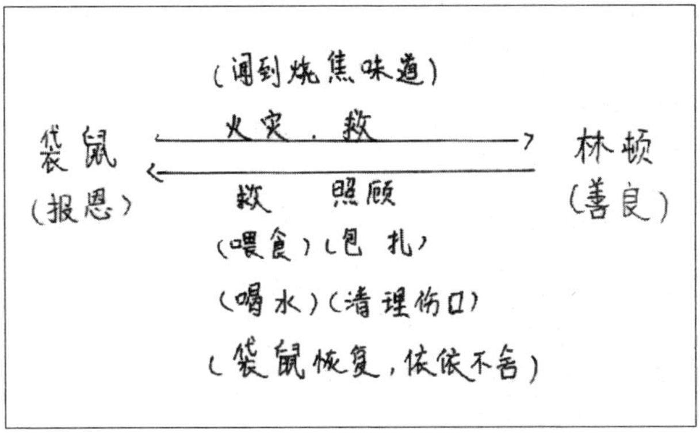

【教学目标】

1. 学生利用研学单，运用恰当的形式提取信息，讲述动物故事，体会动物情感。

2. 在交流过程中，培养学生的表达、倾听、评价的能力。

【教学重点】

根据研学单，运用恰当的形式提取信息，讲述动物故事，体会动物情感。

【教学难点】

根据研学单，运用恰当的形式提取信息，讲述动物故事，体会动物情感。

【教学过程】

（一）整体回顾，了解要求

1. 回顾已学的动物故事，再次感受多元的动物情。

2. 出示评价表。

评价主体	一级指标（I）	二级指标（II）	评价等级
学生评价	表达流畅、通顺	声音洪亮，有感情地讲故事，表达流畅，1~3 处欠流畅。（5 颗星）	☆☆☆☆☆
		声音较洪亮，能把故事流畅地讲下来，5 处以内欠流畅。（3 颗星）	
		能把动物故事讲下来，欠流畅超过 5 次。（1 颗星）	
	能从故事中感受到某种动物情感	能够很真切地传递出某种动物情感。（5 颗星）	☆☆☆☆☆
		能传递出某种动物情感。（3 颗星）	
		只是讲动物故事，没有传达出某种动物情感。（1 颗星）	

续表

评价主体	一级指标（Ⅰ）	二级指标（Ⅱ）	评价等级
教师评价	按顺序讲故事，并与原文意思一致	按顺序讲故事，不丢失故事情节，不改变故事意思。（5颗星）	☆☆☆☆☆
		按顺序讲故事，丢失个别故事情节，不改变故事意思。（3颗星）	
		按顺序讲故事，丢失较多故事情节，意思稍有变化。（1颗星）	
	加入想象	想想合理，能使故事更加生动。（5颗星）	☆☆☆☆☆
		有想象，但想象点把握欠准确。（3颗星）	
		没有任何想象。（1颗星）	
合计	（　　）颗星		

3. 利用研学单，准备自己要交流的故事内容。

4. 开展“动物故事交流会”。

5. 师生利用评价表进行评价。

【设计意图：无论是课前对故事的遴选，还是课上的交流分享，都使学生再次感受到了动物的多元情感，同时在复述中发展了自己的语言能力。】

【板书设计】

动物故事交流会

（北京市通州区芙蓉小学，白惠瑜，教龄6年，通州区小学语文骨干教师）

【评课建议】

白老师所执教的该主题教学出自北京版教材四年级上册第四单元，这个单元以“动物”为主题，由《麻雀》《自然界之道》《神奇的鸟岛》和《大象“醉酒”》四篇课文组成。四篇课文虽都以动物为主题，但是所传达出的情感却不尽相同：《麻雀》通过对老麻雀救子的详细描写，突出了老麻雀对小麻雀伟大的爱；《自然界之道》讲述了因人们打破海龟的生存之道，最终导致更多海龟受到伤害，从而告诉我们要遵守自然界之道；《神奇的鸟岛》从两方面介绍了鸟岛的神奇，即岛上鸟多之神奇、岛上群鸟团结勇敢抗敌之神奇；最后《大象“醉酒”》呈现了一只大象“醉酒”后憨态可掬的可爱模样。

纵观白老师的主题设计，我们不难发现，她把该单元的《麻雀》和《神奇的鸟岛》巧妙地关联了起来，就如她在主题教材分析中指出的：《麻雀》和《神奇的鸟岛》中“鸟岛保卫战”在内容、情感、写作特点三方面都有很多的相似之处，以这些相似之处为载体，教给学生“复述”的方法，可以说既把知识的学习系统化，又巧妙地把文章之间的内在关联潜移默化地呈现给学生。

由此可见，单元内关联阅读教学要着眼于单元整体，在一个大的主题之下，以单元训练目标和要求为纲，打破传统的、单一的、独立的教学模式和方法，引导学生发现并探索文章之间的联系，把学习方法进行迁移、对比、升华，既激发了学生的探究欲望，拓展学生的认知语境，又培养了学生条理分析、解决问题的能力，最终促进学生思维的发展与提升。

此外，白老师的教学中还有两点特色很明显：1. 取舍有因，整合有据。她的教学是想要在体会多元动物情的基础上培养学生复述这一语文能力，所以对课文进行了整合与取舍，选取故事内容、情感基调、写作特点相似的课文展开教学。既为复述的学习、运用打好了基础，又促进了学生的思维发展。2. 复述有法，复述有路。我们不难发现，她在教学中一课一法，层层推进。在学习过程中，学生一直是专注于理解文本、整合思维、认真倾听、准确记忆、流畅表达，在短时间内完成了语言输入与输出的转化，体现了语文学科核心素养的培育，同时，教师完成了从教教材到用教材教的转化。

二、揣摩形象，感悟成长；学习方法，记录成长
——以《百合花开》《金色花》为例的单元内部主题教学

【教材分析】

《百合花开》和《金色花》是北京版小学语文六年级上册第三单元中的两篇略读课文。台湾作家林清玄以优美、简洁的语言，向读者讲述了一个极具力量的故事：一株百合生长在断壁悬崖边，它抵御了各种各样的冷嘲热讽，始终坚信自己能开花，最终开出了美丽的花朵。《金色花》则讲述了“我”在养仙人掌的过

程中，目睹了仙人掌顽强地生长最终开出美丽花朵的故事。《百合花开》的作者以不足千字的小文塑造了百合花的形象，以它的经历告诉我们只有能忍受痛苦、寂寞，具有坚持不懈的精神，才能实现自己的人生价值。《金色花》则通过展现仙人掌成长的过程，赞美了美丽的金色花，告诉读者要树立顽强拼搏的决心。说到成长，大家都会想到人的成长，而《百合花开》和《金色花》其实也在讲成长。不仅仅是赞美花朵，而且是借物喻人，让人们从花朵身上，看到做人的精神、品质和追求。

【学情分析】

单元导学单的结果显示：全班 78.3% 的学生认为他们在生活中也有与主人公相似的经历，这样学生就极易在情感上产生共鸣，激发学习兴趣。

在本单元的学习中，学生已经初步认识了侧面描写并体会其衬托作用，但是对《百合花开》一文进行前测时，我设计了这样一道题：请你尝试找出文中的侧面描写。高达 84.4% 的学生仅能找到文中描写野草和蜂蝶鸟雀的语句，忽略了对人们及百合生活环境的描写。文中的野草、蜂蝶鸟雀与百合花都是大自然当中的事物，是同类描写，因此学生容易发现。而人们和环境与百合花是异类事物，因此学生往往忽略这部分的侧面描写。这说明，虽然大部分学生能够下意识地关注到文中的侧面描写，但关注的方面不够元多化。

【教学目标】

1. 能正确、流利、有感情地朗读课文。抓住重点词句，感受百合的变化，运用多种方式读出百合信念的坚定。

2. 深入学习衬托的写法，品味文字语言多角度的侧面描写及其作用。

3. 学法迁移，自主学习《金色花》。

4. 认识篇末点题的写法，领悟文章内涵，明白在成长路上，只有坚定信念，顽强、坚持，才能实现自我价值的道理。

【教学重点】

1. 抓住重点词句，感受百合的变化。

2. 深入学习衬托的写法，品味文字语言多角度的侧面描写及其作用。

3. 认识篇末点题的写法，领悟文章内涵，明白在成长路上，只有坚定信念，顽强、坚持，才能实现自我价值的道理。

【教学难点】

1. 能正确、流利、有感情地朗读课文，运用多种方式读出百合信念的坚定。

2. 学法迁移，自主学习《金色花》。

【教学过程】

（一）通过生长中的变化，体悟百合的坚定

1. 出示课题，指导读题。

2. 通过生长过程，发现花儿的变化。

我们今天要认识一株小小的百合，它在成长中会经历哪些变化？请大家打开书，在课文中寻找答案吧！

这是一株（　　）的百合花。

指名汇报，全班交流。

（1）预设一：不起眼的、努力的。

百合刚刚诞生的时候，长得和杂草一模一样。

有了这个念头，百合努力地吸收水分和阳光，深深地扎根，直直地挺着胸膛。

学生结合文本谈感受，教师引导学生理解“一模一样”的意思。

（2）预设二：成长的、努力的。

终于在一个春天的清晨，百合的顶部结出了第一个花苞。

百合努力地释放内心的能量。

学生谈感受，教师引导学生发现百合的努力与坚持，指导学生朗读。

（3）预设三：美丽的、成功的。

它那富有灵性的洁白和秀挺的风姿，成为断崖上最美丽的颜色。

学生谈感受，教师引导学生发现百合的努力与坚持成就了它的美丽，指导学生朗读。

（4）预设四：谦虚的、默默无闻的。

年年春天，百合努力地开花、结籽。它的种子随着风，落在山谷、草原和悬崖边，到处都开满了洁白的百合。

学生谈感受，以读代讲。

3. 引导学生感受百合信念的坚定。

从像野草、长花苞、开花和到处开满花这四个阶段的成长中，百合什么变了，什么没变？

（1）出示：

百合在成长过程中，（　　）变了，但是（　　）没变。

生：百合的外貌变了，但是信念没变。

（2）百合的信念是什么？

我是一株百合，不是一株野草。唯一能证明我是百合的办法，就是开出美丽的花朵。

我要开花，是因为我知道自己有美丽的花；我要开花，是为了完成作为一株花的庄严使命；我要开花，是由于自己喜欢以花来证明自己的存在。不管有没有人欣赏，不管你们怎样看我，我都要开花！

我们要全心全意地、默默地开花，以花来证明自己的存在。

①无论如何变化，内心的想法都不为所动，用一个词来说是什么？（坚定）

②读出百合的坚定。

【设计意图：抓住文章特点，发现百合花成长过程中的不同变化。在此基础上，设计“百合花（　　）变了，（　　）没变”这一问题，引导学生发现百合成长的四个阶段中始终只有一个念头，由此感受百合信念的坚定。】

（二）深学侧面描写，了解多元衬托

1. 多元朗读，体会衬托作用。

回忆一下，本单元认识的顶碗少年，在介绍其成长过程时还介绍了其他人的表现。那么在花儿成长的过程中有没有这样的情况？

（1）预设一：杂草。

附近的杂草却很不屑，它们在私下嘲笑着百合：“这家伙明明是一株草，偏偏说自己是一株花，还真以为自己是一株花。我看它顶上结的不是花苞，而是头脑长瘤了。”

在公开场合，它们则讥讽百合：“你不要做梦了，即使你真的会开花，在这荒郊野外，你的价值还不是跟我们一样。”

这“嘲笑”和“讥讽”的语言怎样读？

没有人理解百合，此时它的内心是怎样的？

（2）预设二：蜂蝶鸟雀。

偶尔有蜂蝶鸟雀飞过，它们也会劝百合不用那么努力开花：“在这断崖边上，纵然开出世界上最美的花，也不会有人来欣赏呀！”

学生抓住关键词，谈感受，体会其他形象对塑造百合形象起到的重要作用。

面对杂草和蜂蝶鸟雀的冷嘲热讽，百合勇敢地表露自己的心声，如果你就是百合，你怎样对它们说？

我要开花，是因为我知道自己有美丽的花；我要开花，是为了完成作为一株花的庄严使命；我要开花，是由于自己喜欢以花来证明自己的存在。不管有没有人欣赏，不管你们怎样看我，我都要开花！

①指导学生读出排比句的特点。

②创设情境，师生共读。

当无情的暴雨猛烈地砸向百合时，摇曳的百合对自己说——

当大地龟裂、滴雨未降时，饥渴的百合对自己说——

当寒冬已至、北风凛冽时，瑟瑟发抖的百合对自己说——

③指导学生用多种方式读出百合的坚定。

（3）预设三：人们。

几十年以后，远在百里之外的人，从城市，从乡村，千里迢迢赶来欣赏百合开花。许多孩童跪下来，嗅着百合花的芬芳；许多情侣互相拥抱，许下了“百年好合”的誓言；无数的人看到这从未见过的美，感动得落泪。

思考：人们对百合的喜爱仅仅是因为它的美丽吗？

（4）预设四：环境。

在一个偏僻遥远的山谷里，有一个高达数千尺的断崖。

抓住重点词，体会侧面描写的作用。

2. 多种角度理解衬托。

（1）这么多侧面描写，它们有何异同？结合《顶碗少年》一课的学习你又发现了什么？（学生思考，全班交流）

（2）总结：在一篇文章里，为了突显出描写的主要人物，除了正反衬托外，可以有多种侧面描写的方法：有的时候是同一类的衬托，有时候是不同类的衬托，而有时候是侧面环境的描写。

【设计意图：通过了解他人表现，再次感受正面衬托和反面衬托对主人公的塑造作用；抓住语句特点，多元指导朗读，深入体会百合遇到的困难和念头的坚定；引导学生通过与本单元多篇文章关联，发现侧面描写的不同之处，体会到为突出主人公形象可以利用正反衬托、同类间的侧面描写、不同类的侧面描写及环境描写，让人物形象更鲜明丰满，为学生之后的习做铺垫。】

（三）人花关联中心，篇末点题升华

1. 学生自读，人花关联。

文章只是在写花儿吗？此时出现在我们眼前的这哪里是一株植物，它分明是一个人啊！像谁呢？

一位少年随父兄在田间地头流汗挨饿，辛苦地劳作。但在他的心中却有着超越凡人的梦。他想当作家。听了他的想法，父亲感到很好笑，告诉他不要做梦了。而他坚持信念，从 17 岁起便发表作品。20 岁时便推出自己的第一本书《莲花开落》。在 30 岁以前已得遍台湾所有的文学大奖。当年的这位少年就是林清玄。

学生自读，谈话交流。

小结：作者描写的百合花形象其实代表了包括他自己在内的一类人的品格。表面讲花，其实是在借花讲人的成长。

2. 篇末点题。

（1）读了今天的课文，你明白了什么道理？

预设：要坚定信念，才能取得成功。

（2）作者是怎么说的呢？（齐读语句）

我们要全心全意、默默地开花，以花来证明自己的存在。

【设计意图：引导学生在理解百合花宝贵品质的基础上，关联拥有坚定信念的一类人的特点。引入作者林清玄个人经历，引导学生明白文章表面写花，实则写人，是一种借物喻人的写作手法。】

（四）总结写作特点，自学交流《金色花》

1. 今天我们学习了《百合花开》这篇文章，除了作者告诉你的道理，在本单元的学习中你还有哪些收获？

（1）这些文章都写了主要人或物的变化。

（2）在文中都运用了侧面描写，起到了衬托的作用。

（3）都是篇末点题，表达主旨。

2. 根据以上的方法，默读自学《金色花》，全班交流。

预设：

（1）文章描写了金色花从活下来，再到丑丑地生长，最后开出金色的耀眼花朵的过程。

（2）文章当中有两处衬托。一处是与文竹月季等漂亮的花朵做对比；另外一处描写金色花成长前丑丑的样子，也是在为后边它开出美丽的花朵做衬托。

（3）篇末点题，中心思想：仙人掌的顽强令人敬佩。

3. 今天我们感受到了金色花和百合花的成长，其实我们自己也一直在成长。你在成长过程中有哪些变化？有没有人、环境也对你的成长起到了重要的作用？你在哪些地方获得了成长？请你回家后写一写自己的成长，完成习作。

【**设计意图**：紧紧围绕本单元课文的三个共同点，引导学生发现：都写了主人公的变化；都有侧面描写；都是篇末点题。在此基础上，培养学生迁移运用的能力，引导学生尝试抓住课文的写作特点，用同样的方法，自主学习本单元内另外一篇写花的略读课文。】

（北京市通州区芙蓉小学，蔡培，教龄 5 年，通州区青年骨干教师）

【评课建议】

（一）关联单元资源，提高课堂实效

《百合花开》和《金色花》是两篇略读课文，在教学时不需要精耕细作，应把重点放在培养学生的独立阅读能力上来。略读课文的教学，既不等同于精读课文的教学，也不能教师完全放手让学生自由学习，而是教师在指导的同时，把大量的时间交由学生进行有效学习。教师只在学生不懂之处起到点拨、引导的作用。

通过对两篇课文的深入研读，可以看出它们在写作手法上有一定的相似之处，本课时的学习可以引导学生发现这些共同点自学课文，使学生成了发现者、探索者、研究者，他们在阅读中体会到了学习的乐趣，因此学习效率也是最高的。在教学的过程中，我感受到了教师教学与学生学习的双重轻松与愉悦。

（二）紧抓百合的“念头”，多元指导朗读

“书读百遍，其义自现”，朗读是体验感悟的重要手段，只有通过朗读，学生对文章的认识才能从模糊到清晰，做到读、品、悟和再读、再品、再悟。《百合

花开》文质兼美，给学生提供了适合朗读的范本，易于学生在读中去理解语言文字，在读中去揣摩文本表达。文中百合花经历了许多挫折与困难，它在成长的过程中虽然外形有了变化，但信念始终不变，由此可见百合“念头”的重要性。在课堂教学中，教师牢牢抓住百合在不同阶段的“念头”，指导学生朗读，体会其宝贵品质。不仅通过自由读、指名读、齐读等多种方式给予学生朗读空间，还通过创设情境，师生共话来感受百合的坚定信念。除此以外，教师还引导学生抓住文本特点，指导他们如何朗读排比句。当学生充分练习，融情朗读后，教师又提供给他们不一样的朗读方法，即抓住关键词，语气不激昂也能读出坚定。无论从朗读方式，还是朗读方法，教师都为学生提供了思路，可谓多元指导朗读。

（三）人花关联，首尾勾连

《义务教育语文课程标准》（2011 年版）中指出：应该重视语文课程对学生思想情感所起的熏陶感染作用，注意课程内容的价值取向……在课堂伊始，教师提出了一个问题：“上节课我们学习了《顶碗少年》，讲的是人的成长。这节课我们讲的是什么？”学生们异口同声地回答：“花儿的成长。”在教学中，教师通过引导学生寻找生活中的“百合花”，然后出示林清玄的资料，让学生感受百合花就是林清玄的化身，让学生在潜移默化中接受思想教育。通过《百合花开》了解林清玄为了自己的信念而不懈努力的精神，让学生理解课文不仅在赞美花朵，还为了让人们从花朵身上看到做人的精神、品质和追求。这个环节的教学结束后，再勾连课堂开始时的问题，学生们就会明白《百合花开》表面在讲花的成长，实则讲人，运用了借物喻人的写作手法。

三、培养整体感知能力，提升阅读素养

——以《只有一个地球》《记金华的双龙洞》《白杨》为例的单元内部主题教学

【教材分析】

《只有一个地球》为北京版五年级上册第六单元首课，主要学习目标是“把课文划分成几个部分和把握主要内容”，即对文本结构整体感知。因为北京版五年级上册教材第三单元（人与动物单元）已经对此进行过训练，再有四年级下册

第八单元（同样是说明文单元）也曾提出“学习把课文划分成几个部分和把握主要内容”的要求，所以第一课时的设计主要培养学生对文本结构的感知。

北京版五年级上册第二单元《记金华的双龙洞》为一篇游记，是叶圣陶先生的名作，全文按照游览顺序记叙了游览双龙洞的经过，笔调清新，字里行间流露着对祖国山河的热爱。根据记叙的两条线索理清文章顺序、体会表达方法。以“抓游览地点”理解每个自然段内容的方法进行概括，所以本课不仅要感知内容结构，更要感知写作顺序。

在北京版五年级上册第七单元（人文关怀单元）中，《白杨》为第二篇课文，文章由树及人，从孩子关于白杨的争论开始，引出爸爸对白杨特点的介绍，借物喻人；爸爸借白杨表明了自己扎根边疆的志向，并希望孩子也能够成为边疆建设者。在作者的描写和叙述中，没有直接歌颂这些无私奉献的建设者，而是将戈壁上高大挺秀的白杨与扎根边疆的建设者形象逐步交融在一起。上两课时是从“结构内容”到“写作顺序”的感知，本课时设计上升为写作方法的感知，相对于前两课时略显抽象。因此借物喻人的写法是感知的重点内容。

选取这三篇不同文体的文章，目的是依托不同文体、从不同方面培养学生整体感知的能力，即从“文章结构内容的感知”到“游览空间顺序的感知”，再到“写作方法的感知”，由表及里，层层深入。三篇文章都是精读课文，按照逐层深入的学习顺序，每篇课文都由两课时完成，虽然我的主题设计是围绕“整体感知能力培养”展开的，但是也并未脱离局部，因为整体感知是深入局部的先决条件，这次主要呈现三课时的教学说明，其中感知结构与内容和感知顺序都是第一课时完成的，而感知写法是建立在对内容结构写作顺序和文脉思路的基础上进行的，所以《白杨》一课呈现的是第二课时。剩余课时是对局部的深入研究，例如《记金华的双龙洞》第一课时，感悟景物特点及写法，即空隙的写法研究，《白杨》一课是对爸爸的话语的研究，在后面的教学过程说明中会涉及。之后又安排了三篇文章的梳理拓展总结课和习作课。

【学情分析】

为了更详尽地掌握学生的学习经验，我依照《小学语文学业标准与评价》对学生进行了多次阅读前测，前测题目中包含对结构与内容、顺序与思路、特点与写法、线索与情感等方面的整体感知能力测试，分析发现本班 45 人中，对文章的内容和结构把握较好的占 73%；对写作顺序的把握达标的占 55%；能把握写作方法的占 34%；这样的数据可以看出学生整体感知能力的具体表现也有一定的规律。

基于这样的情况分析，再加之四年级下册最后一个单元有过相关的训练："学习把课文划分成几个部分和把握主要内容"，所以把说明文作为本次教学设计的第一学时，体现对内容结构的感知；把游记安排在第二学时，以上学期学习的"参观顺序"作为基础，体现对写作顺序的感知；将散文的教学安排为第三学时，通过拿白杨树的坚韧不屈的品格比喻边疆建设者的品格，体现对写作方法的感知，这相对前两课时来说难度较大，需要学生结合课内外的语言材料和已有语言积累展开联想或想象，丰富自己的感受，形成对语言的理解，这也是学生思维发展提升的体现。所以"了解文章顺序、把握文章主要内容与结构；学习不同文体的整体感知的方法，提高整体感知能力；领悟文章的基本表达方法，形成对语言的理解，促进思维发展与提升。"是本次设计的主要目标。

【主题学习目标】

1. 了解文章顺序、把握文章主要内容与结构。

2. 学习不同文体的整体感知的方法，提高整体感知能力。

3. 领悟文章的基本表达方法，形成对语言的理解，促进思维发展与提升。

主题学习重点：了解文章顺序、把握文章主要内容与结构，培养整体感知能力。

主题学习难点：学习不同文体的整体感知方法，促进整体感知能力的提升。

【教学过程】

《只有一个地球》第一课时

【教学目标】

1. 朗读课文，会写会认本课生字，能说出重点词语的意思。

2. 整体把握文章结构，概括主要内容，促进思维发展。

3. 能说出保护地球的意义，产生保护地球生态环境的情感。

【教学重点】

能根据课后提示，分部分并仿照例句写出其他部分内容。

【教学难点】

整体把握文章结构，感悟“部分与整体”的关系，发展思维能力。

（一）解题导入本课

1. 在导语中介绍地球。让学生初步感知，谈感受。

2. 引导学生读题目，理解“只有”。

思考交流，“只有”代表唯一、无可替代。

【设计意图：创设情境，从题目入手，对课文产生总体印象，通过理解“只有”，产生疑问，体会地球的重要性，为引出课文内容做准备。】

（二）初读课文，扫清字词障碍

1. 出示三组词语，强调写法和读音：璀璨、慷慨；提供；一叶扁舟。

（按要求自读；多种形式练习读准字音。）

2. 理解璀璨、一叶扁舟的意思，并说出词语的用法。

3. 根据课后第一题提示，思考哪些自然段的意思相近，按任务要求思考，自主划分段落。

【设计意图：扫清字词障碍，初识内容，结合课后思考题，对课文整体感知，在头脑中构成整体框架。】

（三）整体感知段落结构，概括内容

1. 出示课后第一题的提示，引导学生分析课文第一部分的主要内容。

（1）找出关键词。

（2）思考：这一部分在介绍地球的哪方面情况？具体情况是怎样的？

2. 引导学生在第三、四自然段中利用找关键词的方法，概括第二部分的内容。

3. 引导学生继续学习其他部分，抓住这些关键词，用一句话概括出该部分的重点内容。

（1）读文本画出关键词，讨论交流。

（2）补充课外资料，进行了解。

预设：各部分关键词：资源、移居、保护。

4. 了解地球资源的特点，补充说明自己调查的资料。

5. 探究不能指望移居的理由，播放小视频了解内容。

6. 指名读最后一段话，体会地球是不可替代的，我们要好好保护地球。

【设计意图：从第一部分的迁移，引导学生对自己的划分方法进行验证，通过学习“找关键词概括”的方法，把握段落结构，进而培养学生整体感知的能力。】

（四）明确结构，整体感知课文表达顺序

1. 思考：观察这四部分和各部分内容的关系，并思考课文是怎样的叙述顺序。

小组讨论，再交流分享。

2. 引导学生结合板书说出主要内容：参考板书，用因果句式说明主要内容，体会文章的逻辑顺序。

3. 总结评价：感悟地球是我们唯一生存的地方，我们要保护她。

【设计意图：再次回归整体，发展学生思维。通过板书总结主要内容，训练学生的语言实践技能，体会课文的表达顺序，感受保护地球的重要性。】

【板书设计】

只有一个地球　　才

原因
- 1、2　第一部分　地球上人类活动范围很小
- 3、4　第二部分　资源　有限
- 5、6、7　第三部分　移居？不能

结论 —— 8　第四部分　保护

《记金华的双龙洞》第一课时

【学习目标】

1. 初读课文了解主要内容，会读会写生字和词语。

2. 整体感知写作顺序，感悟本文按游览顺序连段成篇的方法。

3. 了解双龙洞的奇异景象，产生热爱祖国山河的情感。

【教学重点】

学习课文内容，准确感知写作顺序。

【教学难点】

感知游记的表达方式及逻辑顺序；体会过渡句的作用。

【教学过程】

（一）了解作者，初识文本

1. 了解叶圣陶及其作品，自由发言，了解游记这类体裁。

2. 回顾预习任务：初读课文了解内容，认读字词。

3. 检查预习效果：出示认读词语，读准字音，理解词语，汇报交流。

盆栽　油桐　聚集　仰卧　额角

盘曲而上　孔隙　系着绳子

【设计意图：从了解作者入手，认识作家和文章的体裁，让学生通过课外阅读积累，拉近与文本的距离，初步感知内容，夯实字词基础。】

（二）整体感知课文游览顺序

1. 根据任务自主学习。

（1）快速浏览课文，找找作者游览双龙洞都经过了哪些地方。

（2）思考每段内容，准确圈画重点词。

2. 组织讨论；巡视指导。

3. 组织交流，做好评价总结。（拿出相机出示游览路线）。

沿途—洞口—外洞—空隙—内洞—出洞

4. 出示活动内容。

（1）结合图示，标出游览顺序。

（2）小组合作完成，汇报，体会文章写作顺序。

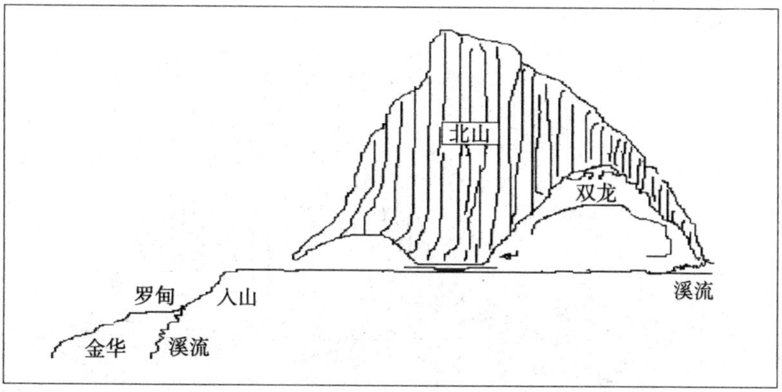

5. 小结：文章的游览顺序清楚明白，似乎使我们跟随作者一起边走边看，身

临其境。

【设计意图：学生通过找关键词，给文章划分部分，培养了自身提取信息的能力；学生对示意图的创造性使用，为理解游览顺序奠定了基础，一目了然感知游览顺序，把握文章结构。】

（三）了解段间关系，体会过渡作用

1. 学习任务：读文章思考每部分的内容是怎样联系起来的。

2. 活动：出示过渡句，并排序。

（　）在外洞找泉水的来路，原来是从靠左边的石壁下方的空隙流出的。

（　）出金华城大约五公里到罗店，过了罗店渐渐入山。

（　）大约行了八九米的水程，就登陆了，这就到了内洞。

（　）泉水靠着洞口的右边往外流，这是外洞。

（　）在洞口抬头望，山相当高，突兀森郁，很有气势。

（　）入山大约五公里就来到了双龙洞口，那溪流就是从洞里流出来的。

3. 总结本部分写作顺序。

（1）读，体会表达顺序。

（2）再思考：除此以外，还有哪些信息把每部分内容联系起来了？（体会溪流的线索）

【设计意图：设计活动任务，引导学生探究段落之间的关系，体会过渡句的作用，体会到溪水的描写是另一条线索，以两条线索的交叉使用，感知本文的写作顺序。】

【板书设计】

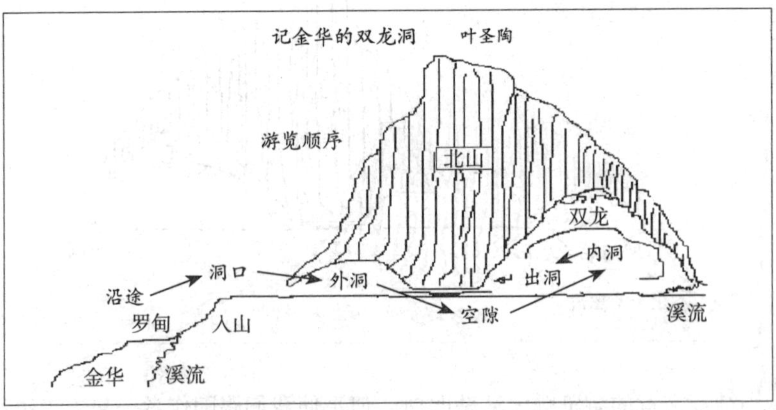

《白杨》第二课时

【学习目标】

1. 朗读课文，理解内容，培养正确的人生观、价值观及建设祖国的崇高理想。

2. 体会白杨树特点与人物品质的关系，感知借物喻人的写作特点和方法。

【教学重点】

了解白杨树特点，体会爸爸的内心表白，领悟表达方法。

【教学难点】

感知借物喻人的写作特点和方法。

【教学过程】

（一）衔接前科，回顾内容

1. 以作业单的形式，复习字词的写法和意思。检查上节课所学内容的掌握情况。

2. 回顾第一自然段的内容。

3. 评价学习情况。

【设计意图：巩固上节课内容，夯实学习基础，为学生深入学习做准备。】

（二）引发联想，发展语言运用能力

1. 出示学习任务及要求：读课文思考：文中哪些段落写到了白杨树的特点？圈画出来。

2. 分角色朗读 4~13 自然段，找到相关信息进行圈画，说明提取的信息，适当补充板书。

3. 引导学生围绕自然段内容进行汇报。

4. 你从哪里体会到白杨树坚强不屈、适应性强、生命力强呢？引导学生想象，补充句子：

在（　　）上，白杨树就会生根发芽，长出粗壮的枝干；

在（　　）中，白杨树就会生根发芽，长出粗壮的枝干；

在（　　）中，白杨树就会生根发芽，长出粗壮的枝干。

当洪水袭来时，白杨树（　　）；

当大雪纷飞时，白杨树（　　）；

当数月干旱时，白杨树（　　）。

5. 有感情地朗读课文，体会白杨的坚韧不拔的品格。

【设计意图：明确学习步骤，围绕提取的信息展开活动，训练学生结合语言材料进行分析与综合的能力，让学生理解并运用语言，形成自己的解释，以促进思维的发展与提升。】

（三）感悟表白，揭示写法

1. 读 14~16 自然段并思考：

爸爸只是在赞美白杨吗？他要表白怎样的内心呢？

2. 组织学生汇报。适当出示课外补充资料：孩子们不知道新疆到底是个怎样的地方，那里的条件有多苦……

思考讨论：爸爸只是在赞美白杨吗？谈自己的理解。

3. 板书总结：揭示借物喻人的写法。让学生有感情地朗读课文。

介绍文章写作方法，评价学生小组合作情况。

4. 布置下节学习内容：阅读《落花生》，体会文章的写作方法和表达方法。

【设计意图：走近白杨、走进爸爸的内心，探究表白内容，感知借物喻人的写法，体会文章的表达方式，为课外延伸理解体会借物喻人写法的好处做准备。】

【板书设计】

	借物		喻人
26. 白杨	高大挺秀 适应性强 生命力强	爸爸	支援边疆 建设边疆

（北京教科院通州区第一实验小学，赵雅娟，教龄 21 年，北京市骨干教师）

【评课建议】

（一）文体分类

培养学生整体感知能力是“深入局部”的先决条件，是进行其他一切学习活动的前提，本次选择了三篇不同文体的课文进行整体感知能力培养，让学生从多个多角度感知文章的特点，顺应《义务教育语文课程标准》（2011 年版）的要求，为接下来的深入学习做好铺垫。《只有一个地球》按照从整体到部分再到整体的顺序展开教学，层次分明，环环相扣。《记金华的双龙洞》巩固了“随着文章中游览进程的深入，对文章写作顺序整体感知”的学习，使文章顺序一目了然；教学中引导学生找作者游览双龙洞时经过的地方，如同找到了游览线路上的路标，从而为体会文章写作顺序做铺垫。

（二）训练分层

依据学情实际，由浅入深，第一篇《只有一个地球》，感知结构和内容是学习这篇文章的基础和前提，应呈现学生的思维过程，看到学生的能力发展点；第二篇《记金华的双龙洞》感知写作顺序，也是在把握内容和结构的基础上进行学习的；利用文章明暗两条线索感知文章顺序，为单元习作做准备。明线易找，暗线难寻，教学中通过以下三步骤，达成这一教学目的：第一步：圈画游览地点并在图示中标画出来；第二步：找出段落间的过渡句并进行排序；第三步：朗读体会过渡句中关联的信息，最终找到另一条写作线索，再次体会文章的顺序。第三篇《白杨》，在领悟文章用感知写法构建意境时，更需要在感知内容的基础上，将“物”与“人”建立关联，发展语言表达的思维，通过这样的逐层训练达到培养学生整体感知能力的目的，并让学生加强朗读训练品读语言，体会语言背后隐藏的深意，感知借物喻人的写法，为深入理解支援边疆的建设者的高尚品质打下基础。

（三）策略多元

文体不同把握方法也就不同。采用的策略也就不同：

说明文《只有一个地球》采用“提取—划分”策略，通过提取关键词后划分结构段来感知结构关系。从学生初步感知结构开始，将内容相近的段落进行初步划分；然后通过提取关键词的方法对自己的划分进一步验证，理解每部分的内容；再把各部分的内容联系起来，概括整篇文章的内容。板书以结构图的形式呈现文章框架结构，便于学生整体感知，一目了然；结构图是学生头脑中思维框架的反映，它可以使抽象的事物具体化，使文章的结构清晰化。

游记《记金华的双龙洞》采用“标注—排序”策略，结合图示标注和排列句序的方法帮助学生感知游览顺序。学生通过设计排序的训练，体会作者游览各景点间的联系，朗读过渡句并感受它的使用效果，进一步理清表达的顺序，完成从部分到整体的学习训练。

散文《白杨》采用“关联—联想”策略，在理解内容的基础上关联前后进行联想，感知文章写作写法。资料的引入也是本文一大特点，上课伊始，非连续性文本的出现，促进了学生语言理解能力的提升；理解白杨树特点时运用两组排比句填空的形式，引发联想，发展语言能力，增强语言实践；西部建设的资料增进学生对建设者高尚品格的理解，从而体会借物喻人的表达方式。

四、开展关联阅读，感悟爱国之情
——以《示儿》《题临安邸》为例的单元内部主题教学

【教材分析】

《示儿》和《题临安邸》是北京版小学语文六年级下册第三单元第七课《古诗四首》中的其中两首古诗。本单元的教学任务是：使学生通过学习受到中华传统文化的熏陶，更多地接触祖国优秀的传统文化。本课的教学重点是完成学生借助注释、资料等大体把握诗意、想象描绘的情景，了解一段历史，理解诗人情感的教学目标，从而进一步培养热爱祖国的思想感情。

这两首古诗都是南宋诗人的作品，反映的是相同时代背景下的社会生活情况。《示儿》是南宋著名的爱国诗人陆游的绝笔，也是他的遗嘱。诗人以遗嘱的口吻，表达了对南宋统治者屈辱求和、苟且偷安的无比愤慨，对收复失地洗雪国耻、重新统一祖国的无比渴望。这首诗悲壮深沉，写出了诗人毕生的心愿和无限的希望，表达了他至死不变的爱国热情；《题临安邸》是一首政治讽刺诗。是作者林升看到中原国土被金人侵占，然而南宋朝廷却一味苟且偷安、寻欢作乐，为吐心头的愤恨、表达对国家民族命运的深切忧虑而写在墙壁上的心里话，饱含忧愤深沉的爱国之情。两首诗的共性是都表达了诗人强烈的爱国之情，这是开展关联阅读的基础。

【学情分析】

前测问卷。

1. 对历史的了解。

你了解北宋和南宋的历史吗？

不了解（　　）　　了解（　　）

我知道：____。

2. 对诗人的了解。

陆游（1125—1210），（　　）时期山阴人。是我国伟大的（　　）诗人。享年（　　）岁；林升，（　　）时期浙江平阳人。是我国伟大的（　　）诗人。

我还知道有关诗人的知识是________________________________。

通过前测问卷，我了解到学生对宋代历史和两位诗人不甚了解，他们仅停留在知道是南宋时期的爱国诗人，但被称为爱国诗人的原因却不清楚，这就需要借助资料丰富学生的背景知识。

基于以上特点，我充分进行单元整合，利用巧妙的关联教学，借助《题临安邸》作为《示儿》在学习、理解内容过程当中的补充，并在了解这段历史、了解两位诗人情感上，两首诗互为补充，借助相关的资料，创设相应的情境，让学生感悟、理解、产生共鸣，引导学生更加深入地进行学习，在了解这段历史的同时，感受诗人的爱国情怀。

【教学目标】

1. 了解北宋、南宋这段历史，体会诗人的思想感情。

2. 培养学生处理信息的能力。

3. 培养学生热爱祖国的思想感情。

【教学重点】

了解北宋、南宋这段历史，体会诗人的思想感情，进而培养学生热爱祖国的思想感情。

【教学难点】

培养学生处理信息的能力。

【教学过程】

（一）回顾诗人陆游

1. 根据提示说出著名的诗句并齐读诗句

（1）出示图片，猜诗句——《游山西村》山重水复疑无路，柳暗花明又一村。

（2）语言叙述，猜诗句——《冬夜读书示子聿》纸上得来终觉浅，绝知此事要躬行。

2. 引导学生讨论这两首著名诗句的作者

【设计意图：通过已知诗句，引出诗人陆游，为了解诗人生活的社会背景做铺垫。**】**

（二）知背景

1. 拿出学习单，出声自读资料 1

资料 1：

宋朝分为北宋和南宋。宋朝开国时都城在汴梁（开封），也就是诗中的汴州。

1127 年，金国入侵中原，宋军节节败退，攻陷了北宋都城汴梁，北方大片土地被金人占领。

北宋当权者逃到了江南，在临安（杭州）即位，史称南宋。

老百姓期盼着南宋王朝的军队挥师北上，收复中原，但南宋王朝始终没有发奋图强，收复失地。

2. 引入古诗二首

在这个时代，还诞生了一位和陆游一样的爱国诗人林升。让学生回溯南宋这个朝代，走近这两位诗人，齐读课题。

【设计意图：引出两位诗人身处的共同的社会背景，让学生了解北宋、南宋的相关历史知识，为更好地理解两首诗的内容及诗人的思想感情奠定基础。】

（三）关联学习《示儿》《题临安邸》

1. 熟读两首古诗

（1）自由朗读两首诗，提示学生把音读正确。

（2）指名读两首诗，并强调易错读音：“祭”“邸”“熏”“汴”。

（3）齐读两首诗。

2. 体会陆游的悲、盼，林升的恨、忧

（1）释题——《示儿》。

（2）引导学生讨论。

生活中一个人临终前，在自己的儿女面前，一般会留什么样的遗言？陆游的遗言有何不同呢？

【设计意图：联系生活实际，在对比中体会陆游爱国之情的真挚、强烈。】

（3）出示自学提示，指名读一读。

自学提示：

①请你根据书上的注释理解《示儿》这首诗的意思。

②体会诗人情感，有感情朗读。

（4）汇报交流诗句意思，强调“北定”的意思。

（5）引导学生抓住“诗眼”——悲。

（6）引发学生思考：从诗中内容看陆游为何而悲？

①为国家不能统一而悲。

a. 再读学习单的资料 1，学生上讲台将文字材料信息转换到地图上进行解读。

【设计意图：充分利用资料，将资料有效加工、运用转换成资源，助推学生对这段历史及古诗内容的理解。】

b. 教师引读。

陆游为国家不能统一而悲，他感叹道……

（学生接读诗句）

c. 出示名画《清明上河图》，放大细节，引导学生讨论从图中都看到了什么。

预设 1：人多，当时社会繁荣。

预设 2：商铺多，当时社会经济发达。

预设 3：居住的房屋多且好，人们生活安逸、幸福。

预设 4：有船只，运输业发达，商业贸易发达。

出示文字介绍，指名读：

《清明上河图》生动记录了 12 世纪北宋都城东京（又称汴京，今河南开封）的城市面貌和当时社会各阶层人民的生活状况，是北宋时期都城汴京当年繁荣的见证，也是北宋城市经济情况的写照。

d. 引发学生思考如此繁荣的汴京已经不属于北宋了，被金人占领了。

出示地图、《清明上河图》：版图变小了、繁华的汴京被金人占领了，思考这对谁影响最大。（人民、百姓）

【设计意图：借助资料了解北宋时期汴京的繁荣、百姓的幸福安逸，学生能更好地体会被金人占领后的国衰民哀，感受陆游为祖国不能统一而悲，最后引出陆游为人民而悲。】

②为人民而悲。

a. 出示陆游 68 岁时写的《秋夜将晓出篱门迎凉有感》：遗民泪尽胡尘里，南望王师又一年。

b. 拿出学习单，结合资料 2 的注释理解诗意，想象百姓过着什么样的生活。

资料 2：

遗民泪尽胡尘里，南望王师又一年。

——《秋夜将晓出篱门迎凉有感》

注：1. 遗民：指在金人占领地区生活的汉族人民。

2. 胡尘：指金人入侵中原，也指胡人骑兵的铁蹄践踏扬起的尘土和金朝的暴政。

3. 南望：远眺南方。

c. 出示百姓民不聊生、流离失所的图片，交流感受。读出陆游为百姓而悲的情感。

d. 教师引读：当人民生活于水深火热之中时，陆游情不自禁地为其感到悲哀：死去元知万事空，但悲不见九州同。（齐读）

③为统治者而悲愤。

a. 引导学生讨论：此时此刻王师呢？统治者们在做什么？

b. 引出《题临安邸》。

自读古诗，结合页下注释理解诗句意思，想想统治者在干什么。

【设计意图：这两首古诗反映的是相同时代背景下的社会生活情况。但是两首诗所反映的社会角度又是不一样的。将《题临安邸》作为《示儿》在学习、理解内容过程当中的补充，并在了解这段历史、体会两位诗人情感上，两首诗互为补充，引导学生在更加深入了解这段历史的同时，感受诗人的爱国情。】

c. 汇报交流。

d. 再次关联《清明上河图》，引出林升在诗中提到汴京的诗句。

引导学生讨论怎么理解“直把杭州作汴州”这句诗。（讽刺、警告、诗人的担忧）

e. 概括林升看到南宋统治者统治社会一幕幕的心情（恨、忧）。

f. 整合两首诗，教师引读。

失地尚未收复，陆游充满悲伤和遗憾（指名读：死去元知万事空，但悲不见九州同）；

遗民泪尽胡尘里，南望王师又一年。百姓也在质问南宋统治者（指名读：山外青山楼外楼，西湖歌舞几时休）；

南宋统治者贪图享乐，林升愤恨地质问南宋统治者（齐读：山外青山楼外楼，西湖歌舞几时休）；

陆游即将离开人世之际依旧不忘祖国统一（女生齐读：王师北定中原日，家祭无忘告乃翁）；

但统治者却安于现状（男生齐读：暖风熏得游人醉，直把杭州作汴州）。

g. 读诗感受林升的恨与忧。

④为自己有心无力而悲。

a. 汇报交流。

b. 师引读。

势单力薄的陆游无法实现收复失地的志向，陆游不由得心生悲伤（齐读：死去元知万事空，但悲不见九州同）。

【设计意图：发散学生的思维，从不同角度思考问题，更加全面、深刻地感受陆游这个人物形象。】

（7）盼。

①引发学生思考：《示儿》一诗中还能体会到哪种情感？（盼：王师北定中原日，家祭无忘告乃翁）

②指名读诗句，读出陆游深深的渴望和谆谆的嘱托。

③自己体会诗人情感，有感情地朗读整首诗。

④齐读一起感受陆游的悲、盼。

（8）教师配乐引读，然后师生齐读两首诗。

800 多年前，陆游躺在病榻上，拉着孩子的手谆谆嘱托道（王师北定中原日，家祭无忘告乃翁），南宋王朝却（暖风熏得游人醉，直把杭州作汴州）；陆游悲盼交加整整一生，临终仍抱有一丝幻想（王师北定中原日，家祭无忘告乃翁），但南宋王朝向金屈膝投降，苟且偷安（暖风熏得游人醉，直把杭州作汴州）！

整体回顾这两首诗，女生读《示儿》，读出悲盼，男生读《题临安邸》，读出恨忧。

（9）总结。

陆游一悲一盼，林升一恨一忧，这源于他们二人共同的爱国情怀，请大家批注在书上。

【设计意图：在两首诗的对比中总结相同点，更加深刻地感受两位诗人的爱国情怀。】

（四）读写结合

拿出学习单：结合《示儿》《题临安邸》及相关资料，将下面的语句补充完整。

当______时，______却______。这使我想到了诗句______________。

当______时，______却______。这使我想到了诗句______________。

当______时，______却______。这使我想到了诗句______________。

交流汇报。

【设计意图：这两首古诗都是南宋诗人的作品，反映的是相同时代背景下的社会生活情况。通过关联教学，让学生在两首诗的对比中感受陆游悲盼、林升恨忧、金人暴政、南宋王朝不作为、民不聊生的情感和情境，落实理解与默写的古诗教学目标。】

（五）背诵两首诗

85岁的陆游躺在病榻上，又悲又盼地奄奄一息地说道：（　　）《示儿》。

当林升看到南宋统治者的行为，又恨又忧地在墙上写道：（　　）《题临安邸》。

【设计意图：落实背诵的古诗教学目标，同时带领学生整体回顾学习内容。】

（六）作业

老师还为同学们搜集了陆游20~85岁的几首诗，希望大家课后了解一下，能更好地理解南宋诗人的爱国情怀。

1.《观大散关图有感》陆游20岁。

2.《江北庄取米到做饭香甚有感》陆游48岁。

3.《病起书怀》陆游52岁。

4.《十一月四日风雨大作》陆游67岁。

5.《秋夜将晓出篱门迎凉有感》陆游68岁。

6.《诉衷情》陆游80岁。

7.《老马行》陆游82岁。

8.《示儿》陆游85岁。

【设计意图：关联陆游一生不同阶段的报国之志、爱国之情，了解北宋和南宋历史，感受陆游及南宋时期诗人的爱国情怀。】

【板书设计】

示　儿	悲　盼	
		爱国
题临安邸	恨　忧	

（北京市通州区东方小学，高杨，教龄3年）

【评课建议】

（一）巧妙关联，促进学生思维发展

高杨老师执教的古诗《示儿》《题临安邸》，突出了单元内部的关联。课堂上，老师把两首古诗巧妙地放在一起进行教学，改变1+1的教学模式，互为补充、不分主次，自然转化、浑然一体。在学习、感受陆游对南宋统治者屈辱求和、苟且偷安的无比悲愤时，借助林升这首《题临安邸》来帮助学生加以理解，两首诗互为补充，学生丰富了这段历史的认识，并深入地体会了诗人的情感。这和部编版教材的单元主题的编排特点相契合，也为更好地进行部编版教材的教学打下了基础。

（二）利用资料，有效转换教学资源

教师对教材解读深入，根据教学需要准备了课外补充资料，并将这些资料有效加工、运用，转换成资源，助推学生对古诗的理解，并借各种情境把学生和已知、未知相关联，恰当运用。如出示关于北宋、南宋的历史介绍，并给出北宋、南宋的地图对比，让学生上台将文字资料信息转换到地图上进行解读，这就使学生将文字资料理解、消化，并锻炼了语言组织能力，在讲述中了解了一段历史，并深入地感受到了诗人的爱国情怀，

（三）紧抓诗眼，融入文本产生共鸣

高老师能够精准地抓住诗眼，着眼一个“悲”字，借助相关的资料，创设相应的情境，让学生从多角度感悟、理解、产生共鸣。在理解陆游为国家不能统一而悲伤、为人民而悲哀、为统治者而悲愤，以及为自己有心无力而悲时，教师用了很感性的引导语言，为的是抓住学生已有的情感，来提升对诗的感悟。有了这样的教师语言，学生的情感再次得到升华。同时也自然地把内容主题归结在了

"但悲不见九州同"，以诗眼引领感悟全诗内容，体会作者情感，最后有感情地朗读、背诵诗文。

（四）熟读成诵，引导学生自主体悟

整首诗，教师在朗读指导上做了精心设计，引导学生走近陆游，走进古诗的写作背景，体会诗人的思想感情。整堂课，读贯穿始终，读中有悟，悟中有读，以读促悟，以悟促读，在教学中，教师充分体现了有目的地读、有层次地读、有实效的读。在每次理解诗人情感后都引导学生反复朗读诗文，读出诗中的"味儿"，这样不仅使学生丰富了自身的情感，也切身体会到诗人的真情实感。在课堂上，我们不难看出，在老师精妙的点拨与引导之下，在学生一次次的朗读中，学生的情感已经一步步走向了文本的深层，与诗人产生了共鸣，完全融入了文本之中。学生每一次朗读，无不激发出对陆游的崇敬之情。

第三节　构建教材系统内部关联的教学设计

一、《七颗钻石》教学设计（第二课时）

【教材分析】

《七颗钻石》是北京版小学语文三年级下册第五单元第十七课。本单元以"爱"为主题，就是要让学生懂得做人要有爱心，不仅要对自己父母有孝心，对别人要关心，而且能感受到别人对自己的爱心。作为本单元起始课文，本课承载着上述教学任务。

列夫·托尔斯泰创作的《七颗钻石》，写的是在一次大旱之年，一个小姑娘拿着水罐为生病的母亲找水，由于她的爱心，水罐从空变满，从木的变成银的，又从银的变成金的并涌出清澈的水流，射出七颗钻石，升上天空的故事。水罐发生的几次变化，就是运用"反复结构"，以此表现小姑娘的无私大爱。

第一课时教学中，我设计了字词、朗读环节，让学生对文章内容有了整体感知。第二课时，我想引导学生在品读课文的过程中，感受小姑娘无私广博的大爱。

认识“反复结构的童话”，进而运用反复结构，打开想象之门，补编童话。

【学情分析】

前测问卷及结果

问题	选项及比例		
1. 你喜欢读童话故事吗?	喜欢 94.7%	一般 5.3%	不喜欢 0%
2. 你觉得童话和其他故事比，不同之处在哪里?（多选）	神奇 88.9%	有趣 83.3%	有教育意义 34.6%
3. 你知道童话中的“反复结构”吗?	知道 22.2%	不知道 77.8%	
4. 你读过反复结构的童话吗?	读过 2.64%	没读过 5.26%	不确定 92.1%

通过前测问卷，我了解到绝大部分学生喜欢读童话。此前，学生已经阅读了很多童话书籍和童话故事，对于这种文体的喜爱，是他们学好本课的基础。对于童话中的“反复结构”，77.8% 的学生并不了解。而通过进一步访谈，我发现选择知道的那 22% 的学生也没能说清楚什么是反复结构，有些同学还错误地认为首尾呼应就是反复结构。

基于以上特点，我充分进行了教材内部的关联，借助学过的童话故事《小壁虎借尾巴》《小蝌蚪找妈妈》《狐狸和乌鸦》等，帮助学生发现童话中的“反复结构”，并在《七颗钻石》与《小壁虎借尾巴》的比较阅读中，了解“反复结构”的特点。

【教学目标】

1. 通过学习课文，体会童话故事的神奇，感知童话丰富的想象力。

2. 通过小组合作学习，了解神奇的力量源于小姑娘广博无私的“大爱”。

3. 通过对比阅读，引导学生认识“反复结构”并初步尝试运用“反复结构”补编童话。

【教学重点】

通过小组合作学习，了解神奇的力量源于小姑娘广博无私的“大爱”。

【教学难点】

引导学生认识童话中的“反复结构”并初步尝试运用“反复结构”补编童话。

【教学过程】

（一）复述故事，初步感知结构特点

1. 激趣导入

出示图片，猜童话故事名字——《小壁虎借尾巴》《小蝌蚪找妈妈》《狐狸和乌鸦》《丑小鸭》。

【设计意图：激发学生学童话的兴趣。这其中的《小壁虎借尾巴》《小蝌蚪找妈妈》《狐狸和乌鸦》都是反复结构的童话，它们的出现为后面感知童话故事结构特点做了铺垫。】

2. 理清主线

（1）回忆上节课的学习，思考小姑娘的水罐发生了哪些变化。

（2）学生反馈，教师板书展现水罐变化过程。

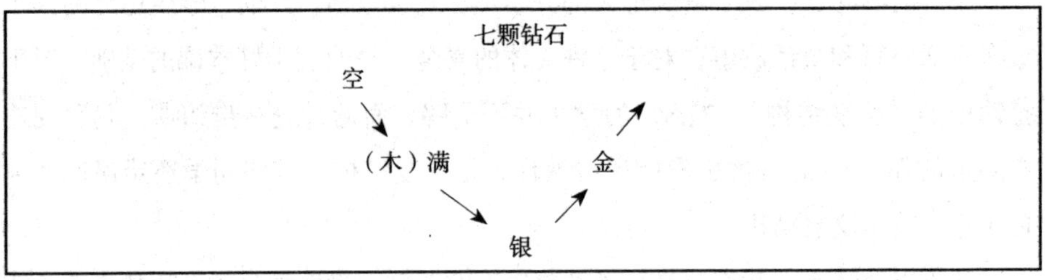

【设计意图：利用板书，理清故事主线，展现情节，了解水罐的神奇变化。】

3. 复述童话

（1）请学生根据板书，复述童话故事。

【设计意图：落实课标要求，通过复述内容，让学生初步感知“反复结构”。】

（2）小结：水罐会变，多神奇呀！童话故事中总有不可思议的事情出现，这就是童话的特点。

【设计意图：揭示童话的特点：神奇。】

（二）品读童话，感悟神奇力量的源泉

1. 默读思考

小姑娘做了什么让水罐发生一系列变化？

2. 合作探究

小组合作学习，完成学习单：

水罐变化次数	变化结果	小姑娘行为	你的感受
第一次	空—满		
第二次	木—银		
第三次	银—金		
第四次	射出钻石 涌出水流		

【设计意图：通过默读思考、小组合作学习体会故事情节的神奇，感受小姑娘无私广博的大爱。】

3. 汇报交流

（1）此过程中，教师适时引导，使学生感受小姑娘可贵的品质。

（2）小姑娘那么需要水，为什么还一次次地让水？

师点拨：因为她充满爱心，所以使神奇的事不断发生。她就是在告诉我们：爱心创造奇迹，善良永存心间。

【设计意图：通过想象和思考，引导学生关注小姑娘的行为背后所传递的情感。从小爱到大爱，爱心不断升华，爱心创造奇迹。】

（三）感知文体，体会反复结构的特点

1. 关联

（1）看来神奇的童话故事往往蕴含着美好的情感，而且情节曲折、生动。

（2）二年级时，我们学过一篇童话，叫《小壁虎借尾巴》。谁愿意讲讲这个故事？

①请学生讲故事。

②出示《小壁虎借尾巴》图片，说一说小壁虎一共借了几次尾巴，结果如何。

③根据学生口头反馈，在多媒体中完成下面的表格：

借尾巴次数	找谁借	结果如何
第一次	小鱼	没借到
第二次	老牛	没借到
第三次	燕子	没借到

2. 对比

《小壁虎借尾巴》和《七颗钻石》这两个童话故事有什么相同之处吗?

预设 1:《七颗钻石》中小姑娘让了 3 次水。

《小壁虎借尾巴》中小壁虎借了 3 次尾巴。

师点拨:都是相似的情节反复出现。

预设 2:他们的结局都很好。

师点拨:都传达了美好的情感。

3. 点拨

小壁虎一次次地借尾巴和小姑娘一次次地让水,情节都很相似,而且写法都是相同的。我们就把具有这两个特点的童话故事叫作"反复结构的童话故事"。

【设计意图:通过对比阅读,让学生认识"反复结构",知道反复结构是童话故事中常见的结构。情节的相似和不断反复,使得童话故事曲折、生动,有吸引力。】

4. 再关联

(1)出示课前导入的童话故事图片。

(2)正是因为童话故事中常常使用"反复结构"的写法,才让故事情节一波三折,生动有趣。课前我们猜的童话故事中,有"反复结构"的吗?

【设计意图:通过关联以前学过的童话故事,让学生从被动接受变为主动思考,学会发现"反复结构"的童话。】

(四)发挥想象,运用"反复"补编童话

1. 关联绘本故事《逃家小兔》,出示故事的开头和结尾。

2. 请学生发挥想象,运用反复结构进行补白,把故事补充完整。

3. 把你的想象写在学习单上。

逃家小兔

从前,有一只小兔子,他很想离家出走。有一天,它对妈妈说:"我要逃跑了。"妈妈说:"如果你跑了,我就追过去,因为你是我的小宝贝呀。"

小兔说:"如果你来追我,我就变成一条小鱼,游得远远的。"妈妈说:"如果你变成一条小鱼,我就变成一个渔夫,用钩钩住你。"

小兔子说：“____________________________。”

妈妈说：“____________________________。”

小兔子说：“____________________________。”

妈妈说：“____________________________。”

小兔子说：“____________________________。”

妈妈说：“____________________________。”

小兔子说：“____________________________。”

妈妈说：“____________________________。”

“天哪！”小兔子说，“我还是待在这儿，当你的小宝贝吧！”小兔子感觉到妈妈是非常非常爱他的，躺在妈妈温暖的怀里，自言自语地说：“我以后再也不离开家逃走了。”

4. 学生展示、评价。

【设计意图：通过关联课外童话故事，让学生尝试运用反复结构，发挥想象，补编故事。学生在补编过程中学习语言，运用语言，流露美好情感。】

5. 课堂小结：今天，我们不仅认识了《七颗钻石》中善良的小姑娘，还感受到了童话的神奇，知道了童话故事中的“反复结构”，并尝试用“反复结构”写童话。相信有了今天的学习，今后你再阅读童话故事，一定有不一样的感受。

【设计意图：引导学生学会将所学新知识运用到今后的阅读中。再读到“反复结构”的童话时，能够感知这类童话的特点。】

（五）课后作业

关联课外读物，推荐阅读《渔夫和金鱼》，继续了解童话故事中的反复结构。

【板书设计】

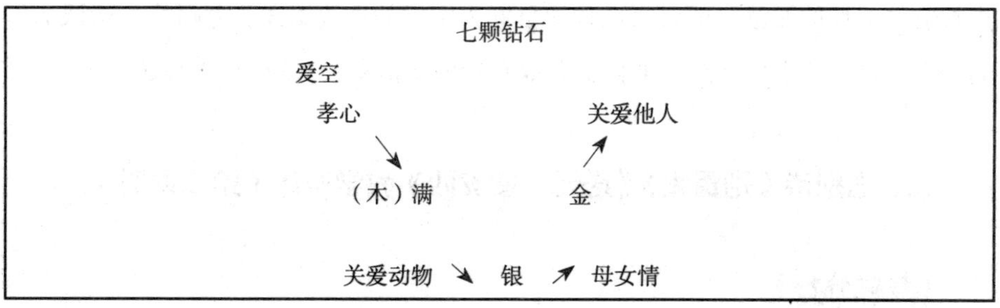

（北京市通州区东方小学，米莹，教龄 15 年）

【评课建议】

本教学设计将北京版教材系统内《七颗钻石》及《小壁虎借尾巴》《小蝌蚪找妈妈》三篇课文关联教学，引导学生通过本组教学感受童话反复结构的特点，这是一个新颖的角度。

在关注《七颗钻石》中的小姑娘一次次地让水，水罐一次次发生神奇的变化后，引导学生回忆二年级时学过的童话《小壁虎借尾巴》。及时出示《小壁虎借尾巴》图片，说一说小壁虎一共借了几次尾巴、结果如何，再回顾《小蝌蚪找妈妈》的内容，接着，和《七颗钻石》相比，向学生提问："这三个童话故事有什么相同之处吗？"通过学生的回答得出结论：小壁虎一次次地借尾巴、小蝌蚪一次次找妈妈和小姑娘一次次地让水，情节都很相似，而且这些情节在文中反复出现，因此，我们把具有这两个特点的童话故事叫作"反复结构的童话故事"。通过关联学过的童话故事，进行对比阅读，让学生发现并感受"反复结构"的特点。整个教学设计中，教师带领学生在品读课文的过程中，感受小姑娘无私广博的大爱，体会童话的神奇及它所传达的美好情感，抓住童话"反复结构"的特征，引导学生打开想象之门，补编童话。

同时，本教学设计通过关联课外读物《逃家小兔》进行想象补白。这样让学生运用反复结构，发挥想象，补编故事，同时在补编过程中，学习语言、运用语言，流露出美好情感。教师在准确解读教材的同时结合童话特点设计教学结构；结合学生实际采取恰当的教学策略体现教为学服务；结合这篇童话的特征引导学生大胆想象，运用"反复"写作方式补编童话，从而达到让学生学习语言、运用语言的目的。

关联阅读教学中，教师围绕童话这种体裁，有目的地将一组课文引进课堂，进行有针对性的阅读，即以实现教学目标为宗旨的有效阅读。老师将一组课文作为一个平台，让学生在这个平台上获取有价值的信息，实现语文能力的提升。

二、送别诗《别董大》《送元二使安西》教学设计（第二课时）

【教材分析】

《别董大》是北京版四年级上册第六单元第二十一课《古诗三首》中的一首

古诗。本单元涵盖了古诗、寓言、诗歌、历史故事，旨在使学生从小就接触祖国优秀传统文化，受到中华民族传统文化的熏陶。本首诗以送别为主题，描述了诗人高适送别友人董大的场景。诗的前两句写景，日暮黄昏，且又大雪纷飞，于北风狂吹中，唯见遥空断雁，出没寒云，使人感到凄凉悲苦。后两句是对朋友的劝慰之情，于慰藉之中充满信心和力量，让人感到昂扬豪壮。诗人在即将分手之际，全然不写千丝万缕的离愁别绪，而是满怀激情地鼓励友人踏上征途，迎接未来。

本课引入的《送元二使安西》在人教版四年级上册的第二十课，是盛唐著名诗人、画家和音乐家王维所著的一首脍炙人口的送别诗。王维的好友元二将远赴西北边疆，王维特意从长安赶到渭城来为朋友送行。这首诗前两句写景，点明送别的时间、地点、氛围。清晨、渭城客舍、驿道、柳树，勾画出一幅清新图景，为送别提供了典型环境。后两句叙事，临行劝酒，酒中饱含深情，表达了作者对友人即将远赴阳关时的依依惜别之情与无尽体贴之意。

【学情分析】

四年级的学生已经有了三年的语文学习经历，能借助文中注释和工具书初步弄懂诗的意思，有一定的自学能力，但对于诗中难理解的字和含义深刻的词句，理解起来还有一定的难度，对于诗中营造的意境和字里行间透露出的深情，学生更加不好把握，这就需要教师在引导学生学习的过程中巧妙设计，积极引导，创设学生熟知的情境进行体验，并反复诵读诗句，以提高学生的学习效果。

【教学目标】

1. 能结合注释用自己的话说说诗句的意思。

2. 在诵读中想象画面，体会高适对董大的劝慰、鼓励之情；背诵全诗。

3. 在比较中初步感受送别诗在内容、写法和表达情感上的共同点与不同点。

【教学过程】

（一）学生课前精彩展示

（同学们听说过折柳送别吗？下面，我将带领大家穿越到遥远的古代，了解一下古人折柳送别的习俗）

古时候由于交通不便，山遥路远，亲人朋友之间往往一别数载，难以相见，所以古人特别看重离别。人们送别，除了“肠断望尽天涯路，十里长亭目相送”外，也会折柳相赠。关于这个习俗的由来，相传是取自于《诗经》中的《采薇》：

“昔我往矣，杨柳依依；今我来思，雨雪霏霏。”说的是离人在春光明媚、万物尚青之时离开，归来时，却是一幅白雪皑皑的冬景。汉语中，柳与“留”谐音。人们希望通过折柳，表达挽留离人的心情。亲人们依依惜别，难舍难分的情愫就像随风飘荡的柳枝一样绵绵无期。俗话说“有心栽花花不开，无心插柳柳成荫”。因此，人们送离人折柳，又意在祝愿远行的亲人或朋友，能够如同折柳一样，到哪儿都能有旺盛的生命力，不因背井离乡而不适。折柳在身，便如亲人在旁，随遇而安。

【设计意图：借助本校课堂常规精彩两分钟环节，由学生介绍，古人折柳送别的习俗，从而将学生带入古人送别的情景。】

（二）导入新课

1. 同学们，你们有过和亲友分别的经历吗？你在和他们分别时会送什么呢？（礼物等）

2. 古人除了折柳送别外，还有很多送别方式呢，比如汪伦在送李白时则以歌相送：“李白乘舟将欲行，忽闻岸上踏歌声。”今天我们再学两首送别诗，了解他们不一样的送别方式，体会其中不一样的送别情。（板书：送别诗）

【设计意图：通过回顾已经学过的两首送别诗《赠汪伦》和《黄鹤楼送孟浩然之广陵》分别是以歌送别和以目送别，引出今天的学习内容。】

（三）诵读诗句——读别离

1. 初读古诗。

2. 自读古诗，读准字音。

（1）自读。

（2）指名读。

（3）你想提醒大家哪个字音？

提示生读音，“曛”；出示“曛”：右边也念xūn，表用火熏烤，左边加个日字旁，便与太阳有关，表示日落时那昏黄、朦胧的余光。

（4）男、女生分读。

【设计意图：从正音、节奏、押韵三个层次让学生在读中理解，读中感悟。每个阶段制订朗读目标，使学生在朗读中感情渐渐积淀。】

（四）读懂诗句——悟别离

1. 整体感知诗意

（1）下面请同学们结合注释，自读诗句，并简单说说这首诗讲了一件什么事。

（2）董大是谁？结合注释，谁给大家介绍一下？

（3）题目注释中有哪几个关键信息？（两个，一个是董大是著名艺人，一个是他排行老大）

师：当时的著名艺人，如果在现在就是大明星了，从诗中哪句话可以看出来？为什么？

（4）从第二个关键信息，你能推测到什么？

（5）在分别的时候，高适就对好朋友说了什么？（莫愁前路无知己，天下谁人不识君？）

（6）此时你有什么问题？

【设计意图：从后两句入手，让学生结合注释，读古诗，并引导学生质疑。】

2. 了解背景，读懂名句

（1）读完这首诗你知道了什么？（原来董大那个时候不开心是因为没有被人赏识。）

所以，高适说“莫愁前路无知己，天下谁人不识君”这句话是为了什么？（安慰、鼓励董大）

高适这样安慰董大，高适这样鼓励董大，（学生读）

（2）“天下谁人不识君”还是一句反问句，谁会改成陈述句？

（3）对比读这两句：天下谁人不识君？

天下谁人都识君。

诗人为什么用反问？

【设计意图：通过对比陈述句和反问句，让学生体会诗人的情感。】

3. 融入想象，体味景色

匆匆一别，不知何时再相见，看送别时的天是：千里黄云白日曛。送别时的景是：北风吹雁雪纷纷。读读这句诗，你有什么感受？（凄凉）

（1）小声读一读诗的前两句，圈出诗中写了哪些景物让你感受到了这份凄凉？

（黄云、白日、北风、雁、雪）

（2）此时，你的眼前出现了一幅怎样的画面？（学生自己说，教师配乐）

【设计意图：学生通过想象建构画面之后，能用较为具体、确切的语言描述出眼前的画面，同时也就理解了诗句描绘的送别场景。】

4. 情景结合，感悟别离

（1）就在这昏黄的落日余晖中，就在这凄冷的北风中，董大将独自上路，高适会想些什么？

引读：莫愁前路无知己，天下谁人不识君？

（2）此时如果你是董大，听了高适的话后你会怎么想？（生回答）

【设计意图：老师通过出示图片和配乐诵读，让学生进一步感受景色的凄凉，并通过语言渲染，引出就在这样的情况下董大将独自上路，进而感受"莫愁前路无知己，天下谁人不识君"这句话带给友人的力量和信心。】

（3）高适当时的情况又是怎样呢？其实他还写了一首《别董大》（其二）大家来读读，读后小组讨论一下，作者仅仅是在安慰董大吗？

（4）出示《别董大》（其二）

别董大（其二）

六翮飘飖私自怜，一离京洛十余年。

丈夫贫贱应未足，今日相逢无酒钱。

学生说理解，体会高适的情感表达。

【设计意图：学生从"今日相逢无酒钱"一句很容易就读出了高适当时的境遇也是穷困潦倒、四处漂泊，进而悟出"莫愁前路无知己，天下谁人不识君"这句话不仅仅是在鼓励董大，也是在鼓励自己。自然而然地引出高适在《别董大》中是以话相送友人。】

5. 引读

师：离别在即，身怀绝艺的董大还要在这恶劣的气候条件下奔波，诗人自己也是漂泊不定，千里黄云下，高适告诉董大，也告诉自己：__________

北风吹雁时，高适告诉董大，也告诉自己：__________

（出示全诗，齐读）。

小结及过渡：高适在这寒冷的风雪中，以话相送无疑飘荡着一缕缕暖融融的春意，给友人以温暖，使友人亢奋。在杨柳依依的春天里，王维又是怎样送别友人的呢？

【设计意图：总结《别董大》这首诗诗人表达的劝慰朋友、鼓励自己的情感，引出《送元二使安西》。】

（五）关联学习——品别离

1. 学习《送元二使安西》

（1）看到题目，你想知道什么？自读资料进行了解学习。（介绍元二和本诗的写作背景，了解字音及字意）

（2）这首诗描绘了一幅怎样的画面？抒发了诗人怎样的情感？

（3）元二与王维到底是怎样的一对朋友呢？再次默读诗，想一想：你是从诗中的哪些地方看出来的。

【设计意图：引导学生抓“劝”“更”“尽”等字的理解，感受好朋友送别时的情景。抓“酒”中所蕴含的情感，有感情地朗读“劝君更尽一杯酒，西出阳关无故人”这千古名句来体会朋友之间的依依惜别之情。】

过渡：已经记不清喝了多少杯。透过窗子，向外望去，这种难舍难分的情绪是才下眉头、又上心头。（师配乐读诗）是什么又勾起了他们离别的伤感？

预设：抓“雨”“柳”等景物来感受朋友间离别的愁绪是越来越浓。配乐读全诗来感悟此景让老朋友更加的难分难舍。

（4）时间呀，你能走得慢一些吗？安西呀，你能离我近一些吗？这可能吗？安西有多远？

（5）出示《元二出使安西》来感受渭城与安西之间的距离。对比古今的交通工具，来体会古人离别容易相聚难。

【设计意图：让学生通过感受渭城与安西之间的距离，进一步体会王维对元二的情感就蕴含在这一杯一杯的酒中。】

（6）介绍背景：王维在元二走后的几年后便去世了，此次的告别竟成了诀别。

是啊！一句话，一辈子，一生情，一杯酒。谁记下了这一段以酒相送的千古佳话？请站起来，让我们一起背诵读这首古诗，铭记这份送别的情意吧！（配乐）

2. 对比学习悟诗情

请同学们再读一读《别董大》，联系我们刚才学习的《送元二使安西》看看有什么新发现。

找出《别董大》和《送元二使安西》之间的相同点和不同点。

相同点	不同点

【设计意图：比较两首诗的异同，帮助学生更深入地理解古诗，体味诗歌创作的背景及诗人不同的写作风格。通过对比，提升学生的思维能力。】

学生汇报。

（六）拓展

1. 在我国古代由于交通不便等原因造成离别容易相会难，所以描写送别的诗还有很多，你知道哪些？

学生发言交流。

2. 100 多年前，李叔同为送别挚友许幻园写的《送别》还被谱成一首歌被广为传唱呢！（放送别歌曲大概 20 秒左右）

（七）总结

1. 说说你有什么收获。

2. 看来古人虽然没有我们现在发达的科技，却用他们独特的方式表达着对朋友的真情，有的以歌相送，有的以话相送，有的以酒相送，有的表达依依不舍之情，有的表达对朋友鼓励劝慰之情，其实在唐朝，送别诗就有 600 多首，课下我们还可以去查阅资料，了解古人的送别文化。

3. 如今的送别，虽不比古人那样哀伤，但也充满着离别的不舍。如果现在再让你送别亲人、朋友，除了送礼物、送贺卡外，你还会送（　　　），这些都包含着你对朋友的一份深情。

【设计意图：联系生活，将课堂上所学所悟延伸到课外，学以致用。】

【板书设计】

以歌相送	以话相送	以酒相送	以目相送
	别董大	送元二使安西	
	劝慰 鼓励	不舍 担忧	
	借景抒情		

（北京第二实验小学通州分校，毕昭，教龄7年，通州区小学语文骨干教师）

【评课建议】

《义务教育语文课程标准》(2011年版)指出："诵读优秀诗文，注意在诵读过程中体验情感，展开想象，领悟内容。"第二学段的古诗词教学中，教师要让学生通过结合注释来理解诗句的意思，通过品味诗句中的关键词，想象诗句所描绘的画面，进而体会诗人所要表达的情感。在这种理念的指导下，本课主要将诵读、展开想象和比较作为学生领悟诗歌内容的抓手。

为了帮助学生体会古人的送别情，该教师依据"关联性阅读"理论，选取了《送元二使安西》进行关联阅读教学。在语文教学中，可以采用比较阅读、群文阅读、扩展阅读等多种形式运用关联性阅读的理论。这些教学形式打破了学生刻板的、机械的、单一的线性思维，使学生获得灵活、创新、多样的非线性思维。这样不仅教会了学生阅读方法，也提升了学生的思维水平。两首古诗进行学生的关联阅读教学，对于小学语文古诗教学局限性的改善、丰富学生的知识，提升语文素养和学习质量，以及教师教学水平的提高具有重要作用。

教学中引入《别董大》(其二)，进行关联，使学生体会诗人当时的处境与表达的情感，也使得诗句更加有感染力，与《送元二使安西》进行关联比较，在体味古代送别文化的同时，也促使学生更自主、更细化地积累诗歌。让学生在读悟学习的过程中提升自身的语文素养。

学生在诗意的课堂里，通过诵读诗句——读别离，读懂诗句——悟别离，关联学习——品别离，眼中有景，心中有情，了解了古人不一样的送别方式，体会到了不同的送别情，对古人的送别文化有了一个整体的初步的认知。

《义务教育语文课程标准》《2011年版》明确指出，"语文课程应致力于提高学生语文素养的形成与发展"，"重视语文的熏陶感染作用"，"要培养学生热爱祖国语言文字的情感"，"认识中华文化的丰厚博大"，"提高学生文化品味和审美情趣”。在小学课堂里诵读经典，无疑是达成以上目标的有效途径之一，也是语文课程中重要的组成部分之一。从多角度找准关联的训练点，提高关联教学在课堂中的时效性，方可发挥关联教学的重要意义。

三、《童话》教学设计（第二课时）

【教材分析】

《卖火柴的小女孩》是丹麦童话故事作家安徒生的一篇童话故事，发表于1846年。主要讲一个卖火柴的小女孩在富人合家欢乐、举杯共庆的大年夜冻死在街头的故事。

小女孩死了，嘴角却带着微笑，擦燃火柴时美好幻想与她饥寒交迫的现实生活形成了鲜明的对比。安徒生通过这个童话，表达了对穷苦人民悲惨遭遇的深刻同情和对当时社会的不满，无情地揭示了资本主义社会的黑暗和罪恶。

整套北京版小学语文教材中，编排了多篇童话故事，但多安排在第一学段，这些童话故事的功能只是引导学生学习字词句，感受故事中的美好情感，对童话这种文学体裁的认识只能潜移默化地渗透。三四年级的教材中只安排一篇童话《七颗钻石》，五六年级的教材中也只安排了一篇《卖火柴的小女孩》。因此，在学习小学教材里的最后一篇童话《卖火柴的小女孩》时，应该帮助学生建立对童话这种体裁的认知。本教学设计把教材系统内的三篇童话《小壁虎借尾巴》《七颗钻石》《卖火柴的小女孩》和课外的一篇童话《爱心树》组合进行群文阅读，用前三篇童话帮助学生发现童话体裁的共性，并在《爱心树》这篇童话中实践运用。

【学情分析】

小学六年级上学期，学生已经掌握感受童话故事中人物形象的方法，能够通过评价人物，体会人物情感，受到思想教育和人格熏陶。但学生学习的童话故事多篇安排在第一学段，学生只是通过对童话故事的学习，习字识词，感受故事中的美好情感；而第二、第三学段只安排了两篇童话，学生还不能构建对童话这种文学体裁的认知。几篇文章关联阅读，有利于学生发现童话这种文体的规律，从而能初步独立学习、欣赏童话故事。

【教学目标】

1. 通过引导学生比较《小壁虎借尾巴》《七颗钻石》《卖火柴的小女孩》三篇童话，发现童话这种文体的特点。

2. 通过让学生续写童话《爱心树》巩固对童话体裁的特点的认识。

3. 让学生通过阅读童话受到情感熏陶。

【教学过程】

（一）回顾童话特点导入

1. 有魔力的短语

（1）看这些内容你的头脑里出现了什么？

①狗　桌子　松树

②小花狗学游泳　桌子和椅子的对话　心灵美的小松树

（2）让学生说出对童话的认知。

2. 小结

将这些动物、植物甚至没有生命的物品赋予人的特点，让他们拥有人的思想情感，就成了童话。

【设计意图：引导学生通过头脑里出现的画面回顾并清晰感知童话的拟人化特点。】

（二）发现反复结构

1. 利用情节图复述故事

（学生课前完成《小壁虎借尾巴》《七颗钻石》《卖火柴的小女孩》三篇童话情节图的梳理）

请学生选择自己最喜欢的一个童话，借助情节图来复述一下这个故事。

2. 发现反复结构

（1）看情节图有什么发现？（学生说发现）

（2）小结。

相似的情节反复出现，这就是童话的反复结构。

（3）发现反复的次数。

①反复结构中的情节至少要反复几次？（学生说发现）

②小结：反复结构中的情节最少反复三次，最多五次。

（4）发现两种反复情节。

①提问：这些情节可以调换位置吗？

②小结：能调换位置的情节是并列关系，不能调换位置的情节是递进关系。

③如果用不同的情节图表示（出示两种情节图），这三篇课文分别选择哪种情节图？

④根据自己的选择，为《卖火柴的小女孩》这个童话故事重新梳理情节图。（学生填写情节图）

【设计意图：通过梳理情节图，引导学生发现童话情节反复出现的特点；通过两种情节图的选择，引导学生发现“并列式”和“递进式”这两种反复结构，并在重新梳理《卖火柴的小女孩》这个童话的情节中加深对递进关系情节的认知。】

（三）发现丰富的想象

1. 分享最打动自己的情节

刚才我们为《卖火柴的小女孩》这个童话故事重新梳理了情节图。在这几个情节中最打动你的是哪个情节？能不能跟大家分享一下？

2. 针对学生分享提出问题

这些情节这么打动人，让我们好像真的看到了这个可怜的小女孩。这个卖火柴的小女孩真的存在吗？

3. 小结

这就是童话的又一个特点：丰富的想象和幻想。

【设计意图：分享最打动自己的情节，使学生充分走进童话故事，关心故事中人物的命运，进行感性认知；再通过“这个卖火柴的小女孩真的存在吗？”这个问题把学生从故事中拉出来，进行理性思考，从而使学生发现童话故事具有丰富的想象和幻想。】

（四）发现写作意图

1. 学习《卖火柴的小女孩》，发现写作意图

（1）提问。

有同学被《卖火柴的小女孩》的结尾打动，觉得小女孩终于得到了自己想要的幸福。那既然是想象的内容，让小女孩第一次划着火柴就跟着奶奶飞走好吗？

（2）请同学们组内讨论一下。

（3）汇报交流。

（4）出示情节图引导。

寒冷、饥饿、没有快乐、没人疼爱——可怜。

（5）小结。

不是一次到位，这就叫铺垫，没有铺垫就没有故事情节，没有故事情节就没有波澜，没有波澜就不能唤起我们对小女孩的同情。梁晓声先生说，《卖火柴的小女孩》是写给我们这些幸福的学生看的。我们没有必要再去设想或者重复那样痛苦的生活，但是，我们要把同情心和善良的人性播撒在人们的心中。这就是安徒生的写作意图。

2. 自学《七颗钻石》，体会写作意图

（1）请你默读《七颗钻石》这个童话故事的三个情节，体会作者的写作意图。

（2）汇报交流。

【设计意图：通过问题引导学生发现情节的发展铺垫是为作者的写作意图服务。再通过品读《七颗钻石》中情节的发展体会作者的写作意图。】

（五）小结童话特点

反复的结构、丰富的想象和明确的写作意图。

（六）续编童话《爱心树》

下面我们就运用童话的这些特点试着续编一个童话故事。（不出题目）

1. 这是童话的前半部分，你自己读一读

出示原文：

从前有一棵大树，它喜欢上一个男孩儿。男孩儿每天会跑到树下，给自己做王冠，想象自己就是森林之王。他也常常爬上树干，在树枝上荡秋千，吃树上结的苹果，同大树捉迷藏。累了的时候，就在树阴里睡觉。

小男孩儿爱这棵树，非常非常爱它，大树很快乐。

但是时光流逝，孩子逐渐长大，大树常常感到孤寂。

有一天孩子来看大树，大树说："来吧，孩子，爬到我身上来，在树枝上荡秋千，吃几个苹果，再到阴凉里玩一会儿。你会很快活的！"

"我已经大了，不爱爬树玩儿了，"孩子说，"我想买些好玩儿的东西。我需要些钱，你能给我一点儿钱吗？"

"很抱歉，"大树说，"我没有钱，我只有树叶和苹果。把我的苹果拿去吧，孩子，把它们拿到城里卖掉，你就会有钱，就会快活了。"

于是孩子爬上大树，摘下树上的苹果，把它们拿走了。

大树很快乐。

很久很久，孩子没有再来看望大树。大树很难过。

后来有一天，孩子又来了。大树高兴地摇晃着肢体，对孩子说："来吧，孩子，爬到我的树干上，在树枝上荡秋千，你会很快活的！"

"我有很多事要做，没有时间爬树了。"孩子说，"我需要一幢房子保暖。"他接着说，"我要娶个妻子，还要生好多孩子，所以我需要一幢房子。你能给我一幢房子吗？"

"我没有房子。"大树说，"森林就是我的房子。但是你可以把我的树枝砍下来，拿去盖房。你就会快活了。"于是那个男孩儿把大树的树枝都砍下来，把它们拿走，盖了一幢房子。

大树很快乐。

2. 思考反复的类型

这个童话故事的情节是反复的吗？情节之间是并列关系还是递进关系？

3. 续编童话，实现写作意图

现在请你发挥自己的想象续编这个童话，用情节的发展带着我们来体会你的写作意图。

4. 学生续编童话

5. 学生自拟题目

6. 读原文的情节

出示原文：

孩子又有很长时间没有来看望大树了。

当他终于又回来的时候，大树非常高兴，高兴得几乎说不出话来。“来吧，孩子。”它声音喑哑地说，“来和我玩玩吧！”

“我年纪已经大了，心情也不好，不愿意玩儿了。”孩子说，“我需要一条船，驾着它到远方去，离开这个地方。你能给我一条船吗？”

“把我的树干砍断，用它做船吧。”大树说，“这样你就可以航行到远处去，你就会快活了。”于是孩子把树干砍断，做了一条船，驶走了。

大树很快乐，但是心坎里却有些……

又过了很久，那孩子又来了。“非常抱歉，孩子，”大树说，“我没有什么可以给你的了。我没有苹果了。”

“我的牙齿已经老化，吃不动苹果了。”孩子说。

“我没有枝条了，”大树说，“你没法儿在上面荡秋千了——”

“我太老了，不能再荡秋千了。”孩子说。

“我也没有树干。”大树说，“不能让你爬上去玩了——”

“我很疲倦，爬也爬不动了。”孩子说。

“真是抱歉。”大树叹了口气，“我希望还能给你点儿什么东西……但是我什么都没有了。我现在只是个老树墩，真是抱歉……”

“我现在需要的实在不多。”孩子说，“只想找个安静的地方坐坐，好好休息。我太累了。”

“那好吧。”大树说，它尽量把身子挺高，“你看，我这个老树墩，正好叫你坐在上面休息。来吧，孩子，坐下吧，坐在我身上休息吧。”于是孩子坐下了。

大树很快乐。

7. 资料链接

原文的作者是美国的谢尔·希尔弗斯坦，题目是“爱心树”。这棵树实际上就是我们父母的化身，他们对我们只有付出，不求丝毫回报，无私地为我们奉献着一切，让我们每一个为人子女的人都为之感动，让我们去试着去体会、去理解、去回报父母之爱。

【**设计意图**：通过续写童话情节，使学生进一步巩固童话情节反复和想象丰

富的特点，通过情节的发展来实现自己的写作意图。】

（七）推荐阅读《安徒生童话》

台湾女作家张晓风曾这样评价一本童话集："如果有人5岁了，还没有倾听过安徒生的童话，那么她的童年少了一段温馨；如果有人15岁了，还没有阅读过安徒生的童话，那么她的少年少了一道银灿；如果有人25岁了还没有品读过安徒生的童话，那么她的青年少了一片辉碧；如果有人35岁了还没有了解过安徒生的童话，那么她的壮年少了一种丰饶；如果有人45岁了还没有思考过安徒生的童话，那么她的中年少了一点沉郁；如果有人55岁了，还没有复习过安徒生的童话，那么她的晚年少了一份悠远。"

同学们很小的时候就已经读过《安徒生童话》，对每一篇童话故事都耳熟能详。通过今天的学习，老师相信你重读这本书的时候，一定会有更多的思考和收获。

【板书设计】

童话
反复　　想象　　意图

（北京市通州区中山街小学，刘桂霞，教龄25年，北京市学科教学带头人）

【评课建议】

在整套北京版小学语文教材的编排中，编者尝试让学生了解不同的文学体裁，比如童话、寓言、诗歌、小说等，这就需要教师站在文体的角度带着学生认识这些文学体裁普遍的特点。北京版小学语文教材编排了多篇童话故事，但多安排在一二年级，这些童话故事的功能只是引导学生学习字词句，感受故事中的美好情感，对童话这种文学体裁的认识只能潜移默化地渗透。三四年级的教材中只安排了一篇童话《七颗钻石》，五六年级的教材中也只安排了一篇《卖火柴的小女孩》。因此，在学习小学教材里的最后一篇童话《卖火柴的小女孩》时，帮助学生建立对童话这种体裁的认知非常有必要。本教学设计把教材系统内的三篇童话《小壁虎借尾巴》《七颗钻石》《卖火柴的小女孩》和课外的一篇童话《爱心树》组合进行群文阅读，用前三篇童话帮助学生发现童话体裁的共性，并在《爱心树》

这篇童话中实践运用。

本教学设计与以往教学设计相比最大的特点就是为学生建立关联的思想，使学生对前后所学建立起联系，能够理性地认识童话这种文体的特点。这种关联主要体现在两个方面：

（一）在情节比较中发现情节间的关系

在这个环节中，比较起到了两个作用：一是比较发现相同——情节的反复；二是比较发现不同——并列关系和递进关系。

（二）在学用关联中巩固写作意图

在这个环节中建立两个关联：一是建立《卖火柴的小女孩》中几个情节之间的联系，发现作者的写作意图；二是建立《卖火柴的小女孩》实现写作意图的方法和《七颗钻石》这个故事之间的联系，巩固对写作意图的认知。

（三）在学用关联中实践童话特点

为《爱心树》续写情节，落实情节的反复结构和丰富的想象，同时不同情节的发展又体现作者不同的写作意图，从而使童话的这个特点得以巩固落实。

《义务教育语文课程标准》（2011 年版）指出："阅读是学生的个性化行为，不应以教师的分析来代替学生的阅读实践。应让学生在主动积极的思维和情感活动中，加深理解和体验，有所感悟和思考，受到情感熏陶，获得思想启迪，享受审美乐趣。"可见，发挥学生的主体作用，就是课程标准所倡导的学生个性化阅读实践。因地制宜地采取多种生动活泼的形式，提高学生的阅读兴趣，以兴趣促阅读，同时，坚持以人为本，重视情感、态度、价值观的正确导向，把学会学习与人的发展紧密结合，做到方法为发展服务，水平能力为育人服务。通过研读，体验延伸，由精读一篇文章到带读多篇文章，有效地拓宽自己的知识视野。大量的知识是互相关联的，将内容相关的课文联系起来读，既便于学生加深理解，又可以拓宽知识面。

第四节　构建课内外关联的教学设计

一、关联课外单篇或多篇的教学设计

《大象的耳朵》第二课时教学设计

【教材分析】

1. 教材内容

《大象的耳朵》是部编版二年级下册第七单元的一篇课文，这是童话故事，全文围绕大象的“耳朵”展开，主要讲了大象因为自己的耳朵与其他动物的耳朵不一样，以为自己的耳朵耷拉着是有毛病，就想办法让自己的耳朵竖起来，结果竖起来的耳朵给大象带来了很多烦恼。后来，大象终于明白了自己耳朵的作用，再也不把耳朵竖起来了。故事内容生动有趣，富有哲理，能给学生很好的启示作用。

2. 指导思想

本课教学设计的主要思路是“循文本线索架构教学流程，遵学段要求强化语用实践”。“循文本线索架构教学流程”即围绕大象的想法，设计核心话题，引导学生探究大象想法改变的原因，体悟文中蕴含的道理，促进学生整体阅读课文，提高整体阅读的能力；“遵学段要求强化语用实践”即紧扣《义务教育语文课程标准》(2011 年版）中对二年级阅读教学的要求，强化识字写字教学和朗读说写训练，努力搭建学生言语实践的平台，创设言语实践的机会，夯实语用基本功。课文贴近儿童生活，教学中遵循低年级孩子的年龄特点，以学生为主体，充分发挥学生学习的主动性，引导学生在轻松、愉快的氛围中品味故事中包含的道理。

【学情分析】

二年级的学生对动物都非常感兴趣，学习本课时会有较强的积极性。学生也已经听过很多童话故事，因此，对于童话故事并不陌生，而且他们也能从童话故事中提取自己想要的东西，课文篇幅不算长，理解起来比较容易。学生对绘本有一定的兴趣，课前选择与文本相近的童话故事《小猪变形记》，引导学生们将故事中的经验迁移，明白做自己最快乐。但学生在本节课理解最后一段时可能会有一定的难度，教师要注意引导。

【设计思路】

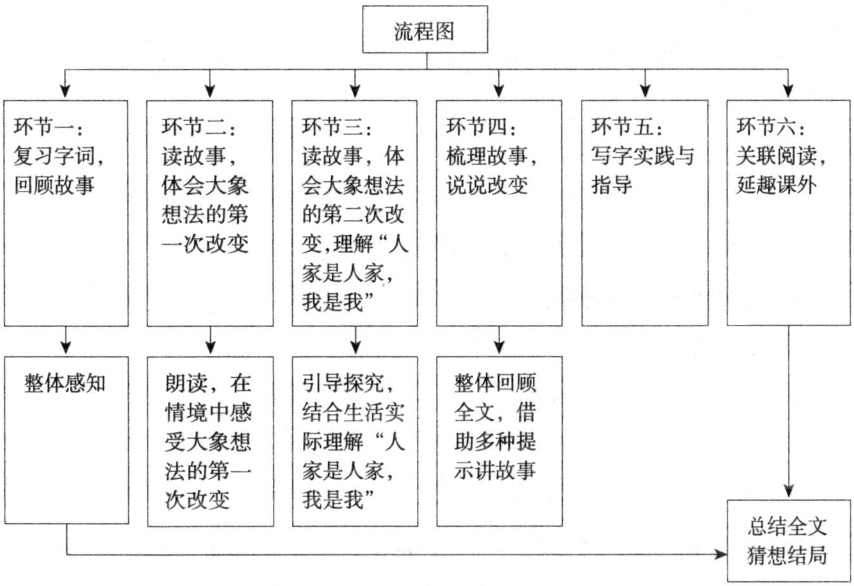

【设计亮点】

1. 根据教材特点，围绕“改变”，结合情境，借助体验、想象、对比、交流、故事再造等方式引导学生体会大象想法的变化。同时借助关键语句、大象心情变化图及插图帮助学生自主体会梳理大象想法的改变过程，落实“借助提示讲故事”的训练点。感悟故事蕴含的道理。

2. 关联阅读，既加深了学生对课文立意的理解，又激发了学生阅读的兴趣，丰富了学生的阅读体验。

【教学目标】

1. 学习生字新词，理解“不安”“自言自语”等词语。

2. 通过朗读课文，感受大象的心理活动，体会它想法的变化。并能结合插图、板书提示、关键句说说大象的想法是怎么改变的。

3. 结合故事内容和生活经验，对“人家是人家，我是我”有初步的理解。

【教学重点】

1. 结合情境，通过朗读、想象、比较、故事再造等方式感受大象的心理活动，体会它想法的变化。

2. 让学生结合插图，板书提示，重点句说说大象的想法是怎么改变的。

【教学难点】

结合故事内容和生活经验，初步理解“人家是人家，我是我”这句话。

【教学过程】

课前准备 3 分钟的导入语。

由绘本故事《小猪变形记》的动画导入，（播放 PPT）引发学生的兴趣，为朗读新故事做准备，为最后的课外阅读推荐做铺垫。

（一）复习字词，回顾故事

（1）了解词语。

竹竿　　头痛　　后来

跳舞　　毛病　　最后

（2）理解词语“耷拉”“竖着”。

回顾课文内容，知道大象的耳朵耷拉着，其他小动物的耳朵竖着。通过贴一贴、做一做等环节初步感知只有大象的耳朵和其他动物不一样。

（3）复习多音字“扇”“似”。

分别读读词语，再读长句子：

大象有一对大耳朵，像扇子似的耷拉着。有虫子来的话，大象只要把他的大耳朵一扇，就能把它们赶跑。

【设计意图：复习巩固重点词语，朗读相关句子：重点理解“耷拉”“竖着”，暗示大象与“人家”“不同”，为下面的学习理解做好铺垫。】

（二）读故事，体会大象想法的改变

1. 读故事，体会大象想法的第一次改变

（1）找读课文 2~8 自然段动物间对话。

朗读 2~8 自然段，整体感知。

（2）角色体验。

（播放无声视频）师生合作给动画配音。

（3）体会大象的感受，理解大象说的话。

问：这么多小动物都说大象的耳朵有毛病，大象心里什么滋味呀？

（4）对比一、二句，体会大象想法的改变。

此时此刻大象是这样想的？那它原来是这样想的吗？快点找到它原来说的话，画下来。

你有什么发现？

说一说大象想法的第一次改变。

【设计意图：通过朗读2~8自然段，结合情境情节，借助朗读、想象、体验、比较等多种方式体会大象想法的改变。】

2. 读故事，体会大象想法的第二次改变。理解“人家是人家，我是我”。

（1）想象画面感受大象第一次改变后的痛苦。

朗读第九、十、十一自然段，体会大象第一次改变后很难受的感觉。

师：大象想要改变自己，他是怎么做的？

采访学生：假如你是大象，你把耳朵撑起来，感觉怎么样啊！

你能想象当时大象痛苦的样子吗？能用一个词说说吗？老师读，大家闭上眼睛听。

（2）联系上下文和生活实际理解“人家是人家，我是我”。

①朗读最后两个自然段。

问：把耳朵竖起来太难受了，大象要怎么做呢？又会说什么呢？

创设情境：第二天，他又遇到小兔子，小兔子说：“哎，大象啊，你的耳朵竖起来不是挺好的吗，怎么又放下来了？”

小结：你们说得真对，每个动物的耳朵都有自己的特点，大象的耳朵呀，还是耷拉着好。所以大象说（　　）。（板书：人家是人家，我是我）

②引导探究，总结提升，联系生活理解“人家是人家，我是我”。

能结合课文内容说说你是怎么理解这句话的吗？

总结：生活中也是这样，每个人都有自己独特的地方，要正确对待别人的看法，要有自己的判断，不盲目改变自己。

（联系生活理解、举例）

3. 梳理故事，说改变

（1）借助大象三句话回顾全文，体会大象想法的改变及心情的变化。

借助微信表情包感受大象的心情。

（2）讲故事。

【设计意图：借助朗读、交流体验、想象等方式，感受大象把大耳朵撑起来的“痛”。结合课文内容和生活实际理解“人家是人家，我是我”。借助表情符号，梳理大象想法改变的过程。练表达说改变。】

（三）写字实践与指导

1. 出示生字：安、最。

2. 观察字形，交流写字要领。

3. 学生描红、书写，教师强调书写姿势。

4. 展示学生作品，集体评价。

5. 修改生字后，再写两个。

【设计意图：加强自主写字实践，提高比评意识。教师进行关键指导，促进学生更好更快地提升。】

（四）作业，关联阅读，延趣课外

激发学生阅读兴趣，向学生推荐《小猪变形记》。

【设计意图：关联阅读，延趣课外，推荐绘本读物《小猪变形记》，与课前导入相呼应，丰富外延，加深对课文立意的准确理解，培养学生的阅读兴趣和习惯。】

【板书设计】

（北京市通州区宋庄镇中心小学，何金玉，教龄 20 年）

【评课建议】

以“语言文字”为载体，品悟童话之美。

（一）紧扣教材的特点

部编版教材的特点是人文主题与语文要素双线并存，教师紧紧围绕教材这一特点进行教学设计。本课是第七单元的首课，教师授课中紧紧围绕“改变”，让学生结合情境，借助体验、想象、对比等方式初步理解大象想法的改变。同时进行了借助提示讲故事的训练。例如课堂上利用插图、利用大象的三句话、利用大象心情的变化来讲故事，很好地落实了“借助提示讲故事”这一训练点。

（二）尊重儿童的特点

本课从儿童的认知出发，利用图画、头饰等直观图像把学生带入故事情境，充分激发学生学习的兴趣。同时通过老师的范读让学生模仿着读好问句，并反复读小动物间的对话，进而走进故事，进行角色体验，为讲好故事做准备。理解“人家是人家，我是我”这句话，对二年级的学生来说是个难点，学生很容易偏离课文的立意。教学中紧紧围绕故事内容理解每个动物的耳朵都有自己的特点，而且把这种理解拓展迁移到生活中去，在迁移的过程中，为了充分尊重学生的感受，教师采用了反向提问的方式。本节课充分落实了识字写字的学习任务，通过自主识字、对比范字、互相评改发挥了学生学习的主动性、自觉性。

（三）品品读读，感悟童话的语言之美

童话中简洁、流畅、生活化的语言，对于发展儿童的语言应用能力有积极的作用。童话中对话比较多，能塑造出性格迥异、栩栩如生的童话形象，有利于训练孩子的表达能力。例如，在本节课中，教师通过各种形式的朗读，引导学生读读品品小兔子的话和大象的话，以此让学生感悟到童话的语言之美。

（四）合作表演，体验童话的形象之美

一篇童话，就是一个童话剧，表演童话，符合小学生好动的特点。本节课中，老师带领学生走进文本，走进人物。在课堂中，学生们将童话故事表演得活灵活现。这样的教学设计，让学生在不知不觉中走进了童话世界，融入了童话之中，成了童话中的一员，体验到了童话形象之美，这种体验是一般的阅读学习所不能达到的，是真正关注学生的实际获得的教学活动。

（五）彰显时代特点

这位教师紧跟时代的潮流，把学生最需要的东西，以最能被接受的方式传递给学生。本课为了让学生更直观地体会大象心情随着想法的改变而变化，教师利用了一组微信表情包，这种喜闻乐见的方式，不仅帮助学生梳理了大象的心情，而且也为学生讲故事搭了一个梯子。

（六）提供材料，增加阅读童话的兴趣

教材文本仅仅是一个例子，对童话的阅读不应该只停留在课堂当中。因此，在本节课中，老师为学生推荐了课外阅读书籍。将课内外阅读进行有效的结合与延伸，是对学生可持续学习的关注。

《赵州桥》教学设计（第二课时）

【教材分析】

本文是由著名桥梁专家茅以升所写。文章朴实无华，短短400字的文章，从桥的来历、特点、自豪之情三方面说清赵州桥的特点，文章用词优美，使用了比喻、拟人、排比等修辞技巧，为了说明桥身特点，文章还采用了列数字、举例子等说明方法，使说明更具有信服力。这篇课文中最为经典的就是“赵州桥不但坚固，而且美观”，这是典型的过渡句，需要学生反复体会过渡作用。本文中的第二自然段中出现了“雄伟”，但是本段话是围绕“坚固”所写，这一点特别需要注意。

本课是北京版四年级上册第五单元的一篇精读课文，从课前导读来看，教师需要对中心句给予足够的重视，在课上要引导学生认清什么是中心句及中心句的作用。这既是学生现实中学习的难点，也是四年级学习的重点，教师在教授过程中要给予学生足够的时间，带领学生充分自学，充分读书，适当引导，求证答案。

【教学目标】

1. 引导学生有感情地朗读课文，通过品词析句，想象品读等方式，对古代劳动人民产生由衷的自豪之情。

2. 引导学生学习作者善于抓住事物的特点的写作技巧，以及体会文中过渡句的作用。

3. 继续训练学生抓住关键词语、概括主要内容的能力。

【教学重难点】

1. 教学重点

学习作者善于抓住事物特点写具体的写作技巧，认识过渡句，学习表达方法。

2. 教学难点

提升抓住关键词语，概括主要内容的能力。

【学情分析】

学生升入三年级后，对于词语的理解比较到位，但对于体会词语中表情达意的作用理解不清，不能准确把握作者想通过词语所要传递的情感；学生对于段落的学习有了初步的理解，例如对段落中出现的中心句比较敏感，但对于怎样辨析中心句、总起句、重点句还有一定的困难。

其次，学生在写作方面存在问题，例如写景类的文章，怎样写清楚层次，怎样抓住特点写具体等存在困惑。

前测问卷：

一、看拼音写词语。

suí cháo　　qiáo dūn　　chán rào　　huǐ miè

二、仔细读一读下面的句子，说一说运用了什么修辞方法，好处是什么。

有的刻着两条相互缠绕的龙，嘴里吐出美丽的水花；有的刻着两条飞龙，前爪相互抵着，各自回首遥望；还有的刻着双龙戏珠。

____

三、判断下面的句子在文中起到什么作用。

1、赵州桥非常雄伟。桥长 50 多米，有 9 米多宽，中间行车马，两旁走人………

____

2、这座桥不但坚固，而且美观。桥面两侧有石栏，栏板上雕刻着精美的图案……

____

【教学过程】

（一）激发兴趣，板书导入

同学们，你们都见过什么样的桥？今天，我们就一起走近一座古代石拱桥，

它的名字叫作——赵州桥。（出示图片）

【设计意图：出示图片，吸引学生注意，引出课题，建立认知联系。】

（二）复习基础知识，掌握生字

1. 看拼音写词语。

suí cháo　　qiáo dūn　　chán rào　　huǐ miè

2. 正音。

洨河　栏杆　安济桥　相互抵着　爪子　前爪

3. 请同学们回忆课文内容，说一说赵州桥有什么特点。教师随机板书：坚固、美观。

【设计意图：1. 观察学生书写和朗读中存在的问题，及时发现并解决问题。2. 纠正“爪”的两个读音。3. 回忆课文内容，巩固已有认知。】

教师语：我们首先看看作者是怎样写赵州桥坚固的吧。

（三）细读课文，思考段意

1. 谁来说一说这段话的主要内容？

赵州桥非常雄伟。桥长60多米，有9米多宽，中间行车马，两旁走人。这么长的桥，全部用石头砌成，下面没有桥墩，只有一个拱形的大桥洞，横跨在37米多宽的河面上。大桥洞顶上的左右两边，还各有两个拱形的小桥洞。平时，河水从大桥洞流过；发大水的时候，河水还可以从四个小桥洞流过。这种设计，在建桥史上是一个创举：既减轻了流水对桥身的冲击力，使桥不容易被大水冲坏，又减轻了桥身的重量，节省了石料。

预设1：赵州桥非常雄伟。

预设2：赵州桥非常坚固。

预设3：赵州桥非常雄伟，并且坚固。

2. 同学们，你们看，同一段内容，却有着不同的答案。如果我们在概括主要内容时出现问题，应该怎样检查呢？

我们知道一段话是由几句话构成的。要是弄清每句话的意思，段意也就清楚了。接下来，我们逐句读一读、说一说，每句话各讲了什么。

赵州桥非常雄伟。桥长 60 多米，有 9 米多宽，中间行车马，两旁走人。这么长的桥，全部用石头砌成，下面没有桥墩，只有一个拱形的大桥洞，横跨在 37 米多宽的河面上。大桥洞顶上的左右两边，还各有两个拱形的小桥洞。平时，河水从大桥洞流过；发大水的时候，河水还可以从四个小桥洞流过。这种设计，在建桥史上是一个创举：既减轻了流水对桥身的冲击力，使桥不容易被大水冲坏，又减轻了桥身的重量，节省了石料。

3. 同学们，你们发现了什么问题？

预设 1：这段话画线的部分写了赵州桥的外观雄伟，未画线的部分主要写了它的建筑坚固。

预设 2：这段话写建筑坚固的内容更多一些。

4. 谁来试一试，再次概括这段话的主要内容。

预设 1：赵州桥雄伟、坚固。

预设 2：赵州桥既雄伟，又坚固。

预设 3：赵州桥不但雄伟，而且坚固。

教师语：在概括主要内容时，我们要注意语言简练，这几位同学都做到了，如果我们能恰当使用一些关联词语，则效果更加突出。

【设计意图：这段话中的"赵州桥非常雄伟"不能简单说成是中心句。本段话既写了赵州桥的雄伟，更具体说清了赵州桥为什么这样设计与建造，突出坚固。所以本段话更适合逐句读，串联要点，概括段意。】

（四）品读文字，体会精妙

既减轻了流水对桥身的冲击力，使桥不容易被大水冲坏，又减轻了桥身的重量，节省了石料。

1. 谁再来找一找这段话中的关联词语，并思考作用？

（1）读一读，并思考关联词语的作用。

（2）说一说，日常说话使用并列关系的关联词语会有什么好处。

赵州桥非常雄伟。桥长 60 多米，有 9 米多宽，中间行车马，两旁走人。这么长的桥，全部用石头砌成，下面没有桥墩，只有一个拱形的大桥洞，横跨在 37 米多宽的河面上。

2. 我们再读一读这几句话，思考这些数字的作用。

3. 训练批注，强化记忆。

请同学们将这些下划线文字在课文中圈画，并在文字旁边标注它所用的技巧。

教师语：批注，是在小学中段里要训练的一项能力。通过批注，我们能迅速将自己在阅读时的想法写下来。批注不用写很多字，关键词语，点滴想法就不错。

4. 品读，尝试对下划线文字加重语气，体会作者所表达的情感。

5. 这段话写出了赵州桥不但（　　），更加（　　）的特点。采用列数字的说明方法，可以让文章更加（　　）。

【设计意图：读写结合，要求学生品读文字，抓住“既……又……”“60 多”等关键词语，体会作者的写作目的，训练学生做批注的能力，培养学生的朗读能力。】

（五）图文结合，体会美观

1. 自学提示。

（1）这个自然段是围绕那句话写的？标画出来。

（2）想一想，作者用了什么技巧？圈画词语，体会其表达的语气。

2. 核对答案。

3. 图文结合，体会赵州桥的美观。

（1）细读文字，对照图片，发现问题。

这座桥不但坚固，而且美观。桥面两侧有石栏，栏板上雕刻着精美的图案：有的刻着两条相互缠绕的龙，嘴里吐出美丽的水花；有的刻着两条飞龙，前爪相互抵着，各自回首遥望；还有的刻着双龙戏珠。所有的龙似乎都在游动，真像活了一样。

教师语：同学们，你们发现这幅图存在什么问题了吗？两条龙相互缠绕的样子从唐代起就没有了，当今，只有赵州桥的栏杆图案中还保存着比较完整的图案，你们想看一看吗？

（2）激发兴趣，引发好奇，欣赏图片。

教师语：在 1400 多年的风雨沧桑中，赵州桥不知经历了多少战火纷飞、风霜雨雪、地质灾害，它不但保存了下来，而且依然是那样（　　）。

（3）请同学们填上一个恰当词语。

预设 1：美丽。

预设 2：图案美观。

预设 3：栩栩如生。

（4）补充词语。

千姿百态　　姿态万千　　姿态各异

活灵活现　　惟妙惟肖　　栩栩如生

（5）选择自己喜欢的 1~2 个词语，写在图旁，并试着读出词语的语气。

【设计意图：图案美，文字更美。如何将两者结合在一起？教师故意弄混一张图片，引发学生学习兴趣，探究图片，既达到鉴赏的目的，又引发学生的好奇心。让学生欣赏新的照片，体会图案的精美，并培养学生积累好词佳句的能力。】

4. 思考过渡的作用。

（1）观察这句话，思考它的作用。

这种设计，在建桥史上是一个创举：既减轻了流水对桥身的冲击力，使桥不容易被大水冲毁，又减轻了桥身的重量，节省了石料。

这座桥不但坚固，而且美观。桥面两侧有石栏，栏板上雕刻着精美的图案……

（2）过渡句的好处就是可以让文章前后联系更加自然、紧密。它的作用：承上启下。

（六）拓展阅读，读写结合

1. 思考本文首尾段的作用。

河北省赵县的洨河上，有一座世界闻名的石拱桥，叫安济桥，又叫赵州桥。它是隋朝的石匠李春设计和参加建造的，到现在已经有 1400 多年了。

赵州桥表现了劳动人民的智慧和才干，是我国宝贵的历史遗产。

（1）读一读文章的首尾。

（2）想一想，这两段话是否可以删去，为什么？

首段话写出桥的位置、设计师等总体情况。

末段话写出桥的珍贵和作者的情感。

2. 引出提纲，关注写作。

（1）结合板书，完成提纲。

- 赵州桥
  - 开　头：________
  - 景物特点：
    - ________
    - ________
  - 结　尾：________

（2）拓展阅读，完成提纲。

美丽的北海公园

北京的北海公园，是世界上保存最完好的古代皇家园林之一。它那秀丽的湖光山色和各式各样的建筑闻名世界。

北海公园的中心是琼岛。它四面环水，景色十分美丽。那里到处是苍松翠柏，绿树鲜花，还有高大的宫殿庙宇，精巧的亭台楼阁，以及长廊短桥，怪石奇洞，如同仙境一般。岛的周围水面开阔，湖水平静得像一面大镜子，映出了蓝天白云的影子，也映出了琼岛那美丽的倒影。

琼岛上的白塔，高大雄伟。它遍身洁白，犹如一尊精美的白玉石瓶。塔基有三层，每层都有一人多高，塔身高 30 多米，最大处直径有 14 米。高高的塔顶上，覆盖着镏金宝盖，宝盖上悬挂着一只只铜铃，微风吹过，铜铃摇动，发出悦耳的声音。

湖北岸的五龙亭，造型别致，五座亭子都建在靠近湖岸的水中。中间的一座最高大，亭檐有两层。上面一层是圆的，下面一层是方的。小亭的两层亭檐都是方的。亭子里面的横梁上、顶板上，都刻着龙、画着龙。五座亭子都有深蓝色的亭顶，朱红色的亭柱，还有汉白玉的护栏，它们之间有曲折的石桥相连。远远望去，五龙亭就像一条巨龙，在湖边戏水。

北海公园的景点数不胜数，吸引着越来越多的中外游客。

- 北海公园
  - 开　头：________
  - 具体景物（景物 / 特点）：
    - （　　）________
    - （　　）________
    - （　　）________
  - 结　尾：________

【设计意图：拓展阅读要服务于课内教学，要选择类型相同、结构上相似的文章，并将着眼点放在提纲的指导上，希望对学生学写此类文章有所帮助。】

（七）能力提升，布置作业

1. 知识回顾，能力提升。

（1）《赵州桥》这篇文章，先总体写了赵州桥的（　　），接着具体写出赵州桥的特点是（　　），最后还写出了作者对李春等中国古代劳动人民的（　　）。

（2）介绍景物，一定要抓住事物的（　　），为了将特点写具体，我们可以采用（　　）等方法。

（3）过渡的作用在于（　　）。

2. 布置作业。

请你以导游的方式，向家长介绍赵州桥。注意按照一定的顺序说清内容。

【设计意图：作业设计，既要以作业为载体，回顾课文内容，又要巩固本课重点内容，通过学生向家长说一说这一家庭作业，督促学生再次用上提纲，借助提纲将课文内容说清、说全。】

【板书设计】

	概况	举世闻名		
		外观雄伟	结构坚固	举例子
30.赵州桥	特点			列数字
		图案精美		排比
	抒情	智慧与才干		

（北京小学通州分校，王汉博，教龄25年，北京市语文骨干教师）

【评课建议】

《赵州桥》的作者是著名桥梁专家茅以升，文章朴实无华，用词优美，结构富有逻辑，是一篇很好的写景文章，学习这篇课文不仅有助于学生体会写景文章语言的美妙，更有助于学生学习如何写出一篇结构紧凑、描写具体的写景文章，教师通过具体讲述文章中的段落来让学生学习写景文章的结构，并且关联阅读《美丽的北海公园》，加深学生们对写作规律的理解和记忆。

（一）读写结合，习作贵在日常

阅读理解和写作是语文学习中容易让人头疼的问题，教师苦于指导不到位，学生苦于不会想，其原因在于我们在日常学习中把阅读理解和作文割裂得太厉害，所以我们要树立课文即范文的观点，将阅读训练和写作训练放在日常。本课中，王老师将拓展阅读和课文很好地结合在一起，讲练结合、读写结合。在阅读环节，王老师有意识地将作文提纲引出来，先结合板书，完成本课提纲，再要求学生结合拓展材料，再次完成提纲，既巩固所学内容，又巩固提纲作用，既为学生学习本篇课文的语言打下很好的基础，又带领学生在品读语言的过程中感悟写景文章的结构。

（二）尊重学生，培养学生的自学能力

在理解课文第二自然段时，先由学生发现这段话在段意上的问题，再引发学生怎样解决问题：读懂每句话的意思，再串联句意，概括段意；最后帮助学生理解坚固与雄伟的联系。在这个环节设计上体现了老师充分掌握学生的学习状况，并因势利导，培养学生自己发现与解决问题的能力，对学生阅读能力的培养比较到位。

（三）日常训练，贵在一个“真”字

本课教学中，教师先后对学生的看拼音写词语、正音、标画、批注、关联词语、列数字、积累好词佳句、概括段意、写提纲等能力开展训练，展现日常语文课的基本环节设计。这些训练贵在日常，贵在常抓不懈。语文课，要提高学生的语言素养，要从点滴训练做起；语文课，要培养学生的语感，语感要从读清、读懂内容做起。

（四）关联阅读，巩固成果

在本课教学中，教师关联了文章《美丽的北海公园》，通过阅读这篇文章，教师引导学生发现写景文章的一些共性，通过学习共性，即规律性的东西，让学生学习一些写景文章的写作方法，体会写景文章语言的魅力。

《走近诸葛亮》教学设计（第二课时）

【教材分析】

本教学设计整合了人教版五年级下册的《草船借箭》、苏教版六年级下册的《空城计》和《三国志·蜀书·诸葛亮传》中的片段，形成一组文章。《草船借箭》和《空城计》都节选自《三国演义》，两篇课文中诸葛亮都想出了常人想不到的办法，化解了危机。两个故事互为印证，让人感受到诸葛亮的“神奇”之处。《三国志》的引入，则颠覆了学生对诸葛亮的既定印象，对已有认知形成冲击，让学生从另一个角度重新认识诸葛亮这一历史人物。

【学情分析】

《走近诸葛亮》前测单

1. 在你的心目中，诸葛亮是一个什么样的形象？请你用一个或者几个词来形容他。

____

2. 为什么你会对诸葛亮有这样的印象？请简单说说理由。

____

3. 你通过什么渠道获得对于诸葛亮的这种印象？

A. 小说版《三国演义》　　B. 电视剧版《三国演义》

C. 与《三国演义》相关的网络游戏　　D.《三国志》

E. 其他

____

上课之前，我用问卷做了一个前测。结果显示，在学生心中诸葛亮的形象是料事如神、神机妙算、绝顶聪明。但是，对于这样的认知，学生基本上是从粗略的故事情节中获得的，并不能详细说出诸葛亮神奇之处的具体表现。并且他们获取认知的渠道是小说或者电视版的《三国演义》，以及与之相关的网络游戏，很少有人接触过《三国志》。由此可见，学生对于诸葛亮的认识粗浅而片面。

【教学目标】

1. 引导学生理解诸葛亮的神奇之处。

2. 让学生知道评价历史人物要全面、客观。

【教学重点】

引导学生理解诸葛亮的神奇之处。

【教学难点】

让学生知道评价历史人物要全面、客观。

（一）论才智卓然不群，知诸葛千古传奇

1. 同学们，大家看过不少的书，在书中认识了解了很多人物，今天我们就来走近一位鼎鼎有名的历史人物，他就是诸葛亮。能说说你对诸葛亮的印象吗？

2. 看来每个人心中都有一个诸葛亮。

人也？神也？仙也？吾不知之，真卧龙也！——苏轼

其出奇制胜如风雨之飘忽，如鬼神之变怪。——明末清初著名学者屈大均

诸葛亮神机妙算，吾不如也！——周瑜

我们会发现这些人在评价诸葛亮时不约而同都用了一个字“神”。（板书“神”）对这个字，你怎么理解？

【设计意图：从“神”入手，既抓住了人们对诸葛亮的普遍印象，又激发了学生的学习兴趣。】

（二）出奇谋化险为夷，品诸葛神机妙算

1. 提取信息、感知处境之危

（1）诸葛亮究竟“神”在什么地方呢？接下来我们通过《草船借箭》和《空城计》这两篇文章来了解他。

（2）请同学们浏览两篇课文，看看课文分别讲了什么故事，让我们感受到诸葛亮的“神”。

引导学生提取信息。

周瑜故意为难诸葛亮，让他在十天之内造十万支箭，诸葛亮却说只要三天并立下军令状。诸葛亮请鲁肃帮忙，在第三天四更趁大雾向曹军借来十万多支箭，周瑜自叹不如。

司马懿带领十五万大军攻打西城，诸葛亮却在没有兵将的情况下打开城门，让老兵扮成百姓，自己在城楼上喝酒弹琴，司马懿见此情形以为有埋伏，迅速撤兵。部下都很佩服诸葛亮。

（3）我们一起来关注一下，这两件事发生时，诸葛亮分别面临着怎样的处境？

《草船借箭》时，周瑜想借让诸葛亮在十天内造十万支箭这个不可能完成的任务除掉诸葛亮。从周瑜和诸葛亮的对话中，我们感受到诸葛亮被逼入困境。

《空城计》司马懿率领 15 万大军压境，诸葛亮在西城，身边却没有能打仗的军士，生命受到威胁。

（出示诸葛亮与周瑜的对话、空城计中关于战争场面的描写）指名读，感受情况危急。

“我们就要跟曹军交战。水上交战，用什么兵器最好？”

“用弓箭最好。”

“对，先生跟我想的一样。现在军中缺箭，想请先生负责赶造十万支。这是公事，希望先生不要推却。”

“都督委托，当然照办。不知道这十万支箭什么时候用？”

“十天造得好吗？”

“既然就要交战，十天造好，必然误了大事。”

“先生预计几天可以造好？”

“只要三天。”

“军情紧急，可不能开玩笑。”

“怎么敢跟都督开玩笑。我愿意立下军令状，三天造不好，甘受惩罚。”

“今天来不及了。从明天起，到第三天，请派五百个军士到江边来搬箭。”诸葛亮喝了几杯酒就走了。

——《草船借箭》

话说三国时魏国的名将司马懿占领了街亭以后，亲自带领十五万大军向西城这个地方来了。诸葛亮到城头一看，果然尘土飞扬，魏军兵分两路向西城杀来。

——《空城计》

（4）两个故事一开始就让我们感受到形势十分危急。再看看，这两部分在表达方式上有什么不同。（草船借箭是语言描写，空城计是对战争场面的直接描写，不同的表达方式却有相同的效果）

【设计意图：感受两个故事发生时，诸葛亮面临的危险处境，将学生带入情境之中，为后文从诸葛亮的做法中体会“神”做铺垫。学生通过比较，发现作者写作方式不同却能给读者带来相同的感受。】

2. 归纳概括、梳理解危之法

（1）接下来请同学们梳理一下在这么危急的情况下诸葛亮都做了什么。以小组为单位完成学习单。

	《草船借箭》	《空城计》
情况危急	造箭十万，欲除诸葛	城内空虚，大军压境
诸葛亮的做法		

小组内讨论填写，交流汇报。

	《草船借箭》	《空城计》
情况危急	造箭十万，欲除诸葛	城内空虚，大军压境
诸葛亮的做法	1. 找鲁肃借船只、军士、草把子、青布幔 2. 前两天按兵不动，第三天四更时请鲁肃一起去取箭 3. 趁着江面大雾弥漫，靠近曹军水寨，让军士擂鼓呐喊 4. 天渐亮，雾没散，让军士齐喊“谢曹丞相的箭”顺风顺水回到南岸	1. 把所有旗子收起来，城里人不许随便出入，也不许大声说话 2. 四面城门都打开，每个城门口二十多个老兵扮成百姓打扫街道 3. 诸葛亮披上鹤毛大衣，带上丝织头巾，带两个小童登上城楼，喝酒弹琴

找一个小组到讲台上汇报，其他小组补充。

3. 合作探究，品读做法之神

（1）小组合作，归纳关键词。

依据诸葛亮的做法，你认为他的“神”表现在哪些方面？请以关键词的形式总结出来。（学生小组合作讨论）

预设：知天文、懂地理、识人心、考虑周全……

A. 识人心。

知道周瑜是故意为难自己，早已想好对策。诸葛亮笑着说：“雾这样大，曹操一定不敢派兵出来。我们只管饮酒取乐，天亮了就回去。”

知道鲁肃忠厚，请鲁肃帮忙做准备。

知道司马懿生性多疑，看到此情此景会退兵。

B. 知天文。

这时候大雾漫天，江面上连面对面都看不清。

三天前就算出第三天四更时会有大雾，所以才会和周瑜立下军令状。

C. 懂地理。

顺风顺水全身而退（地势、风向）。

D. 考虑周全。

准备军士、船只、草把子、青布幔。诸葛亮下令把船头朝西、船尾朝东，一字摆开，又叫船上军士一边擂鼓，一边大声呐喊。调转船头，均匀受箭。

诸葛亮传下命令，叫把所有的旗子都藏起来，城里的人不许随便出入，也不许大声说话，把四面城门全都打开，每个城门口二十个老兵扮成老百姓的模样，拿着扫帚打扫街道，如果魏兵到了，不要惊慌失措。诸葛亮吩咐完了，自己把讲究的鹤毛大衣一披，戴上丝织的头巾，领头两个小童登上了城楼，坐在城楼上喝酒弹琴。

小结：正是因为诸葛亮考虑周全，识人心、懂地理、知天文，所以才取得了成功。

周瑜的表现：

周瑜长叹一声，说："诸葛亮神机妙算，我真比不上他！"

部下的表现：

部下都很佩服他，说他无论什么时候都能想出办法来。

这正是诸葛亮的神奇之处。

（2）比较故事，发现叙事结构。

本课梳理了两个故事，了解了诸葛亮的"神"，你们发现这两个故事的相似之处了吗？

A. 两件事都是在万分危急的情况下发生的。

B. 诸葛亮都是镇定自若，运筹帷幄。

C. 两个故事中诸葛亮都取得了胜利，展现了诸葛亮无所不能的神奇之处。

	《草船借箭》	《空城计》
情况危急	造箭十万，欲除诸葛	城内空虚，大军压境
诸葛亮的做法		
结果如何		

诸葛亮总能在危急时刻，化险为夷，创造奇迹，他的这些过人之处，也是人们觉得他"神"的地方。（板书：过人之处）

（3）学生讲故事，深化认识。

你还知道哪些能体现诸葛亮"神"的故事？给大家讲一讲。（先同桌互讲，再在班内讲）

【设计意图：把分析文本、研读课文的时间都还给学生，让学生充分地自读自悟，讨论思考形成共识，引领学生感受诸葛亮不同常人之处，明显的异同点可以启发学生再次思考，再次引发探究。给学生充分表达的机会。】

（三）据史料拨云见日，明诸葛亦非神话

1. 在《三国志·蜀书·诸葛亮传》中有这样一段描述：

然亮才，于治戎为长，奇谋为短，理民之干，优于将略。而所与对敌，或值人杰，加众寡不侔，攻守异体，故虽连年动众，未能有克。

这段话是陈寿对诸葛亮的评价，总结了诸葛亮的才干。这段话是什么意思呢？

诸葛亮擅长整治训练军队，治理百姓，在制敌为将方面的才能是欠缺的。本应该采取守势的蜀国却频频主动进攻魏国，正是因为他战略上的失误，才导致蜀国不能取得成功。

小结：看来诸葛亮有长处，也有不足之处。他和我们普通人一样。（板书：不足之处、人）

2.《三国志》这本书更为客观地评价了诸葛亮，更真实地记录了当时的历史事件。（出示《三国志》《三国演义》两本书的封面）

看看这两本书的书名，一本是《三国演义》，一本是《三国志》，你能发现它们的异同吗？

《三国演义》与《三国志》写的都是三国时期的历史，《三国演义》对真实的事件进行了艺术加工，《三国志》则原原本本地呈现了当时的史实。

3. 同学们不光要读《三国演义》，了解一个被神化了的诸葛亮，还应该读读《三国志》，去了解一个更为真实的诸葛亮。

【设计意图：通过两本书中内容的比较继而引发到两本书的比较，对学生已有认知产生冲击，让学生了解到广为流传的故事不一定是真实的，演义类的小说有虚构的成分，对于历史人物，我们应该多角度多方面地去认识、探究。】

【板书设计】

走近诸葛亮	
神	人
过人之处	不足之处

（北京市通州区中山街小学，鹿洁琼，教龄 11 年，通州区小学语文骨干教师）

【评课建议】

本节课教师设计整合了人教版五年级下册的《草船借箭》、苏教版六年级下册的《空城计》和《三国志·蜀书·诸葛亮传》中的片段。由于认识到学生对于诸葛亮的认识粗浅而片面。教师通过关联阅读的方式带领学生走近诸葛亮，走进古典名著《三国演义》《三国志》，让学生多方面、全方位地认识历史人物。

（一）前测助力，靶向施教

本课教师借助课堂前测，了解了学生的已知知识点和知识盲点，因此教师重新整合课文内容，准确定位重难点，靶向施教。学生已经知道的教师要少讲或者不讲，多给学生呈现一些他们不知道的内容，可以让学生增加学习的兴奋点，也可以让他们在认识的宽度和广度上都有所提升。通过学习效果评价可以了解到学生对诸葛亮的认识变得客观、全面了，学生以后在学习评价历史人物时也可避免以偏概全。

（二）多元整合，拓宽视野

本教学设计整合三篇文章，不仅通过《草船借箭》和《空城计》两篇文章让学生理解了《三国演义》中诸葛亮的神奇之处，两篇文章互为印证，而且让学生深信不疑地认为诸葛亮就是一个“神”。引入《三国志》后又让学生认识了历史上真实的诸葛亮，对学生已有的认知形成冲击，激起他们重新认识诸葛亮的欲望，从而拓宽了学生的视野的深度和广度。

（三）比较阅读，发展思维

本教学设计中多次有效使用比较这一阅读策略，将《草船借箭》与《空城计》进行比较，总结出了作者讲故事的叙述模式与写作方法。将《三国演义》与《三国志》进行比较，让学生了解了文学作品与史书中人物形象的异同，学会用辩证的方法思考问题，使思维得到发展与提升，提高了学生的语文核心素养。学生以后再遇到同样既出现在文学作品中又史书中的人物，能够更深层地去想一想、查一查，了解更加完整真实的人物形象。

（四）突破单篇，关联教学

本教学设计突破以往单篇授课的模式，将两篇文章并重、并行讲授。在学习、研读的过程中不但引领学生深入地理解文本、完成对人物的认识，而且让学生在比较与联系的过程中，从写作内容到表达方式都有了更为清楚的认知。相较于传统的单篇教学而言，多篇教学更注重对于规律的把握，将学生的知识体系引向多元。

从《夸父追日》走向《精卫填海》《后羿射日》教学设计

【教材分析】

《夸父追日》是北京版教材三年级下册一篇略读课文。《夸父追日》是我国著名的神话之一，最早见于《山海经·海外北经》，讲的是夸父追赶太阳、长眠虞渊的故事。

正如叶圣陶老先生所说："教材无非是个例子""教是为了不教"；又如窦桂梅老师所说："课堂不是展示，而是生成。"因此，可以通过学习《夸父追日》这篇课文，以读书会的形式带出多个神话故事，让学生从中学习读书的方法，培养自己的阅读兴趣，提高自己的阅读能力。

【学情分析】

到了中年级段，故事依然是学生们的最爱。中段学生从喜欢故事情节到慢慢留意故事情节是怎样建构的；从体验故事里主人公的喜怒哀乐到开始慢慢尝试着用自己的语言将故事复述出来。随着识字量的增加，他们已经摆脱阅读时对大人的依赖，从听大人们讲故事逐步过渡到自己学着独立阅读，这是阅读能力提升的一个表现，这个阶段也是学生阅读时最容易感到困惑的阶段。因此教师在阅读指导方面要注意跟低学段衔接，注意提高学生的阅读兴趣。课外阅读是对课内阅读的一个有益的补充，适当泛读，以课内的阅读方法指导这一年段的学生掌握与运用相应的课外阅读的方法，可以逐步增加学生的阅读量，提高他们的阅读能力。

【教学目标】

1. 通过共读《夸父追日》，构建共同的话题，拓展课外阅读范围，提高阅读兴趣和口语表达能力。

2. 通过读书培养阅读的兴趣，提升阅读品质，增强对祖国优秀文化的热爱之情。

3. 通过朗读、讨论和复述课文等多种方式，体会神话传说的神奇，感受古人丰富的想象。

【教学重点】

培养学生阅读的兴趣，提升学生的阅读品质，增强学生对祖国优秀文化的热爱之情。

【教学难点】

通过朗读、讨论和复述课文等多种方式，感受古人丰富的想象。

【教学过程】

（一）复习

回忆《夸父追日》的内容，用自己的话讲讲这个故事。

【设计意图：让学生复述课文大意或主要内容，培养学生倾听的能力和复述课文的口头表达能力。】

（二）以《夸父追日》为切入点，体会神话传说的神奇

1. 学习了《夸父追日》这篇课文后，夸父给你留下了怎样的印象？或者你喜欢、佩服夸父什么？

【设计意图：从神话故事的特点方面引导学生从积极方面理解夸父的行为，从而理解夸父具有自强不息、顽强拼搏的民族精神和奉献精神、牺牲精神。】

2. 感受神话的想象和神奇。

（1）默读课文，用“______”画出让你感到很神奇的句子，细细地读一读，想想它神奇在什么地方。

（2）交流：哪些语句让你感受到了神奇？

如：“一眨眼就跑了两千里”“伏下身子，去喝黄河、渭河里的水”“霎时间两条大河都给他喝干了”，等等。

【设计意图：抓住那些最具神奇性的语句，引导学生品读感悟，体会神话传说的神奇。】

（3）用各种形式朗读，读出夸父的欢喜之情。

过渡：学习完课文后，同学们阅读了不少神话故事，现在谁来汇报一下？

（三）汇报读书单

1. 介绍自己读的神话故事。

我读了__________（故事名）这个故事，它讲的是__________。（什么事）

2. 展示读书单，学生交流汇报。

过渡：让我们一起走进这几个神话故事，看看这些故事是怎样通过丰富、夸张的笔法来展示神话故事的神奇的。

齐读本节课的活动标题：从《夸父追日》走向《精卫填海》《后羿射日》等神话故事（贴板书）

出示阅读报告：

<table>
<tr><td rowspan="2">故事名称</td><td colspan="2">从故事中得到的收获</td></tr>
<tr><td>在故事中你最喜欢的人物是谁?</td><td>喜欢的原因是什么?</td></tr>
<tr><td>《精卫填海》</td><td></td><td></td></tr>
<tr><td>《后羿射日》</td><td></td><td></td></tr>
</table>

3. 学生 2~3 人汇报，实物投影，即时生成，适当指导学生读句子。

《精卫填海》：精卫不屈不挠、有骨气。

《后羿射日》：后羿帮助人民、牺牲自己。

【设计意图：让学生汇报自己所填的阅读报告，并从文中找到相关语句进行汇报；同时拓展自己的思维，多角度理解神话故事。】

4. 以接龙游戏的方式来复述故事大意。

5. 再次体会神话故事的神奇。

（1）读读夸张、神奇的句子。

思考：为什么这些故事能吸引你?

为什么这个故事能吸引读者?

（2）学生汇报：短小、精炼、神奇、故事性强。

【设计意图：简单了解中国古典神话故事的特点，进一步体会故事的神奇。】

6. 小结。

同学们，在我国悠久灿烂的文化历史长河中，神话故事是一朵美丽的浪花。我国古代劳动人民凭借丰富、大胆的想象，创造出了一个个瑰丽、多彩、优美的神话故事。

（四）推荐阅读作品

过渡：《山海经》是我国第一部神话故事的汇编，《夸父追日》《精卫填海》就是《山海经》中的两篇神话故事。大家可以看看整本的《山海经》；同时，还有很多神话故事也非常精彩，大家课余也可以读一读，看一看，听一听，拓宽自己的视野。

投影：国内作品包括《哪吒闹海》《孟姜女》《大禹治水》《八仙过海》等；国外作品包括《普罗米修斯》《胜利女神雅典娜》等。

（五）总结

这节课我们从“夸父”走向《精卫填海》《后羿射日》（看准时机贴板书），叶圣陶爷爷曾说过：“课文无非是个例子。”我们也可以像这节课那样，从一篇课文打开一扇阅读之窗，让书香伴我们成长。

（北京市通州区潞河中学附属小学，韩新颖，教龄 20 年）

【评课建议】

《夸父追日》是北京版教材三年级下册一篇略读课文，是我国著名的神话之一，最早见于《山海经·海外北经》，讲的是夸父追赶太阳、长眠虞渊的故事。教师在讲述这篇文章时抓住了学生喜欢阅读故事的特点，为学生关联阅读《精卫填海》《后羿射日》等文章，教师通过关联阅读让学生体会神话故事短小、精炼、神奇、故事性强的特点，体会神话故事中人物不屈不挠的精神品质，课后教师又拓展了一些童话故事，带给学生较多的阅读体验，对提升学生的阅读兴趣有较好的帮助。

（一）赏析品味，欣赏文本精华

对文质兼美的文学作品，需要静心细读，体会立意构思，揣摩布局谋篇，欣赏妙词佳句，才能把书中的精华变为自己的营养知识。本课教师通过对精彩情节的赏析，对有精彩生动词句的品味，使学生初步了解了神话故事的特点，感受人物不屈不挠、勇往直前的精神品质，增强了学生的毅力和对祖国优秀文化的热爱之情。关联阅读的方式抓住了学生的兴趣点，使学生乐于去读，让学生在轻松自由的阅读中有所收获，并更大限度地激发了自己阅读的兴趣。

（二）构建共读平台，养成读书习惯

本课教师通过关联阅读为学生提供了一个阅读成果的展示平台，并给予足够的时间和机会让学生畅所欲言，交流他们在阅读过程中获得的独特的收获和体会。一方面学生从中享受了成功的快乐；另一方面通过课堂中的平等交流、相互启发，学生有了更多收获。这对他们今后阅读兴趣的培养和阅读习惯的养成起了不可或缺的作用。

（三）主题阅读，提升语文素养

本课教师以神话故事《夸父追日》为切入点，巧妙地将课内与课外的文章充分融合，将语文教材中的单元内容及与单元主题相关联的课外阅读内容进行整合。通过初步对学生进行课外阅读的方式方法的指导，把课内阅读和课外阅读相结合；通过教师带领学生对教材的知识点进行延伸、重组、创造、升华，让教材成为学生“探究性学习”的出发点，成为学生学习语文的“源头活水”，从而促进课堂阅读的有效性，进一步提高学生的阅读能力，让学生们的语文素养得到提高。

二、整本书阅读的教学设计

《嘭嘭嘭》教学设计（导读课）

【教材分析】

《嘭嘭嘭》讲述了平凡的女孩童喜喜和她的隐形朋友宝宝树的经历，从中让童喜喜懂得了爱，童喜喜也知道了隐形世界的秘密，最终宝宝树离开了童喜喜，成了她永恒的记忆。作品感人，女孩儿和她的隐形朋友一起完成了一段永远不会忘记的心灵历程，它写满了爱。

（一）“嘭嘭嘭”到底是什么

“嘭嘭嘭”读起来只是一个拟声词，却是人类最珍贵的东西。有意思的是，当宝宝树告诉童喜喜“嘭嘭嘭”是人类最重要的东西时，童喜喜这个孩子只能猜它是钱，让人啼笑皆非又发人深省。孩子是我们未来生存的环境，他们的眼睛总是能诚实地反映出我们这个时代真实的样子。从童喜喜的回答中我们能够发现，在这个物欲横流的快节奏社会，我们习惯了一切向钱看，钱是衡量一个人成功与否的标准。正是因为这样，父母为了给孩子更好的教育疲于奔命，老师为了培养未来所谓的成功人士不断地进行功利性的教学，学生甚至也为了获得所谓的成功早早地戴上了不应该属于他们的面具……孩子被逼到了社会的角落，孩子因为纯净，因为真实，所以不被人们理解，孩子被认为是幼稚的，孩子也是孤独的。在这种社会背景下，一部分孩子选择早早地戴上虚伪的面具，比如说文中的好孩子苏格雨。一部分始终不愿意戴上面具的孩子只能痛苦地在浮世中挣扎，最终选择成为隐形人。

童喜喜活在这样的社会。在她的眼中，她的爸爸、妈妈最爱的是工作、大房子，明明不喜欢高跟鞋还必须穿，明明说好陪她去游乐园但总是草草结束。她努力学习，不是因为喜爱，而是怕爸爸妈妈因为她成绩不好不要她，在家她是孤独的。在学校，她明明不讨厌后桌成绩不好的转学生王杰，但是她也选择跟别的同学一样不跟他一起玩，因为怕被同学孤立，在学校，她是不被理解的；她明明很喜欢给她做饭的李阿姨，因为她做的饭很好吃，但是，因为李阿姨总是匆忙，她也没有办法跟她好好表达自己对她饭菜的喜爱。在与人交往中，她是被动的。这样的童喜喜像我们身边的孩子，她不淘气，她能做好自己的事，她很懂事，能照顾好自己，她唯独缺乏的是向外界敞开心扉，表达真实的自己。因为我们，因为这个世界根本没有给孩子这个机会，孩子也没有成熟到主动去寻求这样的方法。就算痛苦，也不知道背后的原因是什么。

孤独的童喜喜遇见了隐身的宝宝树。宝宝树告诉她嘭嘭嘭是人类最珍贵的东西，只要交出这样东西，她也可以隐身。被周围环境不断压迫的童喜喜毫不犹豫地选择要去隐身。宝宝树被迫无奈，只能同意她这一要求。隐身后的童喜喜看到了她在生活中没有发现的那一面。她看到了在苦难中成长，但乐观向上的山村女孩单雨，才意识到自己已经很幸福；她看到了学校里学习虽然不好，但善良、热爱班集体的王杰，才意识到一个优秀的孩子未必是漂亮的成绩单可以证明的，一个人最重要的品质是内心的纯良；她看见了妈妈虽然看起来光鲜亮丽，但是背后却是说不出的辛苦，以至于她要利用工作的间隙去卫生间的马桶上喘口气，第一次理解了父母为这个家的付出，也理解了严格要求背后的期盼与爱；她还看到了来去匆匆的李阿姨不是因为冷漠才不跟她交流，而因为她需要把精力放在更需要她的孤寡老人身上，理解了人与人之间的真情……

这样的经历让隐身的童喜喜长出了很多的“嘭嘭嘭”，这让她痛苦不堪，因为成为隐身人的条件就是割除嘭嘭嘭。在隐身人加油站，她终于明白了，人类的心跳声是扑通扑通的，而当我们感受到爱时就是嘭嘭嘭，这美妙的声音对人类来说就是爱。这种了解让她决定不再当隐身人，以后也要帮助别人做真实的自己，拥有一双会发现爱的眼睛，不要让别人再变成隐身人。

（二）需要表达与学习爱

这个时代的孩子是孤独的。我们迎来了独生子女一代，虽然一个孩子总是被大人环绕，可以过上众星捧月般的生活，但是他们依然是孤独的。因为物质上的极大满足不能弥补他们精神上的缺失。为了不让孩子输在起跑线上，物质生活得到满足的孩子们闲暇时间不过是奔波在各个辅导机构，有谁会停下来真正地问问孩子：你喜欢什么？有谁会停下来手头的事告诉孩子我们真的很爱你？因为我们都太忙了，太累了，我们觉得我们所有的一切都为了孩子，唯独忘了告诉他们什么是爱，我们如何爱他们，而爱是需要表达与学习的。之所以会出现那么多隐身人，那是因为这些人都感受不到爱，不会表达爱，久而久之孤独感淹没了他们，他们才会成为世界上的隐身人。所以教会孩子表达爱、学习什么是爱是极其重要的。

（三）藏起来的爱

中国家庭观念决定了他们最重视的就是孩子。但是往往孩子是最感受不到爱的。我们的父母太擅长隐藏爱了。我们的文化就是含蓄，就是父母子女之间的相互隐瞒。明明很爱孩子，明明想锻炼孩子，偏偏要做出冷漠的样子；明明拼命工作是为了给孩子更好的成长环境，但是在这个过程中渐渐被工作淹没，冷落了孩子；明明很关心对方，但就是不能说出来。爱不是一场捉迷藏的游戏，而是两人三足的协作，父母和子女携手才能抵达更好的远方。所以嘭嘭嘭提醒我们要学会对对方释放自己的爱。

【学情分析】

本次教学面向的是四年级的学生。四年级的孩子大脑发育正好处于内部结构和功能完善的关键时期，生理和心理特点变化明显，因此，这一时期是培养学生学习能力、情绪能力、意志能力和学习习惯的最佳时期。整本书阅读在提升学生阅读能力方面有独特的优势：记叙、说明、描写、议论、抒情等表达方法，可能都会出现在一本书中，而且是交替出现，这样有利于提高学生对写作方法的辨识能力；学生集中一段时间专注于一本书，能够更好地建构阅读方法，养成阅读习惯。所以进行整本书阅读教学很有必要。

四年级学生有一定的识字能力，进行整本书导读设计奠定了基础。

对现在的孩子来说，他们大多是独生子女，在家庭中有独特的地位。家庭对孩子的这种过于重视，会让孩子一味地只是索求爱，而忽略了表达爱与付出爱。《嘭嘭嘭》这本书在教会孩子表达爱的同时，也能让孩子随着故事主人公童喜喜的冒险，去发现生活中父母藏起来的爱，从而理解父母的不易，学会付出自己的关心，表达自己对父母的爱。

基于以上的学情分析，我在这节课中通过略读与跳读这两种阅读方法，帮助学生快速了解了《嘭嘭嘭》这本书，引起学生阅读《嘭嘭嘭》这本书的兴趣，培养学生独立阅读的能力。

同时我还注重学生的情感体验，注意发展他们的感受与理解能力，丰富他们的精神世界，让他们学会感受爱、表达爱和付出爱。

【教学目标】

1. 引起学生阅读《嘭嘭嘭》这本书的兴趣，培养学生独立阅读的能力。

2. 让学生学会略读与跳读这两种阅读方法。

3. 引导学生注重情感体验，发展感受与理解能力，丰富自己的精神世界，学会感受爱、表达爱和付出爱。

【教学重难点】

（一）教学重点

1. 引起学生阅读《嘭嘭嘭》这本书的兴趣，培养学生独立阅读的能力。

2. 让学生学会略读与跳读这两种阅读方法。

（二）教学难点

引导学生注重情感体验，发展感受与理解能力，丰富自己的精神世界，学会感受爱、表达爱和付出爱。

【教学过程】

（一）旧知导入

1. 齐读课文选段

你用水中听音器一听，就能听到各种各样的声音：有的像蜜蜂一样嗡嗡，有的像小鸟一样啾啾，有的像小狗一样汪汪，还有的像在打鼾……

2. 回顾旧知：拟声词

这一段选自我们刚学过的课文《海底世界》，还记得标红的词是什么词吗？（拟声词）

3. 导入新知

通过课文我们知道拟声词是形容声音的词语，今天老师给大家带来了一个新的拟声词（PPT 出示“嘭嘭嘭”），大家齐读词语，然后提问：你觉得“嘭嘭嘭”是形容什么声音的？

4. 推测书名

“嘭嘭嘭”是今天我们要介绍的一本书的名字，在这本书中，它代表了人类最珍贵的东西，你猜是什么？

【设计意图：通过学生已有的知识经验关联书本题目，让学生对书本内容进行猜想，在锻炼学生推测能力的同时激发学生的阅读兴趣。】

（二）学会略读

1. 略读目录

大家都对“嘭嘭嘭”是什么做出了自己的猜测，“嘭嘭嘭”到底是什么呢？请你打开目录，读一读书中故事的名字，想一想“嘭嘭嘭”到底与什么有关。想好后，小组讨论交流。

2. 小组汇报交流

引导学生抓住目录中反复出现的“隐形”，推测“嘭嘭嘭”与“隐形”的关系。

3. 总结阅读方法

在交流时，大家都抓住了目录中发复出现的“隐形”，并围绕“嘭嘭嘭”与“隐形”的关系对故事进行了推测，这种阅读目录的方法就叫作略读法。

【设计意图：教会孩子通过略读目录，抓住目录中反复出现的关键词，梳理文章框架，大体了解文章内容，进一步激发阅读的兴趣。】

（三）跳读第一章

1. 交流感受

（1）谈对隐形的看法

既然大家都认为“嘭嘭嘭”与“隐形”有关，那么你能谈一谈你对“隐形”的看法吗？

（2）再谈对隐形的看法

书中的“隐形”指的是没有人能够看见，隐形人也不能跟任何人交谈，隐形人没办法触摸任何物体，而且这种隐形是永远的，你怎么看这种“隐形”？

2. 引发认知冲突，跳读第一章

故事中的主人公童喜喜，一个跟你们一样四年级的女孩，特别渴望隐形，到底发生了什么呢？请你打开书，阅读 6~12 页，想一想童喜喜想隐身的原因。

预设 1：因为本该最爱她的父母忽略她。

预设 2：她觉得孤独、不被理解。

预设 3：她感受不到父母的关爱。

3. 关联生活

你在生活中有跟童喜喜同样的感受吗？

【设计意图：让学生阅读文章的主要章节，理解主人公的心情。并与生活实际建立联系，从而与书本主人公的遭遇产生共鸣。】

（四）跳读第八章

1. 童喜喜在隐身人宝宝树的帮助下成功变成了隐身人，但是隐身后的她会被身上长出的“嘭嘭嘭”所折磨，是什么让她不断地长出了“嘭嘭嘭”呢？请阅读 190 — 195 页，想一想“嘭嘭嘭”到底是什么。

预设：“嘭嘭嘭”是爱，不被察觉的是爸爸、妈妈的爱。

2. 你在生活中有跟童喜喜一样的经历与感受吗？

3. 小结。

这本书的主要线索“嘭嘭嘭”就是爱，这是一本以爱为主题的书。通过这节课的讨论，同学们发现了爸爸、妈妈可能真是不太擅长表达爱。但是，他们的爱隐藏在他们嘱咐我们加衣服的唠叨里，他们的爱隐藏在可口的饭菜里，他们的爱隐藏在我们每一次生病的陪伴里。在生活中，我们要做一个善于观察的孩子，在发现爱的同时，要学会理解包容爸爸妈妈的辛苦与不易，学会用自己的方式表达、付出爱。这种表达与付出可能是他们下班后的一杯热茶，可能是节日时的一声问候，可能是不让他们操心的学业成绩，表达与付出不在乎贵重，而在于心意的传达。

【设计意图：让学生阅读书本重点章节，理解“嘭嘭嘭”就是爱，使他们在这个过程中了解到主人公童喜喜的爸爸、妈妈不是不爱她，而是这种爱没有说出口，这种爱要孩子自己去感受、体会。在理解的基础上，让学生联系自己的生活

实际，思考自己的父母是否也有这种无言的爱，这种无言的爱是什么，同时让孩子体会这种爱，并学会表达与付出爱。】

（五）学法总结

这节课，我们通过略读目录与书名，推测到“嘭嘭嘭”与隐形有关。接下来通过跳读书中的主要段落，发现了“嘭嘭嘭”的含义。在了解故事的过程中，也让自己有所思、有所得。有些书籍的阅读是为了给我们的视野插上想象的翅膀，去神秘的世界冒险，就像我们正在读的《哈利·波特》系列；有些书籍的阅读是为了让我们去反思自己的行为，达到自省的目的，就像我们刚读完的《一百条裙子》；还有些书籍的阅读，是为了从中读到自己，让自己的生活少走弯路，就像今天给大家分享的《嘭嘭嘭》。希望大家在课下继续阅读，从中发现自己生活的影子，创造属于自己的独一无二的“嘭嘭嘭”。

【设计意图：总结这节课的学法。一本书的完整阅读过程有略读、跳读，应引导学生掌握这些阅读方法。同时，带领学生回顾全文主题，理解故事的意义和要表达的情感，反思在生活中如何与父母交往。】

（六）拓展延伸

1. 亲子共读

回家后与父母共读《嘭嘭嘭》，与家人分享交流感受。

2. 延伸活动

拓展阅读《青铜葵花》，以“如何与重要的人相处”为主题进行教学。让学生做“怎样让生命旅程不留遗憾”的主题活动。

【设计意图：一个人的阅读史就是一个人的成长史。通过这一版块的设计，让孩子把在书中获取的内容应用到生活中，学会如何与自己的父母相处。与此同时，让孩子通过阅读书本中的故事学习如何与他人相处，把这做成一个主题阅读活动，帮助学生构建完整的世界观、人生观、价值观。】

（北京小学通州分校，李海岳，教龄 4 年）

【评课建议】

（一）关注阅读方法，教会学生快速阅读

本节课老师利用略读、跳读的阅读策略帮助学生掌握了快速阅读一本书的方法。书海浩瀚，每天有大量的书刊出版，有些书学生需要精读细读，认真品味；

有些书要求学生跳读、提取信息，掌握必要的方法就可以；有些书，需要学生快速阅读，了解文章主题，与现实生活建立联系，让生活更好。通过这样的一节课，让学生快速阅读完一本书，了解了主题，也习得了方法，为学生后续的整本书阅读打下了基础。

（二）利用关联阅读，促进学生思维发展

教师在对整本书进行教学时，首先注重关联学生的旧知，让学生对拟声词“嘭嘭嘭”进行猜测。当学生的猜测与文本内容对接不上时，学生认知上的冲突就会激发自己的阅读兴趣。最后，在文章的跳读中，教师注重把文章主人公的经历与学生的生活进行关联。在这个过程中，教师引导学生更加关注书中主人公的遭遇、做法，最终反思自己的行为，达到情感迁移的目的。这一过程中，与生活经验的对接、关联、迁移，促进了学生深度思维的发展。

（三）引导学生自读，唤醒学生的阅读期待

教师在整节课的设计中，没有在反复的提问中消磨学生对书本的兴趣，而是拿出课堂时间，让学生就自己感兴趣的点进行阅读。在阅读的过程中指导并让学生就阅读感受与同伴、师长分享，在这个过程中让学生解决阅读中的困惑，习得阅读方法。方法的掌握，策略的使用只能在阅读过程中反复习得，课堂上拿出时间让学生静静读书，交流感受是唤醒学生阅读兴趣的重要方式。

（四）关注学生发展，提高学生的综合素养

教师在选书时就关注了四年级学生心理发展的特点，有目的地选择了“成长中与人交往主题”的书。与此同时，教师并没有单独介绍《嘭嘭嘭》这一本书，而是联系了《一百条裙子》《青铜葵花》，做了系列主题阅读。在这个过程中，教师注重书与书之间的联系，学生在发现这些书之间关系的同时，锻炼了思维，扩大了阅读量，更重要的是用阅读的方式解决了自己在成长中与人交往的问题，在阅读中成长。

榫卯结合 别样童年——《洞》（导读课）

【教材分析】

部编版语文教材在每册书中都有一个板块“快乐读书吧”，六年级学生接触到的第一个读书吧的主题就是“经历与成长”。六年级上册书的课内推荐阅读书目为高尔基的《童年》、徐光耀的《小兵张嘎》、曹文轩的《草房子》，这三本书都是中外优秀的作品。

《洞》是美国著名儿童文学作家路易斯·萨奇尔的代表作，讲述了少年斯坦利因为偷一双臭球鞋的罪名，被送进翠湖营进行“劳动改造”，那里所有的孩子都被要求每天挖一个深五英尺、宽五英尺的洞。在挖洞的过程中斯坦利和小伙伴们都发生了变化，除了日复一日的劳动让他们的身体变得强壮外，还有更多的地方也发生了改变。小说用生动的语言描述了一次智慧、奇遇、冒险、成长之旅，正如中国作家协会会员彭懿老师所说：“这是一本如同高难度拼图的童书。它尊重你的智商，检验你的智商，挑战你的智商，要你不敢分心，要你绞尽脑汁地找出一个个碎片之间的关联——用书里的一句话来说，就是‘你必须自己填满这些洞’，这样才能榫卯接合，拼出一个完整的真相。”

【学情分析】

读整本书对于六年级学生来说并不陌生，但是学生在读书过程中易缺乏持之以恒的精神。还有对于读篇幅较长的书籍缺少切实的读书方法。故此，本次导读课旨在激发学生的阅读兴趣，培养学生的阅读能力。

【教学目标】

1. 培养学生提取信息的能力、想象力，激发学生的阅读兴趣。

2. 通过阅读封面、细读、猜读了解故事的大概内容，感受阅读的乐趣。

【教学重难点】

激发学生读书兴趣，指导学生读书方法。

【教学过程】

（一）读封面，猜故事内容

1. 谈推荐理由：之所以要推荐这本书有这样一个原因：从本学期开始语文学科将迎来一套全新的教材（部编版教材），这套教材有一个全新的板块“快乐读书吧”，本学期接触到的第一个读书吧的主题就是“经历与成长”。

2. 出示《洞》的封面，让学生观察。

3. 提问：《洞》这本书可能会讲些什么内容呢？说说你的理由。

预设：

（1）主题与成长有关。

（2）根据封皮猜测故事中的人物。

（3）根据封皮颜色猜测故事发生的环境。

（4）猜测动物或小人是故事的主人公，同时猜想他们的成长故事。

（5）小结：大家从封面中猜测了很多，那到底猜得对不对呢？到书中去验证。

【设计意图：从观察封面和老师推荐的理由中让学生猜测故事主题，对整本书内容进行初步感知。感知故事内容既是读书策略的渗透也是关联思维的训练。】

（二）读简介，走近故事内容

1. 初读简介，了解内容

翠湖营没有湖，它已经干了一百多年。现在，这里是专为坏孩子开设的训练营。都怪糟糕透顶的臭屁偷猪贼曾曾祖父，斯坦利的曾祖父、祖父和父亲就没顺过，这下轮到斯坦利了，因为偷一双臭球鞋的罪名，他进了翠湖营。那里所有的孩子都被要求每天挖一个深五英尺、宽五英尺的洞，训导员说这是为了改善品格。果然，在挖完第四十五个洞之后，一切都不一样了……

2. 再读简介，理清人物关系

（1）让学生尝试将简介中的人物用关系图的形式呈现出来。

（2）学生汇报自己的关系图，并说明理由。

（3）小结：画图有助于摸清故事脉络，理解故事内容。

3. 三读简介，谈关注点。

【设计意图：三次读故事简介的过程是层层递进、环环相扣的过程。由读故事的内容简介到理清故事中的人物关系，再到故事中的关注点，这是螺旋式上升的过程，这样进行教学设计旨在教给学生阅读方法，使学生的阅读能力逐步提升。】

（三）读文本，聚焦故事情节

1. 片段一：初到翠湖营

（1）生读文本，补充人物关系图。

（2）分享阅读收获或阅读中的疑惑。

（3）聚焦挖洞的原因。

他补充道："挖得越慢，你在太阳下待得就越长。如果挖到有趣的东西，你得向我或者其他训导员报告。挖完洞之后，当天余下的时间就归你自己了。”

①矛盾升级：内容简介时说到挖洞是为了培养人的品格，这里说到在挖洞的过程中如果挖到有趣的东西，得向长官先生或者其他训导员报告。

②所以你猜测……为什么这样猜测？说明你的理由。

2. 片段二：发现“KB”

（1）引导：故事按照你们的猜测继续发展着，……（边叙述边补充人物：潘登斯基、管理员大人、D组、X光）

（2）学生阅读片段，在人物关系图中补充新的人物。（锯齿　乌贼　吸铁石　零蛋）

（3）谈谈收获或阅读中的疑惑。

（4）聚焦：“斯坦利为什么要把自己挖到的东西给X光？”

①关注斯坦利的心理斗争。

②关注斯坦利的身体变化。

（5）小结：这就是现在的斯坦利，再来看看曾经的斯坦利，请打开你手中的材料，结合这几个材料谈谈你的发现。

3. 片段三：组合材料

（1）阅读材料，发现关联。

未进翠湖营：

斯坦利没什么朋友。他太胖了，个头很大，学校里的其他孩子经常因此取笑他，就连老师有时候也会不知不觉说几句刻薄的话。……

第一次挖洞：

……听到送水车开来的声音，想到能将亲手挖的第一个洞展示给长官先生或是潘登斯基先生看，有一种莫名的自豪感。他双手扒在洞边，设法爬上去。他上不去了。……

第二次挖洞：

他喝了一口水。他猜送水车应该快来了，但他没将水一饮而尽，以防万一。他已经学聪明了，一定要等到看见送水车，才把最后一滴水喝光。……他越琢磨越觉得开心，因为自己答应了X光把发现的东西给他。要想在翠湖营活下去，至关重要的是让X光认为他是个好兄弟，而不是休息一天。……斯坦利很乐意大伙儿管他叫洞穴人。这意味着他被这个小团队接纳了。

（2）读这三段话谈谈你的发现。

（3）小结：关注斯坦利身心的变化（斯坦利在成长中改变着）。

斯坦利曾经体型肥胖，同学们经常取笑他在某种程度上导致了他的孤单、不快乐，正如他自己所说“没有人喜欢他”“事实上连他自己都不怎么喜欢自己”。然而，他在第一次挖洞的痛苦经历中觉醒，有生以来第一次拥有了自豪感，他从取水的排队序列中感受到了自己作为个体在这个小小的社会团体中的存在，这种存在让他有了向往已久的尊严感。米德说过，“改变是成长的本质”，斯坦利在改变中不断地成长着……

【设计意图：三段文本呈现了不同时期的斯坦利，三段文本的组合旨在使学生在阅读中发现斯坦利的变化，关注他的成长，同时，使学生在读中形成一种关联的意识。】

（四）巧设悬念，激发读书欲望

1. 再次回到故事情节，那这个带有“KB”的小管子是否是管理员大人感兴趣的呢？

2. 师引导：管理员大人看到“KB”的小管子后，异常兴奋，她让所有人停止挖别的洞，都只挖X光的洞，X光的洞被挖得越来越大、越来越深……结果，可想而知。

3. 设疑：到底应该挖哪个洞，恐怕只有斯坦利最清楚。一天夜里，趁大家都熟睡之际，他和零蛋开始了行动……（看视频）

4. 引导学生进一步猜测，激发阅读兴趣。

（1）故事看到这里，大家猜测接下来会发生什么？

（2）此时此刻，用一个什么词语形容一下斯坦利和零蛋的处境？

（3）你们现在有什么问题要问吗？

5. 小结：

（1）中国作家协会会员彭懿曾说：这是一本如同高难度拼图的童书。它尊重你的智商，检验你的智商，挑战你的智商，要你不敢分心，要你绞尽脑汁地找出一个个碎片之间的关联——用书里的一句话来说，就是“你必须自己填满这些洞”，这样才能榫卯接合，拼出一个完整的真相。

（2）回顾推荐这本书的理由，探讨关于成长的话题。其实读书本身就是一种经历，一种成长，期待你们读完《洞》之后，能够使完整的人物、事件关系图榫卯接合。

【板书设计】

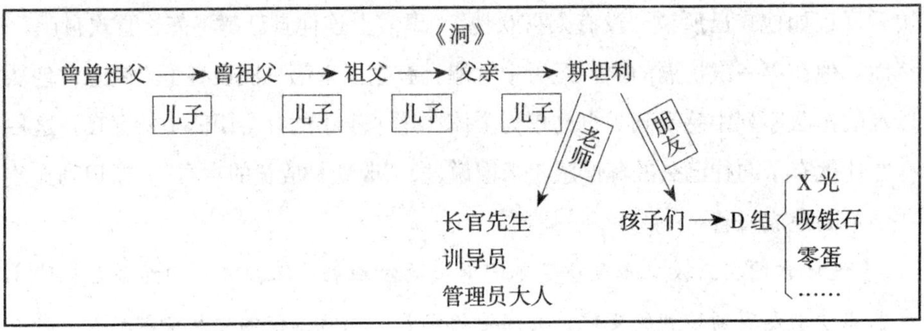

（北京市通州区芙蓉小学，张明，教龄 17 年，北京市语文学科骨干教师）

【评课建议】

《洞》是美国著名儿童文学作家路易斯·萨奇尔的代表作，讲述了少年斯坦利因为偷一双臭球鞋的罪名，被送进翠湖营进行“劳动改造”，那里所有的孩子都被要求每天挖一个深五英尺、宽五英尺的洞的故事，教师讲述这篇文章的时候抓住了学生在阅读时缺少读书方法和阅读能力的弱点，通过讲解重点段落，画人物关系图等方式让学生们摸清故事脉络、理解故事内容。

（一）教学过程环环相扣、层层递进

教师与学生进行交流，首先是从简单的故事题目、人物、故事情节逐步上升到写作方法的探寻和影视的对比阅读等，这是螺旋式上升的过程，也是对孩子们阅读力层层递进的全面考量。从简单的阅读信息提取到全文、全书的统整再到文本的评鉴和比较阅读，一步步引导孩子们在交流碰撞中从浅层次阅读走向深入阅读，这符合学生的阅读习惯，同时，这也符合孩子们的学习期待。

（二）抓住高年级孩子特点，用内容激发阅读兴趣

在阅读交流中，教师首先为学生们创造了一个平等、民主的氛围，在阅读过程中老师不是有权威的人，老师只是一个和孩子一样的普通读者。在交流中老师告诉孩子，老师这里也没有标准答案，谁读得认真，敢于思考和表达，答案就在谁那里，引导着学生走向了文本的深入阅读，给予学生独立思考的空间和氛围，并且在阅读中教师不断激励学生们保持这种持续阅读的兴趣，这非常重要。高年级学生有一定的思考能力，具象思维逐渐向抽象思维转变，教师在教学过程中要抓住孩子的特点，使教学尽量与孩子的认知程度靠近，向孩子的兴趣靠拢。

（三）拓展延伸——围绕文本开展阅读活动

教师在教学过程中还可以开展一些围绕这本书的阅读活动，例如用课本剧的形式去演，用故事改编的方式去写，或者用小组讨论的形式去说，争取把书本阅读和孩子感兴趣的、好玩的事情结合起来，让学生在听、说、读、写的过程中有所收获、有所感悟、有所成长，相信学生们在教师的引导下定能发现阅读的乐趣，从而爱上阅读，教师也应当想办法设计一些教学活动或拓展有趣的阅读素材，让孩子的阅读变得更加美好。

《窗边的小豆豆》教学设计（过程指导课）

【教材分析】

《窗边的小豆豆》是一部儿童自传小说。书中的主人公小豆豆从小淘气、性格怪异，一年级就被老师勒令退学，因此，作者自称当时的“我”是窗边的小豆豆。后来，她转学来到巴学园，在小林校长独特的教育理念引导下，小豆豆在充满信任、爱与尊重的巴学园里度过了美好的小学时光，从而奠定了她辉煌一生的基础。

这部作品用儿童的视角记录了作者在巴学园的点滴生活，采用链式叙事结构，讲述了 61 个互相独立的故事，这些故事汇总起来，浓墨重彩地刻画了小林校长以及泰明、高桥君、妈妈等人物群像，这些人物多层次地表现了作品的成长主题，较为全面地反映出小豆豆童年的校园生活，揭示了她走向成功的原因。

学生在阅读时需要统观全书，系统思考。教师在充分尊重学生个性化阅读体验的同时，加强对学生“整本书”阅读的指导与点拨。教学时要体现阅读的共性，即培养学生提取信息、形成解释、做出评价。

【学情分析】

三年级孩子在学习中开始有了一些自己的想法，但还缺乏经验，经常会遇到很多自己难以解决的问题，是不安的开始。因此正确的引导可以帮孩子度过这个不安的时期，综合能力也能得到迅速提高，帮孩子们踏上成功之路。

这本书中每个故事单独存在，语言生动形象，趣味性强。因此本节课引导学生通过阅读故事，运用自己的语言简单复述故事的大意，并与他人交流自己的阅读感受，从初步感受书中的小豆豆最终成长为一个优秀人的原因，迁移到认识自己身边每个人，从而达到认识的再次提高，感悟成长的意义。

【教学目标】

1. 通过为小豆豆贴标签，了解小豆豆的性格特点。

2. 选取不同故事，学会读取书中人物，通过小组合作交流形成对人物较为完整的印象。从而了解小豆豆性格转变的原因。

3. 将小豆豆的成功与自己建立联系，体会自信、好奇、尊重、责任等对于成长的意义。

【教学重点】

选取不同故事，学会读取书中人物，通过小组合作交流形成对人物较为完整的印象。从而了解小豆豆性格转变的原因。

【教学难点】

将小豆豆的成功与自己建立联系，体会自信、好奇、尊重、责任等对于成长的意义。

【教学过程】

（一）给小豆豆“贴标签”

1. 谈话引入，出示课题。

（1）出示图片——《窗边的小豆豆》这本书大家已经读完了。这本书讲的是一所小学和在那里上学的一个女孩子的真实故事。故事发生在第二次世界大战结束前的东京。书中的这个女孩子就是——小豆豆。

（2）认识不一样的小豆豆。

①交流自己给小豆豆贴的性格标签。

预设：淘气、好奇、乐于助人……

②看扉页上黑柳彻子的简介。

黑柳彻子：

日本著名作家，著名电视节目主持人，畅销书作家。联合国儿童基金会亚洲第一位亲善大使。

她的代表作《窗边的小豆豆》1981年出版后，在全球引起极大反响。英文版在美国出版时，《纽约时报》发表了两个整版的书评文章。

预设：主持人、著名作家、亲善大使。

2. 引发质疑：作者上学时因淘气被原学校退学后，来到巴学园。一个一般人眼里“怪怪”的小豆豆，逐渐变成了一个大家都能接受的孩子，最终成长为一个很优秀的人，到底是什么原因呢？

【设计意图：统观全书，简要回顾与小豆豆有关的故事情节。了解小豆豆的性格特点。为后面讨论作者成功的原因做铺垫。】

（二）交流小豆豆周围朋友的“人物卡”

1. 看文字猜人物

在巴学园生活学习的这段时光里，小豆豆遇到了很多人，发生了很多事情。老师把他们请来了！你能根据提示猜猜他们是谁吗？

（1）他是从大阪来的，腿非常短，而且像蟹足那样弯曲着，永远就这么高，不会再长了。（高桥君）

（2）他患有小儿麻痹症，走路身体一摇一晃，和小豆豆一起爬过树，后来他死了。（泰明）

（3）他是班里最大最胖的男孩，他抓过小豆豆的小辫子，后来被校长先生教训要“尊重女孩子”。（大荣君）

2. 这些都是小豆豆的同学、朋友。你还知道有谁？给我们简单地介绍一下。

3. 给人物标签分分类，并简单说说理由。

小结：同学们课前也给这些人物制作了人物卡，这可是我们阅读、梳理众多人物的一种好方法啊。

【设计意图：认识小豆豆周围的朋友们。了解他们发生的故事，解读小豆豆性格转变的原因。】

（三）自主学习，品读情节，探究原因

交流讨论：未来的小豆豆成为黑柳彻子，你认为到底是什么影响了她？

交流人物卡。

1. 出示学习要求。

2. 小组交流后汇报。

（1）小组同学根据课前大家制作的人物卡，回忆相关故事。

（2）讨论交流，试着用一个或几个词语来形容这个人物，并写在纸上。

（3）小组代表分享人物卡，组间相互补充。

人物：小林校长。

故事：《放回原处》。

（1）出示图片：

（2）看图思考：小林校长看到了（　　），闻到了（　　）。

（3）关注语言："弄完以后，要把这些全部放回去。"分角色朗读，感悟小林校长的人物形象。

（4）感悟妈妈的话"真是一位了不起的人"，帮助学生了解小林校长。

（5）用一句完整的话说说小林校长是一个怎样的人。

（6）小结：小林校长在平时处处尊重小豆豆及其他孩子。小豆豆也慢慢地学会了尊重他人。

教师总结方法：在读一本书时，一个人物可能在不同的故事中多次出现，我们就可以把这些故事单独提取出来，连在一起读，这样就可以更加深入地认识这个人物。

人物：高桥君。

故事：高桥君参加运动会。

（1）出示运动会片段

运动会开始之后，出现了一个惊人的现象，每一个项目（几乎都是全校学生全部参加的）第一名都被全校个子最矮、手脚最短的高桥君拿走了！真让人难以置信。

当大家在鲤鱼肚子里拱来拱去的时候，高桥君却嗖嗖地钻过去了。

高桥君短短的腿却像是活塞一样噌噌地跑了下来。

高桥君有些骄傲地抽动着鼻子，满怀着激动和喜悦，登上领奖台领一等奖。每一项都是一等奖，领了一次又一次。

（2）关注后记

高桥君以优异的成绩进入国学院久我山高中，然后升入明治大学的电气工学系。并从那里毕业后，就职滨名湖畔的安藤电气公司担任一个非常重要的职位——协调工作。

运动会上，“夺得第一名的自信”使他难忘。

（3）学生交流，感受高桥君是一个怎样的人，并用一句完整的话说说。

【设计意图：定位阅读，通过选取不同故事，学会读取书中人物，通过小组合作交流形成对人物较为完整的印象。从而了解小豆豆性格转变的原因。】

（四）整体感悟，总结提升

1. 交流：未来的小豆豆成为黑柳彻子，到底是什么影响了她？

2. 总结：看来小豆豆的成功是因为她遇到的这些人，比如欣赏她的小林校长，欣赏、包容她的妈妈，她遇到了一些善良、非常好相处的、带给她积极向上品质的同学们。有了这么多人的帮助，这么多人的影响，再加上她自己的努力成长，她的好奇心、坚持，使她成为了黑柳彻子。

（五）读写结合，感悟成功

1. 欣赏名人名言

好奇心是学习者的第一美德。——居里夫人

善良，是一种世界通用的语言，它可以使盲人感到，聋人闻到。——马克·吐温

2. 超时空对话

假如黑柳彻子写自己的成功格言，她会说：（　　　　　　　）。

【设计意图：将小豆豆的成功与自己建立联系，感悟自信、好奇、尊重、责任等对于成长的意义。体会一个人的成功不仅有外界的影响，更有自己的努力等

若干因素。】

（六）作业

书中除了校长、高桥君，还有小豆豆的很多伙伴，课下继续深入阅读，再去了解小豆豆与他们之间发生的事情。

【板书设计】

?

……　　尊重　　信任　　努力
坚持　　小林校长　　高桥君
好奇　　温和　　有始有终　　自信
淘气

（北京市通州区贡院小学，王娟，教龄 21 年）

【评课建议】

在开展《窗边的小豆豆》书目阅读的时候，教师更加关注学生的阅读体验，采用梳理体验式的整本书阅读教学策略。给学生提供指导，给予帮助，并引导学生关注整体性问题，联络全书，多线齐头并进，对整本书进行完整而深入的认识。

（一）亲历——通识全书

课前，学生通过阅读《窗边的小豆豆》一书的目录，进行“目录扫描”，确定“自主阅读”的相关章节，亲历书中的内容、情境，获得初步的感性认识。在众多故事中，学生通过浏览目录，确定自己喜欢的故事，然后进行自主阅读，在提高阅读兴趣的同时，对书中的内容也有了初步的认识。

（二）回顾——梳理反思

学生梳理亲历过程，通过“情节回顾”“定位阅读”等活动环节，对书中重点内容进行回读、反思。教师重点培养学生能够结合具体故事情节分析人物，以及在阅读中体会人物情感的能力。

课上，教师引导孩子通过制作小豆豆身边人物卡继续深入阅读，从不同故事中，让学生学会了解书中的人物，形成对人物较为完整的印象，从而了解小豆豆成功的原因。在完成人物卡时，学生通过选择书里小豆豆身边的人物，提取相关故事，进行“定位阅读”，通过情节回顾制作人物卡，把人物、特征、对小豆豆的影响建立关联，使学生理清其他人与小豆豆的关系，为下一步深入阅读做准备。

在课上根据孩子的意愿，教师选取了小林校长和高桥君两个人物代表，通过生生互动、组间互动、师生互动进行小组讨论交流。学生结合具体故事情节分析人物，体会人物品质。抓住“校长先生”“放回原处”“运动会”等精彩片段继续深入阅读，研讨小豆豆成功的原因这一主题。

（三）抽象——深化认识

抽象是学生从对书的感性体验中抽取理性认识。教师通过给小豆豆贴人物标签，让学生感受到小豆豆是一个完整的形象。学生根据对书中小豆豆人物的了解，在自己心中用一个词语为她贴标签，并说出自己的依据，在标签和证据之间建立联系。

（四）交流——分享成果

引导学生展示自己亲历阅读过程中的感受、认识与思考，通过辩论等活动，在呈现阅读成果的同时分享获得的阅读成果，同时让学生在书中多走几个来回，对书中的内容产生新的思考和理解。

为了学生能够统观全书，在组织学生交流“你认为小林校长是一个什么样的人”这一个问题时，要求学生不仅要说出对人物的评价，还要从文中找到相关的证据支持自己的观点。教师还通过事件的提取—概括—连缀这一过程，让学生形成完整的语言链，并且能够将小豆豆的成功与自己建立联系，体会自信、好奇、尊重等对于成长的意义。体会一个人的成功不仅有外界的影响，更有自己的努力等若干因素。

《窗边的小豆豆》这部作品塑造了小豆豆、小林校长和其他与小豆豆或巴学园相关的人物角色，并通过在文学作品中刻画这些人物形象来充实作品内容，直接或间接、正面或侧面地表现作品的主要内容和中心思想。书中刻画了小林校长及泰明、高桥君、妈妈等人物形象，这些人物多层次地反映出小豆豆童年的校园生活，更是揭示了她走向成功的原因。

走进红门——《草房子》教学设计（过程指导课）

【教材分析】

《草房子》是曹文轩先生成长类小说的代表作，书中对于油麻地小学那群少男少女的成长经历、苦痛而又美丽的生活予以了深度刻画。书中那群孩子的成长故事，对于学生来说，既是同龄人的故事，也是自己的故事，在阅读的过程中会有代入感。

在《草房子》里，一场意外的事故让从小衣食无忧、在孩子们中极有优越感和自尊心的少年杜小康承受着没钱上学的精神打击，受困于典卖度日的生活境遇。这些命运中的意外给成长中的杜小康造成了极大的心理创伤，他将自己封闭在一个只有自己的世界里，所有的欢乐和痛苦不被别人理解，只能自己品尝痛苦与孤独。但是在苦难中，他凭借战胜苦难的勇气和坚忍不拔的毅力最终成长起来，在苦难中收获的那些精神成为日后应对生活苦难的最重要的品质。同时，作者也通过这部作品警示着我们：倘若在苦难中没有一份对生活的希望和勇气，就会成为生活的弱者。

在作者笔下，书中的那些少年既有温馨的童年生活片段，也有成长中必不可少的苦难经历。在阅读的过程中可以指导学生学会梳理人物的成长故事和心理变化，分析人物的成长轨迹，理解人们是在苦难中学会成长，慢慢走向成熟的文本主旨。

【学情分析】

本次授课对象为五年级学生，这一阶段的学生处于人生观和价值观逐渐形成的重要阶段，榜样人物的力量对这一阶段的学生来说具有重要价值，同时对人物的分析和理解能力对于学生的阅读学习来说也具有重要作用。这一阶段的学生喜欢阅读自己同龄人的故事，并与之进行对比，寻找阅读的乐趣，并且在阅读的过程中，他们的情感会随着人物的故事经历和情感变化发生相应的变化。

杜小康的故事在整本书中所占字数较多，除了有《红门》（一）和《红门》（二）两个主要章节，还有其他故事的穿插，而且杜小康的成长经历分为好几个阶段，心境变化的关键节点也很多，人物形象饱满，精神世界丰富，是引导学生进行人物形象分析与学习的良好素材。

在阅读的过程中教师需要指导学生梳理故事情节，勾连文章内容，分析人物在不同阶段不同事件中的不同表现，进行梳理、分类、比较、综合等一系列思维的过程，同时在表达的过程中结合文章及自身经历进行语言的建构与运用，学会赏析人物、理解文章主旨，这是阅读能力的重要训练点，也是学生阅读学习的难点之一。

【教学目标】

1. 梳理杜小康心境的变化，画曲线图来分析杜小康的成长轨迹。

2. 分析杜小康的成长过程，领悟苦难对于成长的意义，学会以一种积极的态度来应对人生的困境。

【教学重难点】

梳理杜小康心境的变化，画曲线图来分析杜小康的成长轨迹，领悟苦难对于成长的意义，学会以一种积极的态度来应对人生的困境。

【教学过程】

（一）精彩两分钟

学生讲述《草房子》中的插图故事。

教师点评：结合书中的插图，你不仅讲述了图片中的故事，将画面还原成了文字，还将故事的前世今生都讲清楚了。相信大家在看插图的过程中也对书中的内容加深了印象和理解。这也是一种很好的读书方法。

【设计意图：借助“精彩两分钟”这一环节，让学生分享自己的阅读体验，使课堂成为学生之间展示的平台，从而激发学生的阅读兴趣。】

（二）梳理杜小康心境的变化，理清故事情节

1. 导入。

上节课我们已经走进了《红门》（一）和《红门》（二），认识了一个让校长的儿子桑桑都颇为忌惮的杜小康，这节课我们继续走进书中的故事，深入了解这个人物。

2. 出示阅读任务。

书中有很多描写杜小康的心情的词语，请同学们以小组为单位，找出这些词语，并根据这些词语画出杜小康心境变化的曲线图，与大家分享你的理解。

词语预设：

（1）优越、骄傲——从红门里走出来的杜小康，是油麻地小学家境最殷实的孩子，他有令人羡慕的四季的干净衣服、皮裤带、白口罩，有罕见的自行车、优异的学习成绩、班长的职位，甚至有校长家儿子桑桑都无法比拟的号召力。（文中的主要情节：房子、红门、个子高、长得好看、皮裤带、四季的衣服、白口罩、自行车、成绩好、班长、超强的号召力、失火案中的敢作敢当）

（2）茫然、孤独——天有不测风云，小小年纪的杜小康遭遇到了人生中的第一个大变故：家里破产，父亲病倒，而他被迫退学。在命运的打击下，他变得茫然无措，非常孤独。（文中的主要情节：枯坐红门、不常出门、爬树嚎歌、偷书）

（3）重燃希望——父亲在病情稍好之后决定重新找回沉没于深水中的财富、优越和尊严，于是借钱买下五百只小鸭，狠下心带着渴望重归校园的杜小康，远离故乡，前往大芦苇荡开始放鸭生活，杜小康似乎也重新燃起了希望。

（4）悲伤、胆怯——当父子俩背井离乡，远到三百里之外，赶着鸭子进入荒无人烟的野芦荡，迈入广阔的大自然之后，面对未知世界的恐慌时刻煎熬着杜小康。（文中大篇幅对芦苇荡孤独、冷清场面的描写）

（5）享受孤独——随着时间的流逝，杜小康开始适应陌生的大自然、广阔无边的天空、荒无人烟的芦苇荡。杜小康学会了忍受孤独，他和父亲还想出了许多消解孤独的办法，比如比赛拣雁蛋、用芦苇编小笼子、捉纺织娘，他开始享受孤独。

（6）勇敢、坚强——在一次暴风雨中，天上乌云密布，电闪雷鸣，鸭群因受惊而失散，为了找回它们，杜小康孤身在重重叠叠、无边无际的芦苇荡里狂奔着，寻找着，最后迷了路，但是他心中一点儿也没有害怕，反而勇敢坚强地寻找着失散的鸭群。在黑夜里的暴风雨中，杜小康开始走向成熟。

（7）从容、镇定——眼看着鸭子一个个长得又肥又大，马上就要有收获了，却不料因为鸭群吃光了人家大鱼塘的鱼苗而被当地人扣留，当父亲被命运彻底击垮时，依然年幼的杜小康，倔强有力地撑着放鸭船，带着竹篮里仅有的五个淡青色鸭蛋，回到了故乡。面对再一次重大的打击，在苦难面前，杜小康变得从容镇定。

（8）成熟、有担当——在风雨中成长起来的杜小康开始承担起家庭的责任，当他挽着卖杂货的小筐子，站在油麻地小学门口，用自己积攒的几个小钱，在校门口摆起一个文具小摊时，当他向自己昔日的老师和同学微笑而有礼貌地打着招呼的时候，他坚定自信的神态，毫无一丝卑微神情的优雅笑容征服了全校师生，也打动了校长桑乔。他感叹道："日后，油麻地最有出息的孩子，也许就是杜小康。"

成长曲线图预设：（引导学生对绘制的曲线图进行分析和修改）

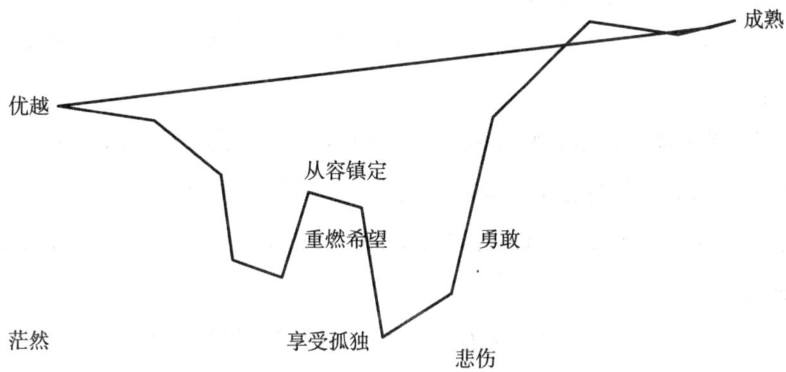

3. 看完杜小康的成长曲线图，你有什么感受？

预设：

（1）人的一生不可能总是一帆风顺的，会遇到各种困难和痛苦，如果你被困难击垮了，那么你的一生就会一无所成；如果你勇敢地面对困难，那么你以后的人生可能就会再也不怕困难。

（2）"天空、芦荡、大水、狂风、暴雨、鸭子、孤独、忧伤、生病、寒冷、饥饿……这一切既困扰、折磨着杜小康，但也在教育、启示着杜小康，大芦荡给予他的那些美丽而残酷的题目使他比油麻地的孩子们提前懂得了许多。"杜小康告别了孤傲和脆弱，学会了忍受孤独，坚定而勇敢地接受命运的挑战。这几个月单调的、孤独的芦荡生活化作了一笔珍贵的精神财富，在暴风雨中成长起来的杜小康开始了坚强勇敢的新的生活。

（3）"宝剑锋从磨砺出 梅花香自苦寒来。"宝剑的锐利刀锋是从不断的磨砺中得到的，梅花能飘香是因为它度过了寒冷的冬季。人只有经过艰苦锻炼，不断磨砺，才能成长起来。

（4）杜小康一直是富有的。如果开始的富有指的是杜小康在生活上十分富足，那么在经历了命运所给他的一系列苦难之后，他的富有是精神上的，苦难让他的内心变得强大。

4. 总结成长经历曲线图的作用。

借助人物成长经历曲线图，我们就能回忆起小说中的关键情节，在对人物进行分析时思路更清晰、语言更简洁，这也是把书由"厚"读"薄"的过程。

【设计意图：指导学生根据从文本中提炼的人物心情变化的词语绘制人物成长经历曲线图，尝试梳理故事主要情节，进行表达能力的训练，提升归纳概括能力。】

（三）关联阅读：结合桑桑和细马的成长轨迹图，比较三人的命运

1. 在之前的学习过程中，我们讨论过书中另外的两个人物——桑桑和细马，也画过他们的成长轨迹图，你能回忆桑桑和细马的成长经历，并跟大家分享吗？

预设：

（1）细马：邱二妈和邱二爷有好房子、好庭院，就是没有儿子，他们收养了亲戚家的孩子细马，本以为会组建一个幸福的家庭，可是当他转到油麻地小学读书的时候，他朗读课文时的口音成为孩子们的笑柄。他开始拒绝和同学交谈，邱二妈对他也是冷淡，于是细马想要回到原来的家。在一个雨季，邱二爷打算把他送走的时候，一场又一场的大雨淹没了道路，洪水把邱二爷的家产都泡烂了。洪水退后，细马被送走，但他半途又独自一个人返回了油麻地。因为他不忍抛下遭难、孤寂的二老。患难见真情，一家人关系变得亲密而融洽。后来邱二爷不幸生病去世之后，细马用幼小的肩膀承担起了这个连遭厄运的家庭，独自一人照顾已经精神失常的邱二妈，开始重振家业。

（2）桑桑：桑桑是校长的孩子，他活泼开朗，调皮好动，本来一直过着无忧无虑的生活，有一个十分幸福的家庭，可是一场突如其来的疾病，彻底打破了他平静的生活。父亲带着他四处求医，病情却毫无改善。在治病的过程中，桑桑开始变得十分懂事善良，总对别人抱有感恩之心。为了达成妹妹的心愿，他拖着病重的身体带着妹妹去看城墙。桑桑因为这场病变得坚强起来，病好之后，他努力学习，顺利考上了中学。

2.（打开 PPT，出示三人成长经历曲线图）对比杜小康、细马、桑桑三人的成长经历，你有什么发现和感受？

预设：

（1）《草房子》这本书中的人物在成长的过程中都会遇到各种各样的困难，没有一个人是一帆风顺的。但是正是因为经历了苦难，这些人才慢慢成长起来，变得成熟，能够应对生活中的一切，我们在生活也应该是这样，必须勇敢面对生活中的困难。

（2）人在成长中最重要的就是在低谷中进行选择，在低谷中历练出来的独立、坚强、勇敢、担当会在以后的生活中熠熠生辉，这种精神上的胜利永远难以磨灭，伴随着人的一生。

（3）每个人的人生都不可能一帆风顺，都是有起有落的，我们应在低谷的时候，学会独立面对困难、接受挑战、磨炼意志、提高能力。

【设计意图：在关联对比阅读的过程中，引导学生再次走进文本，分析故事情节，感悟人物内心的情感变化，并运用自己已经掌握的阅读方法，对人物形成全面、多元、客观、个性化的评价与感悟。】

（四）拓展阅读方法

通过绘制人物成长经历曲线图，我们更清楚地了解了人物的生活经历和故事情节，明白了苦难对于人一生的重要意义，而且绘制人物成长经历曲线图也是一个能够帮助我们更好地阅读一本书的方法。那么在我们的学习中还有哪些工具或方法能够帮助我们更好地阅读呢？

预设：人物关系图、表格、提纲等。

整本书阅读的方法有很多，挑选适合自己的，持之以恒地读下去才是最好的！

【设计意图：此处属于本节课的小结及阅读的方法指导，旨在帮助学生梳理阅读方法，并在今后的阅读学习中学以致用，培养良好的阅读习惯。】

（五）布置作业

继续挑选《草房子》中你喜欢的人物故事进行阅读，选择你喜欢的阅读方式进行人物形象的分析，下节阅读课全班进行交流。

【设计意图：巩固课上所提及的阅读方法，课后加以延伸使用，培养学生的阅读习惯。】

【板书设计】

走进红门 ——《草房子》过程指导课
杜小康成长经历曲线图　　　　直面困难 学会坚强 学会成长

（北京市通州区贡院小学，陈慧，教龄 3 年）

【评课建议】

本课学习中，教师通过提炼文本中人物心境变化的关键词语绘制人物成长经历曲线图，并通过曲线来梳理人物成长故事，对人物形象进行分析和评价，形成感悟，对文本进行二次解读和提炼。在教学过程中，教师这样安排教学的好处在于绘制的过程中引导学生对文中人物成长的关键节点进行了确认与分析，理清了人物成长阶段的心境变化，并且通过人物心境的变化对人物成长有了更加深入的认识，这样的方式，不仅锻炼了学生的动手能力、提取信息的能力、辩证思考的能力，还锻炼了学生深入阅读文本的能力，使学生掌握了阅读的方法，养成了良好的阅读习惯，同时在《草房子》这本书中，人物在成长中的经验对学生来说是必不可少的。

在这节课的教学实践中，教师不仅引导学生进行了成长经历曲线图的绘制，还指导学生进行修改，让曲线的变化过程更加细致深入，让学生学会深入阅读、发现细节、理清脉络的阅读方法，加深了对故事内容的理解。教师引导学生根据绘制完成的人物成长经历曲线图尝试说一说人物成长的重要经历，实际上是在训练学生的口头概括能力。这种概括能力的训练不是要学生一步登天，而是让学生借助成长经历曲线图这个梯子，抓住人物成长经历中的关键节点，概括说出主要内容。在学生交流的过程中，成长经历曲线图上的关键词就是学生头脑中的情节思路，学生顺着这个思路就可以说得清晰、说得简略、不啰嗦。这个实践过程提升了学生思维的质量、口头表达的水平，促进了学生的发展。

当然在课堂实践的过程中，教师应该注意自己的点拨语言或者说是引导性的语言，这就要求教师的格局应该更加高一些，教师要对文本有绝对的掌握，对学生的问题有预设，这样教师才能在课堂上应对学生们的提问，拓展学生们思维的广度，尤其是在指导学生的曲线图绘制上，要充分听取学生的意见，站在学生的角度去思考问题的合理性；同时在让学生谈自我发现及感悟时，要引导学生结合作者的主旨表达与人生经历进行分析，从而加深对人物命运的理解。

《夏洛的网》教学设计（交流分享课）

【教材分析】

本课所授内容为北京版教材五年级下册第四单元补充的一本书。本单元包含精读课文《义犬复仇》《金色的脚印》，略读课文《母爱》《儿子的鱼》及“语文实践活动 4”。课文都是与动物有关的记事文章，这几篇文章都是通过细节描写向我们展现了人与动物或者动物与动物和谐相处的美好画面。因此本单元内容主题定为“爱无处不在”，训练主题定为“抓细节描写，对人物进行恰当的评价”。本单元配备的阅读书目为《夏洛的网》，这是一个描写关于友情的童话，在朱克曼家的谷仓里，小猪威尔伯和蜘蛛夏洛建立了最真挚的友谊。此书的内容为叙事体童话故事，人“物”有鲜明的特点，符合单元内容主题和训练主题。

【学情分析】

我班学生已经有了一定的读书基础，对读书感兴趣的居多，但学生对于文本的认知只是停留在表面，没有深度与广度，对细节描写的理解及对人物评价还有提升的空间。本节读书交流课是在读书推介课、自主阅读课的基础上进行的。学生在自主阅读的基础上完成读书报告单，对课上交流的内容进行初步思考，在生生交流及师生交流中提升认识，从而培养自己的阅读能力。

【教学目标】

1. 在自主阅读的基础上，通过师生交流，加深对作者、译者的了解，为深入阅读做好铺垫。通过构画结构图对故事内容进行梳理，整体把握故事内容，提升概括能力。

2. 在读书交流中，关注细节描写，感悟人物性格特点，能对人物进行恰当的评价，提升语言感悟和表达能力。同时，加深对“友情”的理解与认识，提升阅读能力。

【教学重点】

在读书交流中，关注细节描写，感悟人物性格特点，能对人物进行恰当的评价，同时，加深对“友情”的理解与认识。

【教学难点】

通过话题交流，提升对书中人物的认知，提升阅读能力。

【教学过程】

（一）情节导入，唤醒记忆

教师导入：在朱克曼家的谷仓里，生活着一群动物，让我们一起走进这谷仓去看看，然后说说你看到了谁、他在干什么。

学生结合自己阅读的内容简单交流自己印象深刻的情节。

教师总结：很多的情节历历在目，很多的感慨灼灼在心。让我们一起走进《夏洛的网》。聊这样一本书，我们可以聊聊作者，聊聊事件，聊聊人物。

【设计意图：从故事的情节入手，唤醒学生的读书记忆，激发学生的交流欲望。】

（二）聊作者、译者，渗透意图

1. 学生介绍作者、译者。

预设：学生介绍本书作者怀特。他是美国当代著名散文家、评论家，以散文闻名于世。作者除了终生挚爱的随笔之外，还为孩子们写了三本书：《斯图尔特鼠小弟》（又译《精灵鼠小弟》）《夏洛的网》与《吹小号的天鹅》，这三本书深受读者欢迎，成为儿童与成人共同喜爱的文学经典。译者任溶溶是著名儿童文学翻译家、作家。译著有《安徒生童话全集》《彼得·潘》《小飞人》等，著有童话集《“没头脑”和“不高兴”》。

2. 教师引导：出示书中扉页作者喂羊的画面，介绍在农场生活过很长时间的经历，引导学生猜测一下这样的经历和作者写这本书有什么关系。

预设：学生认为怀特写出这样的童话故事正是与他长期生活在农场这样的生活经历有关。

对一个喜爱动物的人来说，农场也是一个恼人的地方。因为绝大多数牲畜的恩养者，同时也就是它们的谋杀者。

出示他写过的这一段话，提问：你对作者有了什么新的认识？

预设：作者正是因为有这样的苦恼，所以才写了这样一部童话故事。

3. 教师总结：看来，读懂作者对于我们理解他的作品是很有帮助的。相信大家通过后面的交流会对作者的写作意图有更深刻的体会和认识。

【设计意图：在学生聊作者和译者后，教师出示作者的一段话，引发学生对作者的深层认知，初步感知作者的写作意图，并留下一定的悬念。】

（三）构画导图，梳理内容

1. 学生在课前完成故事结构图的构画，课上进行交流，并根据结构图介绍故事内容。

预设：学生以故事线索构画结构图，并能按照结构图简单地介绍故事的主要内容。

师生一起对结构图的绘制进行评议，可根据是否把故事的梗概写清楚、完整，语言是否简练等方面进行评议。

2. 教师引导学生以人物为线索构画结构图。

教师：在整个事件中有三个主要人物，他们分别是谁？

预设：学生回答："小女孩弗恩、小猪威尔伯、蜘蛛夏洛。"

从弗恩和夏洛为小猪威尔伯所做的事情中，你能发现他们为小猪威尔伯做的同样一件事是什么吗？

预设：学生回答："弗恩和夏洛都救了小猪威尔伯。"

在交流中教师完成了以人物为线索的结构图的绘制。

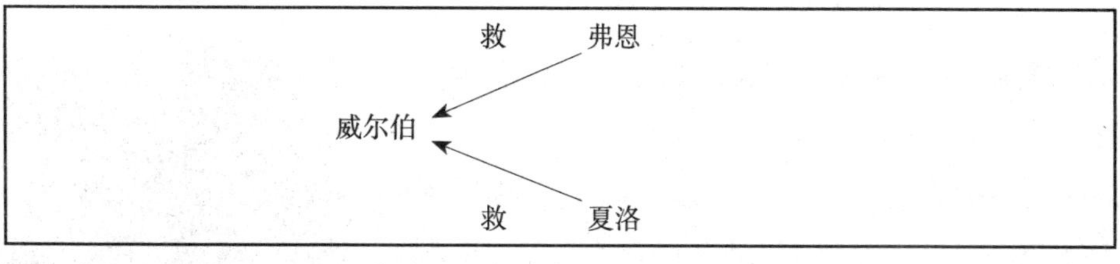

【设计意图：在自读故事的基础上，绘制内容结构图，梳理情节，明确故事的主要内容并在生生评价中提升学生的认识。同时引导学生丰富绘制结构图的方法，提升总结概括能力。】

（四）人物评价，提升认识

1. 根据细节，认知人物。

在学生阅读的基础上提问：威尔伯等三个人物中你最喜欢谁？说明理由。

预设：

（1）学生喜欢威尔伯。

教师追问原因后适时出示威尔伯与蜘蛛夏洛初识的图片和故事结尾的话。

威尔伯永远忘不了夏洛。它虽然热爱它的子女、孙子女、曾孙子女，可是这些新蜘蛛没有一只能取代夏洛在它心中的位置。夏洛是无可比拟的。

学生发现威尔伯的一大特点就是重情重义。追问：你们还从哪些情节发现威尔伯的这一特点？

（2）学生喜欢弗恩。

教师追问原因后适时出示弗恩和父亲抢斧子的图片，以及父亲和弗恩的话。

“可是这不公平。”弗恩叫道，“小猪生下来小，它自己也没办法，对不对？要是我生下来的时候很小很小，你也把我给杀了吗？”

学生发现弗恩的一大特点就是尊重生命。追问：你们还从哪些情节发现弗恩的这一特点？

（3）学生喜欢夏洛。

教师追问原因后适时出示蜘蛛夏洛织网的图片，以及夏洛和弗恩说的话。

你一直是我的朋友，”夏洛回答说，“这件事本身就是一件了不起的事。我为你结网，因为我喜欢你。再说，生命到底是什么啊？我们出生，我们活上一阵子，我们死去。一只蜘蛛，一生只忙着捕捉和吃苍蝇是毫无意义的，通过帮助你，也许可以提升一点我生命的价值。谁都知道人活着该做一点有意义的事情。

学生发现夏洛的一大特点就是看重友情。追问：你们还从哪些情节发现夏洛的这一特点？

【设计意图：运用本单元学习的抓住人物细节描写体会人物特点的方法，抓住故事中人物语言、动作等，初步了解人物特点。这样学生在联结中形成对人物的认知。】

2. 话题探究，丰满形象

讨论话题：你认为谁是“王牌”“光彩照人”“了不起”“谦卑”？至少说出三条理由，至少和你周围的两个人说。

学生思考后进行交流。

预设：

情况一：认为蜘蛛夏洛是“王牌”“光彩照人”“了不起”“谦卑”，同时说明理由。

教师肯定学生的认知后引导：看问题要有不同的视角，我认为小猪威尔伯也可有这样的称谓，如果你用心思考还能有所发现。

情况二：认为小猪威尔伯、蜘蛛夏洛是“王牌”“光彩照人”“了不起”“谦卑”，同时说明理由。

教师点评：看来夏洛的的确确可以有这样的称谓，但在蜘蛛夏洛的眼里小猪威尔伯同样可以有这样的称谓，小猪最大的幸福就是遇上了夏洛这样的朋友。你们能够从两个视角看待问题，这是难能可贵的。

情况三：认为小猪威尔伯、蜘蛛夏洛、小女孩弗恩都是“王牌”“光彩照人”“了不起”“谦卑”，同时说明理由。

教师肯定学生多角度思考后提问：再次审视作者写的话，你认为谁还可以称得上“王牌”“光彩照人”“了不起”“谦卑”？

预设：学生发现作者也可以有这样的评价。

教师总结：同样读一本书，我们每个人对人物的理解都不尽相同，但我们都可以从人物身上汲取营养，温暖自己，引领自己，这就是文学的魅力。

【设计意图：在开放性话题交流中，加深对夏洛、文中其他人物及作者的认识，在生生交流、师生交流中进行转化，转化为自己的一种认知。同时训练学生的语言表达能力，培养学生的语言思维。】

3. 落实笔头，提升能力

教师提出要求：随着同学们聊得越来越深入，我们也好像走进了那个充满温情的谷仓，怎样才能把这里的人物介绍给没有来过村庄的人呢？本单元学习中要求我们在写人物评价时要有理有据、层层剖析、融入情感、夹叙夹议。用这种方法来写其中你最喜欢的一个人物。

独立完成人物评价。

集体交流，教师点评。

【设计意图：学生在本单元学习人物评价的基础上，能够对本书中的人物进行评价，在交流中提升认识，形成能力。】

（五）提出希望，再次阅读

教师引导：书读百遍不嫌多，遍遍都有新收获。希望大家再次阅读《夏洛的网》，你会有更多的思考与感悟。

【设计意图：学生通过前一阶段的学习交流、教师引导，产生再次阅读的兴趣。】

【板书设计】

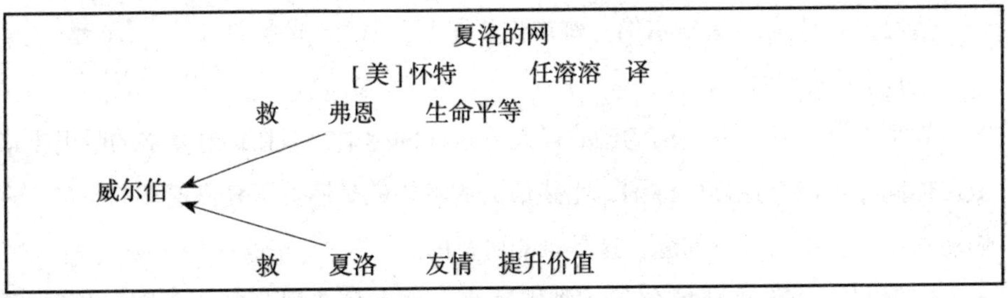

（北京市通州区梨园镇中心小学，邓凌云，教龄 22 年）

【评课建议】

（一）思维导图，理清脉络

本节课学生是在读完整本书后进行整体感知的，通过结构图的形式展现自己的学习成果。教师给孩子交流的空间，孩子在交流中、在评价中更好地理清故事的脉络，从而更好地把握全书故事的主要内容。学生交流后，教师提炼出全书的主要人物，并以人物为中心构画了简单的结构图，教师通过指导，在学生自主学习的基础上，提升学生对整本书内容的把控能力。学生在构画导图、讲故事的过程中对整个故事进行整合，对故事内容形成初步的认知。

（二）层层深入，认识人物

教师把教学的重点指向提升学生评价人物的能力上，指导学生能够用实例说明人物特点，层层深入，以达到正确评价人物的目的。首先教师在学生对人物有了初步认知的基础上，运用本单元学习的抓细节描写认识人物的方法加深对人物的理解。教师设计中心话题，学生在话题探讨中提升对人物的认知，使人物形象更加鲜明与立体。最后把人物评价落到笔头，这是学生整理自己思维，把自己的思考输出的过程，这个过程更加锻炼学生，这样的呈现更能让学生把口头语言变成书面语言，把零散的思考变成有条理的表达，这是对学生思维的一种高度训练。这个过程是一个提升和创造的过程，对学生的语文素养的发展是至关重要的。

（三）注重关联，巩固方法

教师引导学生运用单元学习中习得的抓细节描写体会人物特点的阅读方法运用到整本书阅读中，课内短篇阅读的方法关联到整本书阅读，把整本书阅读作为课内阅读教学的延伸，让学生牢固掌握所学的阅读方法。这也是让学生读整本书的一个重要目的。

（四）多种策略，提升能力

阅读整本书时，教师有目的地运用阅读策略引导学生进行阅读，提升学生的阅读能力。学生绘制导图，理清脉络，在高度的概括中，对故事内容进行了整合。在对人物的认知中，联结整本书中的内容对人物进行分析，人物形象在学生脑中渐渐清晰起来。当孩子们在讨论开放式的话题时，会把这样鲜明的形象和自己生活中的人物进行联结，并能把对人物的认知转化成对友情、对生命的认知，这样的转化是读书的高境界。多种阅读策略的灵活运用让孩子们潜移默化地掌握了阅读的策略与方法，真正做到了提升学生的阅读能力。

《三国演义》之走近诸葛亮教学设计（阅读分享课）

【教材分析】

《三国演义》是我国小说史上非常杰出的长篇章回体历史小说。本书从汉灵帝中平元年（184 年）黄巾起义写起，到西晋太康元年（280 年）三国统一为止，描写了九十余年的重大历史事件及历史人物的活动，展示了三国兴亡的历史画卷，形象地再现了这一风云变幻而又动荡不安的历史时代，生动地揭示了统治集团内部勾心斗角、尔虞我诈、互相勾结而又相互争夺的关系。

读《三国演义》，要读英雄人物。历史向我们走来，人物在笔下复活。《三国演义》以“七实三虚”的手法讲述三国历史，谱写了一曲英雄赞歌。金戈铁马、风云际会，将曹操、刘备、孙权、诸葛亮、周瑜、关羽、张飞、赵云等众多英雄从社会各个角落汇集到舞台中心，他们或以文治武功割据为王，或以智术谋略运筹帷幄，或以超绝武艺纵横驰骋，或以忠肝义胆为主献身，或以卓尔不群为人仰慕，其精神气质和行为方式都以“英雄”的风姿给后人诸多的感慨和启迪。一部《三国演义》，既是成功者的舞台，又是冒险家的疆场。读三国，还可以读决胜智谋，读为人之道，读励志精神等。

诸葛亮是《三国演义》中智慧的化身，是料事如神、忠诚谨慎的贤相，被称为“智绝”。诸葛亮是一名卓越的战略家、军事家、政治家。作为战略家，他未出茅庐，便准确分析天下格局，厘定了天下三分的战略；刘备去世后，其果断地制订了与东吴结盟对付曹魏的战略。作为军事家，他的计谋让人防不胜防：新野城用火，烧得曹军大损；赤壁大战，预料到曹操的每一条逃跑路线，杀得曹军草木皆兵；屡设神谋，牵着周瑜的鼻子走，最终气死周瑜。作为政治家，他忠贞不二，谨守为臣本分，鞠躬尽瘁地辅佐刘备及后主刘禅；他因时制法，将蜀汉治理得井井有条，还培养了大批接班人……这就是诸葛亮，人们心中完美的辅弼大臣，中国人理想中“修身、齐家、治国、平天下”的楷模。

诸葛亮的主要事迹有：

受刘备三顾茅庐之恩，进“隆中对”策略——陈说天下三分之计，出山辅佐刘备。

赤壁之战前，舌战东吴群儒，智激周瑜，最终促成孙刘联盟，共抗曹操。

赤壁大战中，草船借箭、巧借东风，智料华容道，留曹操性命，促成三国鼎立之势。

赤壁之战后，巧施妙计，三气周瑜，助刘备稳占荆州。

刘备称帝后，被拜为丞相。后受刘备白帝城托孤之重任，辅佐刘禅。

治理巴蜀内政，率军征讨南蛮，七擒七纵蛮主孟获，收服了南蛮人的心，稳定南部四郡，解除了北伐中原的后顾之忧。

为报刘备的知遇之恩，更兼转移国内矛盾、稳定蜀国，先后多次伐魏，虽攻城略地，战果丰硕，但终因各种原因而失败。

病逝于五丈原，被后主刘禅谥为“忠武侯”。

【学情分析】

《三国演义》为明代小说，语言习惯和现代汉语有较大差别，学生阅读和理解存在困难。因此，学生可从青少版开始阅读，在熟知主要内容以后增加阅读难度，尝试阅读原著。

由于本书人物众多，情节复杂，因此在阅读中教给学生阅读的方法，如通过目录了解主要内容和人物情节、以人物为主线阅读等，便于学生深入文本。

在阅读过程中，学生选择自己最喜欢的人物进行深入研究，研究人物的生平和性格特点。其中，已上交的34份人物小报中，研究诸葛亮的人物最多，有11人；其次，分别是赵云5人、刘备4人、曹操3人和周瑜2人。其余还有张飞2人，关羽2人，马良、左慈、马超、董卓、吕布各1人。

从中可以发现，学生更加关注蜀国的主要人物，这和《三国演义》的写作倾向有很大的关系。在描写的曹操、刘备、孙权三个政治集团中，曹操与刘备是一组对立的艺术形象，曹操的奸诈、凶残与刘备的宽厚、仁慈形成鲜明的对比，正如刘备向庞统所言：“操以急，吾以宽；操以暴，吾以仁；操以谲，吾以忠：每与操相反。”如果说曹操是大奸大恶的权臣典型，刘备是“仁君”的典型，那么诸葛亮则是“贤相”的典型，是智慧的化身。

从学生制作的诸葛亮人物海报中可以发现，他们能够提取出描写诸葛亮的章节和相关语句，结合原文和课外查阅的歇后语、成语等资料，对诸葛亮形成自己的评价，有理有据。但是这种认识往往是从部分故事情节中得来的，一个人物形象是立体的、丰满的，需要学生在分享交流中博采众长，在合作学习中不断碰撞出思维的火花。

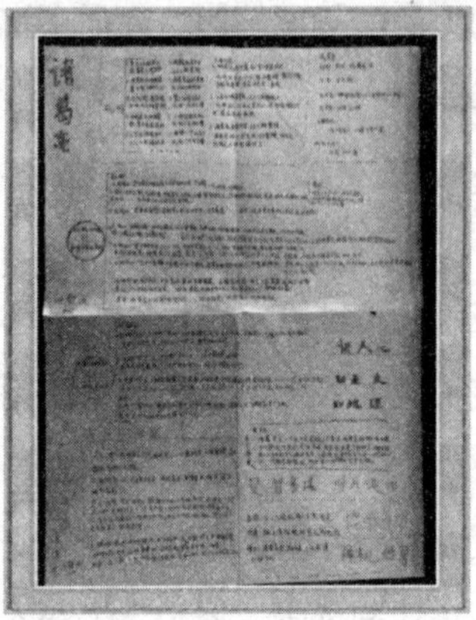

因此，阅读分享课让学生将自己的读书心得和其他人的心得交流碰撞。萧伯纳曾经说过："如果你有一个苹果，我有一个苹果，彼此交换，我们每个人仍然只有一个苹果；如果你有一种思想，我有一种思想，彼此交换，我们每个人就有了两种思想，甚至多于两种思想。"阅读分享课的第一重作用就在于此。另外，分享课从学生最熟悉的诸葛亮入手，不仅让学生兴致高涨，还能教会学生理解人物的方法，从而在深入阅读中了解其他更多人物。

【教学目标】

1. 在充分阅读古典名著《三国演义》的基础上，熟知重要人物诸葛亮及其主要故事情节。（教学重点）

2. 能够较为客观地分析和评价主要人物。（教学难点）

3. 通过活动，产生对祖国灿烂文化的自豪感及对诸葛亮博学多才、神机妙算、能言善辩的崇敬之情。

【教学过程】

（一）激趣导入

1. 我们阅读《三国演义》，其中人物众多，有名有姓者足有千余人。现在有这样一个人，请你根据提示猜一猜他是谁。

（1）人物一。

提示一：他常寄人篱下，先后投靠过公孙瓒、曹操、袁绍、刘表、吕布等人。

提示二：他使用双股剑，他的坐骑是的卢马，这匹马虽然克主却跃马檀溪，救了他一命。

提示三：他被作者塑造成为仁民爱物、礼贤下士、知人善任的仁君典型。

揭示答案：蜀国将领人物——刘备，曹操这样评价刘备："今天下英雄，唯使君与操耳。本初之徒，不足数也。"

（2）人物二。

提示一：他曾被曹操封为"汉寿亭侯"。

提示二：他拥有骁勇非凡、武艺绝伦、所向无敌的英雄气概和素质。

提示三：他的武器是"冷艳锯"，重 82 斤。

揭示答案：关羽。他是《三国演义》中忠义的化身，我们所熟知的他忠义勇谋的事情分别有千里走单骑、华容道义释曹操、过五关斩六将、水淹七军、败走麦城。

（3）人物三。

提示一：东汉末年，南阳人士，三国时期非常杰出的外交家。

提示二：他留给后人"智慧""节操高尚"的光辉形象。

提示三："功盖三分国，名成八阵图"是杜甫对他的评价。

揭示答案：蜀国丞相诸葛亮——出师一表真名世，千载谁堪伯仲间。

2. 引出本节课分享讨论的人物诸葛亮

在我们初读《三国演义》时，郭老师为我们上了一节精彩的导读课，我们看到了一个神机妙算的诸葛亮。这节课，我们继续走近他。

【**设计意图**：通过小游戏的形式，每次出示一条人物提示，一方面激发学生参与课堂的积极性，另一方面检验学生的读书效果，了解学生对人物特征的理解。这三个人为《三国演义》中分量极重的人物，最后一个人设计为诸葛亮，引出本节课的教学重点。】

（二）全面理解诸葛亮的人物形象

1. 小组合作学习：评价诸葛亮

诸葛亮是《三国演义》中非常重要的人物形象，在蜀国的发展壮大中居功至伟。经过阅读，你眼中的诸葛亮是怎样的？小组合作，以"我眼中的诸葛亮"为题，完成思维导图，然后准备小组汇报。

（1）小组合作要求。

小组合作，以"我眼中的诸葛亮"为主题，共同制作一张思维导图。选取

《三国演义》中有代表性的故事情节，展现诸葛亮的人物形象。

10分钟后，小组汇报。

（2）学生复习有关诸葛亮的小故事。

《三国演义》中关于诸葛亮的小故事有：走马荐诸葛、三顾茅庐、隆中决策、火烧博望坡、火烧新野、舌战群儒、智激周瑜、草船借箭、借东风、三气周瑜、智取汉中、白帝城托孤、安居平五路、七擒孟获、六出祁山、收姜维、骂王朗、失街亭、空城计、斩马谡、袭陈仓、火烧上方谷、秋风五丈原、死诸葛吓走活仲达、遗计斩魏延等。

（3）分组讨论，绘制导图。

（4）小组汇报。

学生从以下几个角度进行汇报：

①神机妙算：火烧新野、火烧博望坡、三气周瑜、七擒孟获、智激周瑜、借东风等。

②忠诚：白帝城托孤。

③博学多才：舌战群儒。

④能言善辩：舌战群雄，气死王朗。

【设计意图：课前预习中，学生有针对性地再次阅读描写诸葛亮的章节，根据自己的理解评价人物。本节课上，让学生在充分阅读中，在小组讨论过程中，对诸葛亮这个人物形象做出评价，并能够结合事例阐述评价的理由，做到有理有据，自圆其说。】

2. 我眼中的诸葛亮

（1）了解其他人对诸葛亮的评价。

①崔州平评价诸葛亮。

孔明观其大略，不拘泥于一家之言，并能学以致用。而我辈虽然精通一隅，却难以纵观全局：加上醉心于书本疏于关心国家大事，自然缺少开拓进取的精神和处理实际问题的能力。

②杜甫评价诸葛亮。

《蜀相》：三顾频烦天下计，两朝开济老臣心。

（2）学生谈自己的理解。

【设计意图：通过汇报还可以检查学生的阅读效果，促进学生在汇报时运用阅读成果进行表达，从而为学生提供交流和展示自己的良好环境，使学生在阅读中积累，在交流中进行语文实践，提高自己的思维能力和语文表达能力。】

（三）练笔

1. 诸葛亮有多重身份：既是未出茅庐便知天下事的卧龙先生，又是谋略过人、神机妙算的军师诸葛亮，还是刘备的“帝师”，蜀国丞相，遗孤的托付者。

2. 练笔提示。

如果诸葛亮来到现代社会，他想根据自己的才能找一份合适的工作。

你觉得他最适合从事什么职业？请你为他介绍一份工作吧！

【设计意图：让学生根据诸葛亮的特长和性格特点选择职业，检验学生对于人物的理解程度，激发学生参与课堂学习的积极性。】

（四）口语表达

就像诸葛亮一样，我们也要走向社会。诸葛亮能凭借自己的才干和智慧在社会上立足，这些给了你们什么启示？

【设计意图：此环节是将学习与生活进行关联。《义务教育语文课程标准》（2011年版）指出：“在语文学习过程中，培养爱国主义、集体主义、社会主义思想道德和健康的审美情趣，发展个性，培养创新精神和合作精神，逐步形成积极的人生态度和正确的世界观、价值观。”研究诸葛亮并不止步于分析他的人物形象，感受他的才能和智慧，还要让学生通过读受到启示和教育，引导学生由诸葛亮去思考自己的生活，学以致用。】

（五）作业

再读《三国演义》，品味你喜欢的其他人物。

【设计意图：一节阅读分享课并不是在下课铃响起的瞬间就结束了，它应该是学生阅读成长中的一个加油站，一个向导，让学生带着方法和新的体会再次踏上阅读之路。我们用了一节课时间了解了诸葛亮的一部分性格特征和人物品质，还有更多面和更多的人需要学生细细品读和感悟。】

【板书设计】

走近诸葛亮
神机妙算 能言善辩 忠诚 博学多才

（北京教育科学研究院通州区第一实验小学，于子洋，教龄 3 年）

【评课建议】

阅读成果汇报课归根结底是为学生读书服务的。在汇报中，学生交流读书所得，习得读书方法，促进自身更加自主有效地阅读。

首先，关注学情，确定恰当的阅读分享主题。《三国演义》是三国时期历史的一座人才宝库，是一部活的兵书，也是一座军事大课堂。这部书情节复杂、人物众多，如何选择阅读分享的切入点就十分考验老师的教育智慧。本节课老师选择了学生熟悉的诸葛亮这个人物，与教材中《用奇谋孔明借箭》这篇课文关联起来，从课内走向课外，遵循了学生的认知规律，也很好地整合了课内外资源，对学生读懂三国，理解人物大有裨益。

其次，于子洋老师的这节阅读分享课，积极倡导自主、合作的学习方式，尊重学生的学习主体地位，给予学生充分的自主学习时间，使每个学生都积极主动地深入阅读、有所感悟，并加强合作交流，从而让学生由被动变为主动。教师把个人自学、小组交流、全班讨论、教师指点等有机地结合起来，激发学生的学习热情，挖掘学生的学习潜能，促进学生深度探究，使学生在互补促进中共同提高。教师还通过小组合作绘制“我眼中的诸葛亮”思维导图，使学生主观化的认识得到补充和拓展，让学生在交流与讨论中、在分享和倾听中，全面认识诸葛亮的神机妙算、博学多才、能言善辩和忠诚等特质。

第三，注重关联学习与实践，培养学生的语文素养。在学习实践环节，老师不是单纯说教，而是创造性地设计了为诸葛亮介绍工作的小练笔，一方面调动了学生思考的积极性和主动性，极大地提高了学生的课堂参与感；另一方面，让学生把理解到的诸葛亮的优点加以运用，充分体现诸葛亮的才能，深化学生对诸葛亮这个人物的认识。只有充分了解长处，才能给诸葛亮安排最合适的工作，人尽其才。通过这个环节，老师能够从练笔中了解到本节课的学习效果，有针对性地对学生进行后续的指导。

第四，注重关联学习和生活，让学生学以致用。教师引导学生由诸葛亮的人物特点，联系自身的学习和生活，从他的身上学习读书时认真刻苦，工作以后要尽职尽责的品质。这个环节让学生自由表达，在课前阅读和本节课集中交流的基础上，让学生反观自身，把书中的知识和自己的真实生活相关联，让书中的人物走向生活，潜移默化地受到优秀人物的感染和熏陶。

第五节　构建学习与实践关联的教学设计

一、《陶罐和铁罐》教学设计（第三课时）

【教材分析】

《陶罐和铁罐》是部编版小学语文三年级下册第二单元“寓言”中的一篇课文。这篇课文富有童趣，情节起伏，它讲述了国王御橱里铁罐自恃坚硬，瞧不起陶罐，然而许多年后，陶罐出土成了无价之宝，铁罐却不复存在的故事。其中，课文中陶罐和铁罐的对话尤为生动有趣，在提示语、标点符号和称呼中都体现着陶罐和铁罐鲜明的性格特点，适合学生在反复练习的基础上，结合学习、生活经验等开展课本剧的表演，通过语气、表情和动作将人物性格外化，从而进一步体会人物特点，以及要正视自己的长处和短处的道理，在教学过程中要将关联阅读和语文学科实践活动相结合，并落到实处。

关联阅读是语文学科核心素养的基本体现，也是一种思维方式和阅读策略。在《陶罐和铁罐》学科实践活动课上，学生通过课本剧表演这一方式激活自己已有的知识储备，联系生活经验，表现出人物的鲜明特点，将课本内容与生活实践做出了更加深层次的关联。

同时，《义务教育语文课程标准》（2011 年版）中明确提出：“综合性学习主要体现为语文知识的综合运用、听说读写能力的整体发展、语文课程与其他课程的沟通、书本学习与生活实践的紧密结合。综合性学习应贴近现实生活，突出学生的自主性，强调合作精神，要加强教师在各环节中的指导作用。”因此，语文课程是实践性课程，应着重培养学生的语文实践能力，而培养这种能力的主要途径也应是语文学科实践活动。

【学情分析】

学生通过第一、二课时的学习，已经能够利用提示语、标点符号和称呼等体会陶罐和铁罐截然不同的人物性格，懂得在生活中要正视自己的长处和短处的道理。为了在第三课时——学科实践活动课中，能够从学生的实际需求出发，我在课前做了以下前测问卷：

1. 你喜欢表演吗？（请在相应的选项括号中打“√”）

喜欢（　　）　不喜欢（　　）　不确定（　　）

2. 在下列心情中，你有过哪些心情呢？（请在相应的选项括号中打“√”，可以多选）

高兴（　　）　伤心（　　）　生气（　　）

惊讶（　　）　害怕（　　）

3. 如果让你把某种心情表演出来，你认为自己能够演得像吗？（请在相应的选项括号中打“√”）

能（　　）　不能（　　）　不确定（　　）

通过前测问卷，能够看出三年级的学生表现欲极强，非常喜爱表演，对生活中自己有过的心情也有大概的了解，但是一些基本的表演方法仍比较欠缺，所以在本节学科实践活动课中，我试图为学生营造“小演员招募”情境，让学生在“小戏骨培训班”中学习如何通过语气、表情和动作表演出人物鲜明的性格特点，激活学生已有的生活经验，将文本内容与生活经验相关联，从而将自己对人物和故事真实的理解外化。

【教学过程】

（一）关联导入，进入“小演员招募”情境

1. 课前三分钟展示

学生讲寓言故事《骄傲自大的小马》。

听了这则寓言故事，你想到了哪个故事？为什么？

预设：《陶罐和铁罐》，这两个故事告诉我们的道理是一样的。

【设计意图：课前三分钟展示，不仅给学生提供了展示自我、练习口头表达能力的机会，还将课内外阅读相关联，从“寓意”这一共同点出发唤醒学生在《陶罐和铁罐》第一、二课时中学习的内容，顺理成章地导入本节课。】

今天咱们就继续学习——《陶罐和铁罐》。

2. 进入“小演员招募”情境

在我们读过的这些寓言故事中很多都被改写成了剧本，搬上了大荧幕。咱们前两节课学习的《陶罐和铁罐》也被编成了剧本，现在正在招募小演员呢！你想来试试吗？

【设计意图：针对三年级学生想象力丰富、喜爱表演的心理特点，简单的一句“你想来试试吗”一下子就将学生带入了“小演员招募”这个大情境之中，使学生以轻松、愉快的心情开启这节课的学习。】

（二）关联经验，学习表演，收获方法

1. 第一条锦囊妙计——背熟台词

那我们先走进“小戏骨培训班”学习一下，今天帮助大家成为小演员的是变声筒博士，快来听听博士有什么要对我们说的吧！

播放变声筒博士的录音：

“亲爱的小朋友们，欢迎大家来到我的课堂。你们每一个人都有成为小演员的潜质。所以今天这堂课，我会在大家需要帮助的时候，给大家两条锦囊妙计，祝你们成功！”

【设计意图：“变声筒博士”这一卡通人物的设置，把学生真正带入“小戏骨培训班”这一情境之中，充分调动了学生的积极性，从学生的实际需求出发，让学生在情境中收获知识，收获快乐。】

同学们，你觉得如果要成为一名专业的小演员，应该具备的最重要的本领是什么？

预设：背熟台词。

这就是博士带给大家的第一条锦囊妙计——背熟台词。课文中2~9自然段就是今天的剧本，快自己练习着背一背吧！

第一条锦囊妙计——背熟台词。

（1）练习背诵台词。

（2）检查背诵情况。

咱们班同学能把台词背得这么熟练，老师实在是佩服！那成为小演员的第一步我们已经成功了！

【设计意图：要想真正地将人物鲜明的特点表演出来，最首要也是最基本的是要先把台词背熟，“背熟台词”不是一句口号，要付诸行动，所以必须在课堂中给学生留有练习背诵的时间，并且要进行检查，形成“学—练—展—评”一体化模式。】

2. 第二条锦囊妙计——通过语气、表情和动作表现人物心情

除了背熟台词，你觉得专业的小演员还应该具备哪些本领呢？

预设1：有语气。

预设2：加上表情。

预设3：加上动作。

这就是博士带给大家的第二条锦囊妙计——通过语气、表情和动作表现人物心情。

（1）“闻声识心情”，练习有语气地背诵。

一个人的语气、表情和动作往往反映了他内心真实的心情，在生活中你都有过哪些心情呢？

预设：伤心、生气、高兴、惊讶……

如果让你们来猜一猜这些心情，你能猜出来吗？下面我们来进行两个闯关游戏，第一关是“闻声识心情”。

播放录音：

①“我的铅笔袋丢了，怎么办呀？” （伤心）

②“太好啦！我终于爬到山顶了！” （兴奋）

③“天哪！哈尔滨的冬天居然这么冷啊！” （惊讶）

④“我……我……我……忘词了……” （紧张）

【设计意图：学生根据以往生活经验，对“心情”和“语气”都分别有一定的了解，但如何将这二者联系在一起呢？对于三年级的学生来说，游戏一定是最合适的方式，利用“闻声识心情”，不仅贴近学生生活，而且更具趣味性。】

不同的语气可以表达不同的心情，通过上节课的学习，我们已经知道了铁罐在说每一句台词时都有着不同的心情，下面请你根据每一句台词对应的心情，加上语气和同桌一起再来背一背吧！

铁罐的台词：

“你敢碰我吗，陶罐子！” （傲慢）

“我就知道你不敢，懦弱的东西！” （轻蔑）

“住嘴！你怎么敢和我相提并论！你等着吧，要不了几天，你就会破成碎片，我却永远在这里，什么也不怕。” （恼怒）

“和你在一起，我感到羞耻，你算什么东西！走着瞧吧，总有一天，我要把你碰成碎片！” （狂妄）

学生展示。

【设计意图：在“背熟台词”之后，提出了进一步的要求——“有语气地背诵”，同样在课堂中给学生留有足够练习的时间，做到“稳扎稳打”。】

（2）“百变心情模仿秀”，练习加上表情和动作。

心情不仅能通过声音来表达，还能通过表情和动作来表现。下面进入第二关——百变心情模仿秀，大屏幕上会出现一张图片，请大家一起模仿图片人物的表情和动作，请一位同学站在前面猜一猜这是哪一种心情。

出示图片：

全班表演，一人猜。

你还知道哪些心情？上台给大家演一演，让大家猜一猜！

一人表演，全班猜。

【设计意图：对于三年级学生来说，“一个比划一个猜”的游戏一定不会陌生，学生通过表情和动作表现出某种心情是真实的、自然的情感流露，也为后续表演进行了热身。】

因此，我们不仅能从语气上能听出来一个人的心情，还能从表情和动作中看出来。下面，赶紧在刚才有语气的基础上，再给铁罐加上表情和动作来试试吧！

同桌互相练习，一位学生表演，另一位学生挑选其中一句台词进行评价，先说优点，再说建议，教师指导。

①预设：“你敢碰我吗，陶罐子！”

出示图片，全班模仿图片上的表情和动作：

指名模仿表演，全班一起表演。

②预设：“我就知道你不敢，懦弱的东西！”

播放视频，观察图片，找共同点：

预设：他们的眼皮都向下耷拉着，嘴角向一侧撇着。

指名表演，全班一起演。

③预设：“住嘴！你怎么敢和我相提并论！你等着吧，要不了几天，你就会破成碎片，我却永远在这里，什么也不怕。”

铁罐是什么样的语气？做了什么表情和动作？

预设：语气听上去很厉害，双手叉腰，手指着陶罐。

当你恼怒时，你的语气、表情和动作又是什么样的呢？

指名表演。

可以模仿图中人物的表情动作试一试。

学生练习，指名展示。

④预设："和你在一起，我感到羞耻，你算什么东西！走着瞧吧，总有一天，我要把你碰成碎片！"

你在生活中或电视中见过特别狂妄的人吗？他是什么样子的？

指名表演，全班一起表演。

最后，把铁罐的台词连在一起，再来练一练吧！

学生展示。

【设计意图：在生活中，学生对于"傲慢""轻蔑""恼怒""狂妄"这四种心情的理解程度不同，有深有浅，所以在本环节中，利用图片、视频等资源为学生"搭梯子"，使其在情境中理解、体会并模仿人物的表情和动作。】

3. 练习表演陶罐

面对铁罐的咄咄逼人，陶罐是什么样的反应呢？

预设：一直都很友善、宽容、有礼……

快用上刚才的两条锦囊妙计，演一演陶罐吧。

【设计意图：在对铁罐的表演进行了"学—练—展—评"之后，学生将两条锦囊妙计运用于陶罐的角色之中，无疑是对学习方法的正迁移，更加体现了学科实践活动课的"实践性"。】

4. 练习表演陶罐和铁罐

最后，把陶罐和铁罐合在一起，和同桌再演一演吧！

同桌练习表演。

我们一起来听一听博士还有什么要对我们说的吧!

(播放变声筒博士录音)

"亲爱的小朋友们,祝贺你们从小戏骨培训班顺利毕业,小演员招募马上开始,祝你们成功!"

(三)登台展示,运用方法

1. 演员表演

演员就位,表演正式开始。

播放剧本开头:

"国王的御橱里有两个罐子,一个是陶的,一个是铁的,骄傲的铁罐看不起陶罐,常常奚落它。"

演员开始表演。

2. 师生共评

【设计意图:经过一步一步的练习,终于迎来了"小演员招募"的正式表演,为了使表演更加完整,在学生表演之前,播放剧本的开头读白,使这一"情境感"更加真实。】

（四）关联剧本，巩固方法

祝贺同学们竞演成功！不光《陶罐和铁罐》在招募小演员，《北风和太阳》剧组也在招募小演员呢！咱们上节课对《北风和太阳》剧本进行了创编，课下请同学们用博士为我们提供的锦囊妙计再来演一演《北风和太阳》吧！

【设计意图：在本节课中，学生通过“学—练—展—评—用”的方式基本掌握了表演人物特点的方法，若想进一步巩固该方法的运用，就要在其他剧本中进行练习、实践，《北风和太阳》在寓意上与《陶罐和铁罐》有着一定程度的关联，同时在第二课时中学生对其剧本进行了创编，因此是最合适不过的了。】

【板书设计】

小演员招募 ——《陶罐和铁罐》剧组 台 词 表 演

（北京市通州区中山街小学，黄阳，教龄 7 年）

【评课建议】

（一）实践性与关联性——促进学生思维的全面发展

1. 在实践中关联

《义务教育语文课程标准》（2011 年版）指出：“语文课程是一门学习语言文字运用的综合性、实践性课程。”语文学科实践活动，强调学生通过实践，增强探究和创新意识、学习科学的研究方法、发展综合运用的能力。在本节课中，教师给学生留有充足的练习时间，将“实践”贯穿始终，可以说是一节实实在在的学科实践活动课。同时，引导学生一步一步通过“学—练—展—评—用”的方式，激活已有知识储备，联系生活经验，在实践中关联，从而进一步体会陶罐和铁罐鲜明的特点，促使自身综合运用能力的发展。

2. 在关联中实践

有实践，必有关联；有关联，必促实践。关联阅读是语文学科核心素养的基本体现，它是一种思维方式，也是一种阅读策略，它具有多种形式，例如，文本内部关联、单元内部关联、教材系统关联、课内外关联及学习与实践的关联等。在本节课中，教师运用了多种形式的关联，例如课前三分钟与《陶罐和铁罐》的关联、表演与生活经验的关联、铁罐与陶罐表演方式的关联及《陶罐和铁罐》与《北风和太阳》寓意的关联等，引导学生在多重关联中实践，从而促进学生思维的全面发展。

（二）情境性、游戏式、多元化——激发兴趣，激活思维，寓教于乐

1. 情境性

针对三年级的孩子想象力丰富、热爱表演这些特点，在上课伊始，教师就为学生创设了“小演员招募”情境，极大地激发了学生的表演热情，带领学生走进“小戏骨培训班”，邀请“变声筒博士”——一位卡通人物为大家传授锦囊妙计，学生在这样一个轻松、有趣的氛围中非常具有安全感，能够更加放松、真实、自然地表现自己，对课中的表演来说是一个良好的开端。

2. 游戏式

三年级的学生极具模仿能力，为了使学生切身感受在表演中能够利用语气、表情和动作来表现人物特点，教师通过“闻声识心情”和“百变心情模仿秀”两个游戏，激发学生的表演欲望，通过猜谜、模仿等方式唤醒自己在生活中对伤心、兴奋、恐惧、生气等不同心情的理解，从而为表演奠定基础。

3. 多元化

在本节课中，教师遵循三年级学生的心理发展特点，将录音、文字、图片、视频等多元化的教学资源进行了有效整合与利用，将课内与课外相结合，表演与生活相结合，文本与文本相结合，为创设情境、创编游戏做出了有力的支持，充分调动了学生的多重感官，促使其听、说、读、演、思等多种能力综合发展，一举多得。

二、语文实践活动设计——送别诗的探究

【指导思想】

《义务教育语文课程标准》（2011 年版）指出："应拓宽语文学习和运用的领域，并注重跨学科的学习和现代科技手段的运用，使学生在不同内容和方法的相互交叉、渗透和整合中开阔视野，提高学习效率，初步获得现代社会所需要的语文素养。"

在语文教学过程中，阅读是中心环节，也是精神成长、文化传承的重要途径。而关联阅读正是通过关联相关语文知识、学习方法、阅读文本等途径建构有效认知语境，发展学生思维能力、提升学生素养的一种教学形式。

此次的语文实践活动——送别诗的探究，是以素质教育理论为指导，以关联阅读为依托，结合学校发现教育特色，以综合为特征，以实践为核心，以活动为载体，以培养学生创新精神和实践能力为重点，深化素质教育，提升学生语文素养的一次活动。

在设计上以趣味性、活动性、差异性和实践性为主要实践原则；在活动形式上，与课内外知识相结合，与生活实践相结合，采取个体活动、小组活动和集体活动相结合的形式。学生通过观察、搜集资料、研讨、制作等探究活动，以及运用言语、文字、图像、动手制作等表现自己活动过程的思考和交流，引导学生完成自己的学习目标，从而丰富自己的知识和情感体验，培养自己的创新精神和实践能力。

【学情分析】

本次授课对象是五年级学生，他们对语文实践活动课并不陌生，他们对于动手实践、收集资料等活动非常感兴趣，而且具备一定的能力。另外，高年级学生有一定的诗词积累量，而且有一定的品析、鉴赏能力。以往的诗词学习经验，为学生了解送别诗的内容，体会表达的情感，以及诗人的生活经历、创作背景奠定了基础。但是在实践活动中，通过研究、形成研究报告有一定的难度，因此需要老师加以指导和帮助。

【活动内容】

1. 了解送别诗

送别诗抒写离别情绪，是分离时迸发的情感火花。古往今来，许多文人墨客

对于离别总是歌吟不绝。在这浓浓的感伤之外，往往还有其他寄寓，或用以激励劝勉，或用以抒发友情，或用于寄托诗人自己的理想抱负。

五年级学生通过以往的学习，已经积累了十余首有关送别的古诗。通过此次活动，让学生们积累更多的有关送别的诗歌，并通过探究，让学生进一步了解送别诗中的情感、习俗等。

2. 诵读送别诗

通过学习、探究送别诗，了解、掌握更多的送别诗，并利用午自习时间、路队时间诵读送别诗，初步学习吟诵送别诗。

3. 探究送别诗

活动伊始，学生们通过搜集送别诗、给送别诗分类，确定了各班的研究主题：

一班——送别诗中的旅游文化

二班——送别诗中的习俗

三班——送别诗中的情感研究

四班——漫画送别诗

五班——送别诗的表现手法

六班——送别诗中的景物研究

七班——送别诗的古今对比

后续的活动，皆围绕主题展开。

【活动目标】

1. 学生通过综合性学习，能够学会制订活动计划，在活动中积极、主动参与，勇于承担一定的任务，并能通过独立或合作学习，较好地完成任务。

2. 学生能够认真阅读老师提供的诗词材料，从中受到启发，搜集到更多的古今中外的送别诗。

3. 通过对课内外诗词知识的整合，增强学科实践活动的实效性，使学科实践活动真正地走入学生的学习、生活中去。

4. 通过综合性学习，促进学生对送别诗的了解，感受送别诗中的情感变化，了解送别诗背后的相关知识。

5. 通过此次活动，培养孩子发现美、感受美的意识。

6. 通过诵读这些诗歌，使学生的志向、情操得到陶冶和升华，并在实际的学习、生活中运用。

【活动重点】

1. 学生通过综合性学习，学会制订活动计划，在活动中积极、主动参与，勇于承担一定的任务，并能通过独立或合作学习，较好地完成任务。

2. 学生能够认真阅读老师提供的诗词材料，从中受到启发，搜集到更多的古今中外的送别诗。

【活动难点】

1. 通过对课内外诗词知识的整合，增强学科实践活动的实效性，使学科实践活动真正地走入学生的学习、生活中去。

2. 综合性学习能够增进学生对送别诗的了解，感受送别诗中的情感变化，了解送别诗背后的相关知识。

3. 通过语文实践活动，使学生完成思维发展的飞跃，从而提高学生的综合素质。

【活动措施】

1. 创建活动小组，以小组为活动单位，给学生创建更好的合作、交流机会。

2. 以小组为单位，搜集古今中外的送别诗，并进行分类整理，提高学生的能力。

3. 利用课前三分钟、午自习时间，请各小组向大家展示本组的搜集成果。

4. 组织各组学生通过讲一讲、看一看、画一画、做一做等形式展示它们的收获，让课堂走向开放，让实践活动充满活力。

【活动安排及过程】

（一）准备阶段

1. 教师研讨，明确方向

为了使此次实践活动有的放矢，我们组的语文教师进行了多次研讨。教师们学习了相关的理论知识，对活动主题有了进一步的认识，明确了研究方向。为指导学生的学习实践奠定了坚实的基础。

2. 学生分组，明确任务

活动初期，本着自愿结合的原则，学生们形成了各自的学习小组，并选定了组长，由组长建立了微信群，便于学生们及时沟通。

（二）探究阶段

1. 日常探究，有序进行

各探究小组，由组长分配任务，搜集古今中外的送别诗，并将这些资料整合到一起。组员们接到任务后，利用课余时间搜集相关的内容，可手抄、可打印、可剪贴。各组长根据自己小组收集诗歌的情况，将这些资料汇总到一起。

为了使实践活动有序进行，我们引导各小组制订了各自的探究计划书。除此之外，我们会不定期询问各小组任务的完成情况，并给予肯定和帮助。

2. 主宰课堂，百花齐放

各小组将搜集的诗歌整理到一起，确定自己的分类标准，将其分类。

我们把每节语文课的课前三分钟留给学生，让学生分组轮流介绍各组搜集的送别诗，每天一首。除了介绍所选诗的作者、朝代、写作背景、释义以外，还可以介绍自己的理解、选择的目的等。这种课前“古诗热身”，已成为我们年级学生的一种习惯。

除此之外，这些诗词或写作年代久远，或内容深奥，或远离学生生活，学生不易理解，无法引起情感上的共鸣，更难领悟诗中的思想感情。我们引导学生，通过画一画、写一写、做一做等形式展示各组的收获，并充分利用后黑板、宣传橱窗、连廊等展示各组、各班的成果。

3. 深入探究，形成报告

让学生根据本组制订的探究主题收集相关资料，交流、探究、分析。

例如，一班的研究主题是：送别诗中的旅游胜地。孩子们针对一首诗中所提到的地点，又搜集了与之有关的诗歌，并对此地的文化背景、历史背景进行了研究。

二班的研究主题是：送别诗中的习俗。孩子们搜集了相关的诗歌，并针对这些诗中所提到的习俗，在老师的指导下进行了前期调查，例如：送别的地点、形式、人物等，并将这些资料统计，再分组研讨。全班结合最为感兴趣的“以酒送别”的习俗，进行了比较深入的讨论、研究，并初步形成了研究报告。

（三）汇报成果

在“汇报成果”这一阶段，我们先是以班级为单位，进行了“诗词诵读赛”、优秀作品展示、评比等活动。又以年级为单位进行了“诗词竞赛”“到外班游学”

等活动。活动过程中，学生们积极参与、主动交流、相互探讨。这些形式，使原本枯燥的诗词变得生动有趣，学生在“玩中学，趣中练”，提高了活动的实效性。

【评价设计】

此次的实践活动，以学生为主体，以小组为单位。因此，为了促进学生能力的提升，每一次的交流展示，我们都会制定相应的评价标准。

例如，各组在汇报所搜集的资料时，评价标准如下表：

评价内容	标准	☆☆☆	☆☆	☆	总分
内容的汇报与交流	汇报时分工明确，表达清楚。				
汇报的内容	内容符合主题，有价值。				
汇报形式	学生参与度高，易于接受、理解。				

又如，在通过讲一讲、画一画、演一演等形式，展示各组的成果时，评价标准如下表：

评价内容	标准	3分	2分	1分
合作意识	分工明确，配合默契。			
实践能力	展示内容理解正确； 能够把对诗的理解展示出来； 思路清晰，形式新颖。			

通过自评、互评，学生会根据他人的评价进行成果的修改、自我的反思、并在下一次的展示中有所改进。评价标准的制定，使学生更加期待下一次的挑战，使他们的综合素养得以提升。

【展望与思考】

语文实践活动，对我们教师而言，通过研究和实践，提高了自身素质，实现了从“传授者”变为“学生学习活动的合作者与指导者”的角色转换，使语文教学充满生机和活力。对学生而言，语文实践活动激发了学生学习的积极性，发挥了他们的主动性和创造性，培养了学生的创新精神和实践能力，磨炼了学生的意志，促进了学生的发展。

在探究的过程中，我们也遇到了一些问题和困惑。例如：如何更恰当地进行学习和生活的关联，做到学为所用？用何方式指导学生进行探究并取得实效？这些还是我们面临的问题。

（北京市通州区第一实验小学，杨月欣，青年骨干教师）

【评课建议】

学校五年级全体师生历时两个月开展了以送别诗为主题的语文实践活动，本次语文实践活动注重古诗的归类研究，不仅让学生学习课内的送别诗，还拓展了很多首课外古诗，注重从文本出发转变学生的思维方式，从解决质疑的角度切入研究，培养了学生的创新精神和实践能力。

此语文学科实践活动首先应立足于综合。关注学习资源和多种学科知识的综合利用。学习资源不仅包括教科书，还包括时间、空间、家长、教师等各种可调动的资源。在实践过程中，要用到多媒体技术、绘画、美术等学科知识，单纯地依靠语文知识无法解决所遇到的问题。

其次，着眼于实践。整个活动过程融入了学生的个人体验和寻求事物意义的活动。学生在这个过程中不断调整、顺应自己的知识结构和学习体验，从而构建自己新的知识体系和认知能力，达成既有深度而又有意义的学习。

第三，实践活动中不失语文的味道。在课堂上进行的听说读写训练，促进了学生思维的发展，拓展了语文学习和应用的领域，应引导学生将所学的语文知识运用到日常表达中。

第四，基于项目研究的实践方式，培养学生的语文素养。语文项目学习的设计能够促进更多的学生参加实践，培养学生的自信心，改善其学习态度。与传统课堂相比，真实的语文实践活动对学生自主学习的要求更高，为学生提供发展综合技能的机会更多。语文项目学习的课堂可以使学生获得更多的学习机会，可以提供适合不同文化层次、不同背景的学生参与。

第五，采用丰富多样的组织形式。在本次活动中，全体五年级师生充分阅读欣赏了大量送别诗，在了解的基础上进行诵读和探究。教师通过学习和研究，丰富了教学手段，提高了自身素质，实现了由“传授者”到“协助者”的身份转变，并在此过程中充分发挥学生的学习主体地位，培养学生搜集资料、提出问题、解决问题的能力和创造性思维，磨炼了学生的意志，促进了学生的发展。

本次基于项目研究的语文实践活动，促使学生在项目研究中内化语文知识，获得创新能力、解决问题的能力、批判性思维能力、合作学习能力和终身学习能力。

第六节　以《圆明园的毁灭》为例的各维度教学设计

一、《圆明园的毁灭》文本内部关联教学设计

部编版语文教材五年级上册第四单元以“爱国情怀”为主题，编排了精读课文《古诗三首》《少年中国说》(节选)《圆明园的毁灭》和略读课文《小岛》。四篇课文所涉及的年代、人物、事件各异，贯穿其中的是中国人民代代相传的爱国情怀，表现了中国人“天下兴亡，匹夫有责”的责任感和使命感。

《圆明园的毁灭》是这个单元的第三篇文章，描述了圆明园昔日的辉煌和惨遭侵略者肆意践踏而毁灭的景象，抒发了作者对祖国灿烂文化的无限热爱，对侵略者野蛮行径的无比愤慨，激发人们不忘国耻，增强振兴中华的责任感和使命感。

本单元的语文要素是“结合资料，体会课文表达的思想感情”。学生在中年级已经学过了查找、整理资料的基本方法，本单元的教学重点是引导学生结合资料，更深入地理解课文内容，体会课文的思想感情。《圆明园的毁灭》要引导学生通过查阅资料，深入了解圆明园的历史、文化价值，感受作者的痛惜之情。这篇课文感情充沛，适合学生朗读。在理解课文内容，感受课文鲜明的主题思想、把握课文感情基调的基础上，引导学生入情入境地朗读。

【学情分析】

五年级学生有一定查找资料的基础，能通过各种途径查找与文章相关的资料，但有针对性地查找和筛选需要材料的能力较弱，教师要有目的、有针对性地指导。

五年级大多数学生有一定的自主意识，他们对课文的理解能力逐渐提高，也能逐渐体会到作者所表达的思想感情，能通过阅读与讨论，对课文的感受与理解形成大体共识，有一定的阅读课文的方法，也形成了一定的情感态度和价值观。

【教学目标】

1. 默读课文，理解课文内容。借助关键句，体会课文的思想感情，并通过有感情地朗读，读出情感的变化。

2. 领悟课文的表达特点。能结合相关资料，理解“圆明园的毁灭是中国文化史上和世界文化史上不可估量的损失”等句子的含义。

3. 能结合相关资料，体会《七子之歌（节选）》《和平宣言（节选）》与课文表达的情感的相似之处。

【教学重点】

1. 默读课文，理解课文内容。借助关键句，体会课文的思想感情，并通过有感情地朗读，读出情感的变化。

2. 领悟课文的表达特点。能结合相关资料，理解“圆明园的毁灭是中国文化史上和世界文化史上不可估量的损失”等句子的含义。

【教学难点】

能结合相关资料，理解“圆明园的毁灭是中国文化史上和世界文化史上不可估量的损失”等句子的含义，引导学生深入了解圆明园的历史、文化价值，感受作者的痛惜之情。

【教学过程】

（一）关联复习，引入课文

1. 齐读课题。

2. 复习词语。

（1）要求读准易错字音。

（2）记住难写字形。

蓬莱瑶台　　众星拱月　　不可估量

（　）珑（　）透　　（　）珍（　）宝
金（　）辉（　）　　流（　）其（　）
（　）世（　）名　　山（　）村（　）

（3）特别强调字形。

举世（　）名　　金（　）辉煌　　玲珑（　）透

3. 打开课文，借助这些词语，试着浏览回忆每部分的主要内容。

【设计意图：复习词语，做好新知与旧知的关联，既能让学生积累四字词语，又帮助学生回顾了课文内容，为深入理解课文内容打好基础。】

（二）关联内容、感受辉煌

1. 借助自学提示，联系 2~4 自然段进行自学。

学习提示

请你认真默读 2~4 自然段，联系这三段内容想一想哪些语句最能让你感受到圆明园昔日的辉煌，请你用直线画出来，并简单写出自己的感受。

然后小组内交流。

2. 全班交流，补充汇总。

（1）布局

①读相关句子谈感受。

（预设：学生结合生活实际或者结合上下文理解。）

②出示圆明三园分布图，学生试谈感受。

③学生结合自己搜集的资料谈感受。

（预设：学生能结合图片和文字资料了解圆明园的宏大布局，理解它不愧是万园之园的原因。）

④再读段落。

指名读、男女生对读。

（2）建筑

①学生读感受深的句子。

②学生交流感受深的原因。

③教师随生交流，出示重点句，师生对读。

a. 谁能说说你发现了什么？

（预设：读出对比的语气，引导学生发现对比的写法。）

b. 这就是对比。

园内有 150 处景观建筑，没有一一列举，但文中写了大到金碧辉煌的殿堂，又写小到（　　），既有热闹街市，也（　　），让我们不难想象园内景物真是太多了！

学生自己想，教师指名说。

④这样的对比，文中还有吗？谁给大家读读？

（预设：学生读出本段中其他的对比句子）

⑤作者为我们描绘的只是园中最有特点的景观，让我们一起穿越到一百多年前，感受昔日圆明园辉煌无比的景象。

（出示多种建筑图）

同学们看屏幕，欣赏和想象。

⑥谁试着说说你的感受？

教师指名交流，全班补充。

⑦带着你的感受再去美美地朗读吧！（出示全段）

学生自读、教师（配乐）指名读。

（3）文物

圆明园不但建筑宏伟，还收藏着最珍贵的历史文物。谁能把相关句子给大家读一读？

①交流句子和感受。

②再读句子，看看你能发现什么。

③资料介绍。

据道光年间统计，园内银锞280694个；各式金玉如意，名贵玉砚，笔洗，头等瓷炉、瓶、罐等珍宝……约150万件。

小组内交流搜集好的资料，组员筛选有用信息。

全班交流。

随机出示：

“即使把我国所有圣母院的全部宝物加在一起，也不能同这个规模宏大而富丽堂皇的东方博物馆媲美。”——法国大作家雨果

④所以说，它又是——

学生接读：园林艺术的瑰宝、建筑艺术的精华。

【设计意图：学生通过联系2~4自然段的内容，在读中感悟、读中想象，初步感知对比写法的作用，领悟课文的表达特点。老师联系课外资料中的图片、文字资料等创设各种情境，引导学生抓词品句、联系上下文，挖掘文本的显性关联

和隐性关联要素，感受圆明园昔日的辉煌，体会作者的情感，并引导他们从自己搜集的资料中筛选有用信息，助推他们对内容进行深入理解。】

（三）关联读写、痛惜毁灭

1. 理解重点句，体会毁灭之痛。

（1）自由读最后一个自然段，体会哪些语句最令你痛心。

出示重点句子。自由读，哪些词语令你感受最深刻？通过朗读表达你此时的心情。

预设 1：学生通过交流“掠”和“毁”的意思谈感受。

预设 2：学生结合课外资料谈英法联军“掠去”的和“毁掉”的内容。

联系课外资料：圆明园内的宝物被抢被毁的到底有多少，已无法统计，仅举二例，可见一斑。当抢劫完毕，侵略军由圆明园向北京开拔时，法军满载物品的车辆足足走了一个小时，英国远征队的上千辆车子和驮马连起来有两千米长，也是满载而归，甚至还塞满了弹药箱和炮身。在撤离圆明园时，为了让大炮和车辆便于通行，不惜把许多精美的时钟、挂钟及象牙雕刻艺术品等，填到车辆要经过的车沟里。大量精美的绸缎、珍贵衣料、玉器、瓷器等艺术珍品，除被抢劫外，还被践踏和破坏。每个士兵都腰囊累累，满载而归。以“文明人”自诩的英法侵略者彻底洗劫了圆明园之后，还要彻底毁灭圆明园。大火一连三天，圆明园几十处地方都冒出了重重烟雾，万万千千的火焰向外爆发出来，浓烟迷雾，遮天蔽日，所有宫殿、庙宇、古老的建筑都付之一炬，化为灰烬了。

（2）联系资料再读句子，表达自己的感受。

自己读、指名读、齐读。

（3）流失文物资料的引入。

大英博物馆的东方艺术博物馆中保存了两万多件中国历代的稀世珍品。法国王室获得了大量从圆明园抢来的战利品，特在巴黎丹枫白露宫中建造“中国馆”，有青铜器、玉器、瓷器、漆器、金银制品、景泰蓝、珍珠宝石等无数珍宝。

学生阅读资料谈感受。

2. 读写结合练习，表达内心感受。

大量的文物流失让我们心疼，可让我们更于心痛的是英法联军为了销毁罪证竟然火烧圆明园，烟云笼罩了北京城。

（1）播放八国联军抢夺圆明园的视频资料。

（2）读写结合。

就这样，举世闻名的圆明园化成了一片灰烬。从今以后，

没有了金碧辉煌的殿堂，也没有了（　　　　　　）；

没有了象征着热闹街市的买卖街，也没有了（　　　　　　）；

没有了（　　　　　　），也没有了（　　　　　　）。

我的心中充满了（　　　　　　）。

（3）文中的第一自然段最能表达我们此时的心声。

学生齐读第一自然段。

【设计意图：学生通过抓词品句，进行课内外读写关联，借助视频资料和文字资料充分发挥自己的想象，理解课文内容，读出感情的变化。他们能联系上下文、结合生活实际写出自己的所思所想，充分利用文本中的显性关联和隐性关联，理解圆明园的毁灭是不可估量的损失，感受作者的痛惜之情。】

（四）关联前后内容、理清脉络。

（1）学到这里，同学们的心中有了不同的感受，那就把你的感受读出来吧。

（预设：遗憾、愤怒、痛恨、化悲痛为力量）

（2）通过读题目，大家想一想这篇课文要写的是圆明园的毁灭，为什么用了绝大部分的笔墨去写圆明园昔日的辉煌呢？

（自己想、小组合作、全班交流）

小结：圆明园的毁灭是我国乃是世界文化史上不可估量的损失。让我们记住国耻！齐读课文题目！

【设计意图：通过整体关联前后内容，让学生明白课文从结构上重写昔日的辉煌是为了更加鲜明地写出圆明园的毁灭，并读出情感的变化，体会作者的痛惜之情。】

（五）关联作业，巩固拓展

结合课后“阅读链接”阅读《七子之歌》（节选）和《和平宣言》（节选）。重点阅读《澳门》和《香港》两篇内容。

1. 了解作者。

2. 了解背景。

3. 找出相似点，写出感悟。

【板书设计】

圆明园的毁灭
- 辉煌
  - 宏大的布局
  - 精美的建筑
  - 珍贵的文物
- 毁灭

（北京市通州区东方小学，宋庆捷，教龄 25 年，北京市骨干教师）

【评课建议】

本节课的教学中，宋老师能够充分利用文本内部显性关联和隐性关联，引导学生在《圆明园的毁灭》中进行一次灵魂的洗涤，突出了以下几个特点：

（一）巧妙关联理解课文内容

课上，老师从文本出发，利用教材本身的特点，在整体感知课文的基础上，紧紧抓住 2~4 自然段的内容，带领学生借助对比的写法追忆圆明园昔日的辉煌，再与第五自然段的毁灭形成鲜明的对比，凸显重点，突破难点。老师引导学生在多种形式的读中感悟、想象，以此感受对比写法的巧妙，理解课文内容。学生在抓词品句中，把关联当媒介，巧妙地把前后知识进行勾连对接，把爱与恨进行融合转化，不仅做到了工具性与人文性的和谐统一，更体现了对知识技能、过程方法、情感态度、价值观的交融。

（二）结合资料体会作者情感

教学中，老师紧紧抓住本单元的阅读训练要素“结合资料，体会课文表达的思想感情”进行教学。引导学生整堂课都围绕训练目标开展活动，找准圆明园的布局，建筑风格及收藏的珍贵文物三个方面进行重点讲解。对于学生难理解的地方，恰当引入圆明园的文字、图片、音像等资料，丰富学生对圆明园的了解，并引导学生充分进行想象，借助已有的资料对文章进行理解，让学生在多形式的朗读中，在多种资料的选择提取中，掌握信息提取的方法，从而理解语言文字的内容，揣摩作者的情感。教学时，老师播放的圆明园被毁灭的影像资料，不仅渲染了课堂气氛，还有效激发了学生的感情。学生把电影画面和文本进行一一对应后，使抽象的语言文字变得具体生动、直观，学生能有感情地读出自己的理解，增强了课堂教学的实效性、趣味性和生动性。

（三）读写结合浸润爱国情怀

老师巧妙设计的读写结合内容。不仅训练了学生的思维能力，还训练了他们的语言表达能力。学生借助这个训练，既勾连了课上所学的内容，又融入了自己的当时感受；也能联系自己实际写出自己的所思所想，抒发自己的爱国之情。学生在读写结合中，训练了自己的关联思维，培养了自己的关联能力，找准了关联的切入点，浸润了自己的爱国情怀。

二、铭记历史，勿忘国耻

——《圆明园的毁灭》单元整体教学设计

【教材分析】

本单元是部编版教材五年级上册第四单元，艾青曾说："为什么我的眼里常含泪水？因为我对这土地爱得深沉……"本单元的人文主题是家国情怀；在学习本单元的课文时，要结合相关资料，这样才能更好地体会课文表达的思想感情，在本单元的习作中，学生要学习列提纲、分段叙述的写作方法。本单元共安排了四篇课文，分别是《古诗三首》《少年中国说（节选）》《圆明园的毁灭》和《无名岛》。首篇《古诗三首》，分别是南宋爱国诗人陆游的《示儿》，南宋爱国人士林升的《题临安邸》和清代龚自珍组诗中的一首《己亥杂诗》。《示儿》《题临安邸》这两首诗表达了人们收复失地的愿望。两首诗是同一个背景之下产生的，他们的愿望一致，但是视角不一致，一首是表达自己收复失地、祖国统一的愿望，另一首是抨击当时一些人不思进取，表达自己希望祖国统一的愿望，两首诗是同一时期，同一个历史背景下产生的。龚自珍的《己亥杂诗》和梁启超的《少年中国说（节选）》同产生于清朝这个历史背景下。《己亥杂诗》说的是强国问题，而强国问题特别适合和《少年中国说（节选）》相整合。虽然它们文体不同，但是主张是相同的。《圆明园的毁灭》也产生于清朝这个背景之下，描写了圆明园昔日辉煌的景观和惨遭侵略者破坏而毁灭的经过，但是主题是铭记历史、勿忘国耻。

和课后的资料《七子之歌》《香港》《和平宣言》整合，更好地进行结合资料体会表达方法的学习。《无名岛》是当代人民解放军为了保卫祖国，在艰苦的环境下坚守岗位、奉献青春的事例。在和平的今天，我们的家国情怀是保卫祖国的和平，为祖国的安定、繁荣、富强做出我们的贡献。

【学情分析】

学生刚升入高年级，又面对部编版教材新的编排特点，(信息、阅读量加大)，需要重点引导。文章涉及不少生僻内容，需要引导学生查找相关资料并进行筛选、整理。

【教学目标】

1. 默读课文，通过关键词句、结合课后链接材料了解圆明园昔日的辉煌和惨遭侵略毁坏的经过，激发爱国情感，增强振兴中华的责任感和使命感。

2. 默读课文，理解课文表达的情感，读出情感的变化。

【教学重点】

结合本单元课文内容、课后链接材料了解圆明园昔日的辉煌和惨遭侵略毁坏的经过，激发爱国情感，增强振兴中华的责任感和使命感。

【教学过程】

(一) 结合资料，初步体会昔日圆明园的辉煌

1. 出示雨果对圆明园的评价，引入新课。

法国大文豪雨果于 1861 年对圆明园做出这样的评价："你只管去想象那是一座令人心神向往的、如同月宫的城堡一样的建筑，夏宫（指圆明园）就是这样的一座建筑。""人们常常这样说：希腊有帕特农神殿、埃及有金字塔、罗马有斗兽场、巴黎有圣母院、东方有夏宫。这是一个令人叹为观止的无与伦比的杰作。"

2. 读完这段文字，你能用课文中的语句来评价一下昔日的圆明园吗？

预设：圆明园是一座举世闻名的皇家园林。

圆明园是世界上最大的博物馆、艺术馆。

圆明园是园林艺术的瑰宝、建筑艺术的精华。

教师依据学生回答提取信息，并板书。

【设计意图：这段资料既起到引出授课内容的作用，又发挥资料本身的传递知识的作用，让学生真切感受到圆明园在世界的地位。不仅如此，还能让学生们

结合资料、联系课文进行提取、概括信息的训练。】

（二）品读词句、结合资料，感悟昔日圆明园的辉煌

1. 教师引言：（圆明园昔日辉煌的语段学习）课文中有不少地方具体描写了昔日的圆明园，分别在哪几个自然段？

2. 出示自学提示。

默读第 2~4 自然段，把你感受到辉煌的词句画下来。

3. 引导交流。

第二自然段通过理解“众星拱月”的布局，了解圆明园的布局，感受圆明园昔日的辉煌。

引导拓展阅读：圆明园占地 350 多公顷，其中水面面积约 140 公顷，圆明园的陆上建筑面积比故宫还多 1 万平方米，水域面积又等于一个颐和园，总面积等于 8.5 个紫禁城。

第三自然段让学生通过对比朗读了解各种各样的建筑之美。

出示并欣赏图片，体会作者对比的写法。

教师引言：圆明园的美景多达 145 处，作者仅用三句话就将它们尽收其中，你从中感受到了什么？

【设计意图：结合重点词句，了解圆明园昔日的辉煌，并且在真切感受到圆明园昔日的辉煌后，再结合文中三处语句的概括，更加激发学生的自豪感，为后面的教学做好铺垫。】

播放圆明园美景图片集锦，学生有感情朗读：漫步园内，有如漫游在天南地北，饱览着中外风景名胜；流连其间，仿佛置身在幻想的境界里。

【设计意图：通过视觉冲击，激发学生的爱国之情。】

第四自然段只用一组连词就将中华历史上下五千年奇珍异宝尽收其中。

出示图片，让学生了解很多文物流向海外，这里展示的仅是沧海一粟。

引导学生进行口语交际（我仿佛看到了……）

【设计意图：通过口语练习，体会圆明园不但建筑宏伟，还收藏着珍贵的历史文物。】

整体读课文 2~4 自然段，品读三句评价。此时你的感受是什么？——骄傲

关联梁启超在《少年中国说》中的话：“站在今天以纵览往昔，尧、舜和夏

商周三代，是何等美好的政治；秦始皇汉武帝，是何等的英雄豪杰；汉代唐代以来的文学，是何等的兴隆繁盛；康熙、乾隆年间的武功，是何等的盛大显赫。（白话文）”

【设计意图：让学生了解圆明园昔日的辉煌，结合《少年中国说》的内容，感受我们国家曾经的辉煌，激发学生的自豪感，爱国情。】

（三）结合资料，了解圆明园的毁灭

1. 提出问题：读课文第五自然段，你又仿佛看到了什么？（关注分类叙述的写法）结合你查找的资料，进行加工（不超过50字可以用上分类叙述的方法）。

【设计意图：引导学生结合查找的资料，进行筛选和加工，更能使学生表达自己的观点。】

2. 让学生观看播放的视频。

3. 引导学生说一说此时的感受——愤慨。

4. 让学生读《题临安邸》，明白作者抒发的也是愤慨之情。

教师引言：只有伤心、惋惜是不行的；只有愤慨、仇恨也是不够的。

【设计意图：通过播放多媒体资料，让学生更真切感受到圆明园的毁灭过程，从而激发学生的爱国情。】

（四）引导关联课后阅读资料，了解历史，激发学生勿忘国耻的情感

1. 引导学生进行材料整理。

根据自己搜索和老师提供的资料，以时间轴为线索进行整理，呈现清末到现在我们国家所走的一段路程。

资料一：补充当时清朝末期背景资料：清朝从乾隆末年开始衰败。

1842年第一次鸦片战争失败，中英签订《南京条约》，割让香港岛给英国。

1860年10月6日，英、法联军侵入北京，10月18日火烧圆明园。

1887年中葡签订《和好通商条约》，允准葡人“永居管理”澳门。

1895年中日签订《马关条约》，将台湾岛及其附属岛屿割让给日本。

资料二：

1900年梁启超写的《少年中国说》。

爱国诗人闻一多先生写的组诗《七子之歌》中的《香港》《澳门》两首诗。

资料三：1937年南京大屠杀30万人被杀害。

资料四：1997 年 7 月 1 日，香港回归母亲的怀抱。

1999 年 12 月 20 日，澳门回归母亲的怀抱。

资料五：2019 年光明日报刊登的署名文章《中国骨气、中国底气、中国志气：应对中美经贸摩擦的定力之本、信念之源》。

材料六：鲁迅弃医从文。

2. 引导学生再读《少年中国说（节选）》（课文），让学生回答最想读哪段来抒发自己此时的情感。

【**设计意图**：爱国不是伤心、惋惜，不是愤慨、仇恨，而是尽自己所能做对国家有意义的事情】

（北京市史家小学通州分校，张健，教龄 21 年，北京市骨干教师）

【评课建议】

本教学设计，充分体现了单元整体关联的教学理念。教师进行单元内课文内容整合教学，打破了单篇的教学束缚，针对相同的主题，进行单元整体的关联阅读教学。

教师在教学设计中，紧抓“一个主题”，从“一篇”到“一个单元”，打破了以单篇独进、深探细究为主要特征的教学方式，将学生已有的阅读体验延伸到新的课文的学习中，用新的课文的学习成果补充原有的阅读感受。使得“爱国”这一人文主题得以充分展现。

《圆明园的毁灭》描写了圆明园昔日辉煌的景象和惨遭侵略者破坏而毁灭的经过。课后链接资料安排了《七子之歌》《和平宣言》；龚自珍的《己亥杂诗》和梁启超的《少年中国说（节选）》写作背景同在清朝，一在之前，一在之后。《己亥杂诗》说的是强国问题，《少年中国说（节选）》则阐释了强国的责任在于我中国少年！虽然单元中选择的课文文体不同，但是主题是相同的。

在本教学设计中，教师紧紧扣住“爱国”这一人文要素，以及“结合资料，体会课文表达的思想感情”这一阅读要素，关联单元内教学资源，把相同主题的文本相结合。在教学时，教师重点引导学生结合课后链接资料，结合单元内课文的内容，品读文本，升华情感，实现教学内容、教学时空、教学方法的单元内部关联和整合，使学生在学习内容、学习方法上相互渗透、相辅相成。

本教学设计充分体现了关联阅读——单元内部整体教学关联的特点，其教学目标是关联的，立足于教科书的单元编排，有明确的语文要素的提出；其教学内容是关联的，立足于本单元的课文内容和课后链接材料；其教学方法是关联的，让学生结合资料，体会课文表达的思想感情。借助单元内、外文本材料建立关联，落实语文要素是本课的突出特点。

三、《圆明园的毁灭》系统内部关联教学设计

【教材分析】

《圆明园的毁灭》是部编版五年级上册第四单元第三篇讲读课文。这篇课文表达了作者对祖国灿烂文化的热爱和对侵略者强盗行径的痛恨。选文别具匠心，旨在引导学生抓住语言文字体会思想感情，结合相关资料让学生了解中华民族受尽屈辱的历史，正视近代史上的国耻，激发学生勿忘国耻、振兴中华的责任感和使命感。《义务教育语文课程标准》（2011 年版）明确指出：语文课程对继承和弘扬中华民族优秀文化传统和革命传统，增强民族文化认同感，“增强民族凝聚力和创造力，具有不可替代的优势。”

部编版语文教材针对学生年龄特点，以选取正面典型事例为主，选编了大量以“爱国”为主题的文本。四年级上册第七单元第七课《为中华之崛起而读书》记叙了周恩来耳闻目睹了中国人在外国租界里受洋人欺凌却无处说理的事情，从中深刻体会到伯父说的“中华不振”的含义，立志要为振兴中华而读书，表现了少年周恩来的博大胸襟和远大志向。四年级上册第七单元第八课《梅兰芳蓄须》讲述的是现代著名的京剧艺术大师梅兰芳在抗日战争时期，拒绝为日本人演出的故事，表现出他强烈的爱国思想和崇高的民族气节。这三篇课文虽然题材不同，但是都展现的是在中国近代史上，中华民族受尽屈辱、中华儿女奋力抗争的一幕，字里行间都包含着强烈的民族精神和爱国热情。

我将部编版语文教材系统内这三篇课文关联起来，对“爱国”主题进行拓展和提升，引导学生从更加广阔和深刻的两个角度去体会“爱国”这一主题，感受“天下兴亡，匹夫有责”的责任感和使命感。

【学情分析】

五年级的学生已经具有初步的阅读能力，能够理解课文所表达的美与丑、爱与恨，并会对课文内容进行质疑，提出自己独特的见解。这个年龄阶段学生的自主意识已普遍增强，他们对课文的感受能力逐渐提高，他们能逐渐体会到作者所表达的思想感情。能通过关联阅读与讨论，对课文的感受与理解形成大体共识。充分自主地读文，在读中体会情感，在读中感悟语言的特点。

五年级的学生知识面较宽，已具备了丰富的想象能力和较强的理解能力，他们善于探索，敢于质疑，敢于创新，但学生对圆明园的了解一般限于文字介绍，尤其是圆明园昔日辉煌的景象。课上应为学生提供丰富的信息资料，创设良好的学习情境，使其在文字、图片、声音、影像等信息的刺激下充分感知课文内容，从而理解课文。

【教学目标】

1. 默读课文，理解课文内容。借助关键词句，体会课文的思想感情，并通过有感情地朗读，感受文章情感的变化。

2. 领悟课文的表达特点。能结合相关资料，理解“圆明园的毁灭是中国文化史上和世界文化史上不可估量的损失”等句子的含义。

3. 能结合相关资料，体会《为中华之崛起而读书》《梅兰芳蓄须》与《圆明园的毁灭》表达的情感的相似之处。

【教学重点】

1. 领悟课文的表达特点。能结合相关资料，理解“圆明园的毁灭是中国文化史上和世界文化史上不可估量的损失”等句子的含义。

2. 能结合相关资料，体会《为中华之崛起而读书》《梅兰芳蓄须》与《圆明园的毁灭》表达的情感的相似之处。

【教学难点】

1. 领悟课文的表达特点。能结合相关资料，理解“圆明园的毁灭是中国文化史上和世界文化史上不可估量的损失”等句子的含义。

2. 能结合相关资料，体会《为中华之崛起而读书》《梅兰芳蓄须》与《圆明园的毁灭》表达的情感的相似之处。

【教学过程】

（一）谈话导入，揭示主题

1. 观看祖国成就短视频

引导学生简单谈一谈感受。

教师谈话导入：在中国近代史上，我们的祖国经历了苦难的岁月，受尽屈辱，中华儿女奋力抗争，让我们一起回顾那一幕幕。（出示《为中华之崛起而读书》《梅兰芳蓄须》课文插图，引导学生回忆两篇课文内容）

（二）课文重读，梳理议题

1. 回顾《为中华之崛起而读书》《梅兰芳蓄须》，填写表格。

课题	时间	地点	主要人物	屈辱	抗争
《为中华之崛起而读书》	1910年	在奉天一个被外国人占领的地方	少年周恩来	中国妇女受欺负，中国巡警不惩处肇事的外国人，反而训斥她。围观的中国人也不敢怎样。	为中华之崛起而读书。
《梅兰芳蓄须》	1937年抗日战争时期	香港、上海	京剧表演艺术家梅兰芳先生	梅兰芳先生被日本人不断纠缠，多次逼迫，随时骚扰，强令上台演出。	藏身租界，远避香港，蓄须明志，打针装病。

【设计意图：根据所学课文内容，提出本课要讨论的主要问题，然后根据这个问题阅读新课文，以求在关联阅读中集中目标，实现高效阅读。】

2. 导入新课文。

（三）阅读《圆明园的毁灭》

1. 相关资料助力，感悟昔日辉煌

（1）自主默读、批注。

默读课文的2~4自然段，看看昔日圆明园的布局、建筑、文物各有什么特点，画出相关的语句，把你的感受批注在旁边。

（2）交流汇报，相机引导。

第二自然段：

①出示：

圆明园在北京西北郊，是一座举世闻名的皇家园林。它由圆明园、万春园和畅春园组成，所以也叫圆明三园。此外，还有许多小园，分布在圆明园东、西、南三面，众星拱月般地环绕在圆明园周围。

②引导学生依据文本说说圆明园的布局是怎样的。

学生回答——追问：能用一个词来概括吗？（众星拱月）

在这里，月亮指的是谁？众星呢？

③出示图片资料：圆明园布局图。

解说：圆明园其实是以圆明三园为主，许多小园环绕周围的园林群，到底有多大呢？（出示350公顷）相当于650多个足球场。

学生谈感受。

（根据学生回答总结板书：规模宏大）学生跟老师一起修改补充自己的批注。

【设计意图：将圆明园的布局图清晰地展现在学生眼前，激发学生兴趣，“350公顷，650多个足球场”，两组数字，准确、形象地说明圆明园规模宏伟，帮助学生理解课文。】

④小结过渡：这座规模宏大的园林中的建筑景观又是怎样的呢？让我们走进圆明园细细地欣赏。

第三自然段：

①指名朗读第三自然段。

②圆明园内的建筑景观有什么特点？

预设A：景观多。

引导学生抓住反复出现的“有”字体会园内景观之多。

a. 出示：

圆明园中，有金碧辉煌的殿堂，也有玲珑剔透的亭台楼阁；有象征着热闹街市的“买卖街”，也有象征着田园风光的山乡村野。园中许多景物都是仿照各地名胜建造的，如杭州西湖的平湖秋月、雷峰夕照，海宁的安澜园，苏州的狮子林等。还有很多景物是根据古代诗人的诗情画意建造的，如蓬莱瑶台、武陵春色。园中不仅有民族建筑，还有西洋景观。

学生试试一口气读读园中有什么景观。

读后交流：一口气读完感觉怎么样？

b. 圆明园中只有这些建筑景观吗?

出示资料：国家图书馆收藏至今的圆明园图籍中，建筑、景观的设计图样就有 2000 多幅，园内的景观别说是一口气说不完，就是说上一天也说不完啊。

预设 B：建筑各具特点。

引导学生通过师生对读感悟作者对比的手法，理解园内建筑各具特色。

a. 师生接读。

师：有金碧辉煌的殿堂，也有——（生接读：玲珑剔透的亭台楼阁）

师：殿堂是金碧辉煌的……（生……）

师：金碧辉煌的殿堂高大雄伟……（生……）

园中的建筑有大的，也有小的。

b. 再读一读这段话中的其他句子，看看这种对比的写法还体现在哪里。

学生自读自悟—集体交流—总结：有热闹的，还有宁静的；有现实的，还有虚幻的；有民族的，还有西洋的。

（引导学生朗读体会：写出了园内的建筑景观多、各具特色）

③男女生合读。出示：（男生读画线的句子，女生读其他）

圆明园中，有金碧辉煌的殿堂，也有玲珑剔透的亭台楼阁；有象征着热闹街市的“买卖街”，也有象征着田园风光的山乡村野。园中许多景物都是仿照各地名胜建造的，如杭州西湖的平湖秋月、雷峰夕照，海宁的安澜园，苏州的狮子林等。还有很多景物是根据古代诗人的诗情画意建造的，如蓬莱瑶台、武陵春色。园中不仅有民族建筑，还有西洋景观。

师引读：这大大小小、热闹或宁静、现实或虚幻，民族或西洋的建筑，就集中在这一座圆明园中，我们怎能不发出这样的感叹：

漫步园内，有如漫游在天南海北，饱览着中外风景名胜；流连其间，仿佛置身在幻想的境界里。

学生齐读。

③出示图片资料：欣赏圆明园昔日建筑。

人们运用电脑技术制成了圆明园还原图像，让我们有幸目睹园中建筑景观昔日的风采，我们一起欣赏。

出示 PPT。（配乐连续播放圆明园建筑景观还原图片）

学生交流观后感受，然后师生一起读第三自然段。（学生齐读）

【设计意图：将圆明园昔日的建筑景观，做成精彩的“风光片”，再配上古筝弹奏的《平湖秋月》，使用现代化教学手段，还原了园林的场景，将文字转化为形象，使学生如临其境，深刻感受圆明园的建筑各具特色。为理解后面的毁灭做铺垫。】

第四自然段：

①引导学生结合自己的批注谈圆明园中文物的特点。

（根据学生回答板书：极其珍贵）

②园中有哪些文物？

出示文字对比

有上自先秦时代的青铜礼器，下至唐、宋、元、明、清历代名人书画，还有各种奇珍异宝。

有先秦时代的青铜礼器，有唐、宋、元、明、清历代名人书画，还有各种奇珍异宝。

读一读这两句话，哪句话表达效果好，为什么？

（引导学生体会“上自”“下至”表达出园内的文物不仅数量多，而且历史悠久，历史价值更加珍贵。）

③出示文物资料。

学生交流课前搜集的关于圆明园的文物资料。

出示图片资料：圆明园内昔日的珍藏。

【设计意图：圆明园中几乎所有珍贵的历史文物都已被强盗掠走，但通过这些图片，学生依然可见它无与伦比的精美和它的珍贵。这更能激起孩子们对圆明园的喜爱，继而激发他们对强盗的仇恨。课文中这一段写得很简要，这些图片刚好是对课文的一个补充，帮助学生深入地理解课文。】

（3）小结2~4自然段：圆明园昔日规模宏大，建筑景观各具特色，文物极其珍贵，这一切都让我们感受到它昔日的辉煌。

（4）指名分节读2~4自然段，感受圆明园昔日的辉煌。（配乐）

2. 品味文本语言，了解毁灭过程

（1）过渡：这规模宏伟的皇家园林，这各具特色的建筑景观，这世界上最大的博物馆，艺术馆，在1860年10月，这昔日的所有辉煌，都被付之一炬。

（2）出示视频资料：《火烧圆明园》片段。

【设计意图：视频的播放，不仅能帮助学生理解课文，更重要的是影片中强盗张狂的语言、丑恶的嘴脸、野蛮的行径，真实再现了那段屈辱的历史。与前面几次图片欣赏形成鲜明的对比，学生对圆明园的无比喜爱之情转化为对侵略者的无比仇恨之情。】

（3）带着你们此时此刻的心情读第五自然段，看一看课文中是怎样记录那一刻的。（学生自由读）

谈一谈此时内心的感受。

（4）引读。

师：英法联军闯入圆明园，他们把园内能拿走的东西——（生接：统统掠走）追问：掠走的是什么？

师：拿不动的，就——（生接：用大车或牲口搬运）追问：搬运走的是什么？

师：拿不动的，就——（生接：任意破坏、毁掉）追问：毁掉的是什么？

师：为了销毁罪证，3000 多名侵略者在园内放火——（生接：大火连烧三天，烟云笼罩整个北京城）追问：烧掉的又是什么？

我国这一园林艺术的瑰宝，建筑艺术的精华，就这样被化为灰烬，就这样被毁灭。（板书：毁灭）

3. 整体回顾课文，感悟作者情感

（1）作者在开篇便这样说道——

出示：

圆明园的毁灭是祖国文化史上不可估量的损失，也是世界文化史上不可估量的损失！

学生齐读。

（2）你感受到了什么？

小结：作者一连用了两个不可估量强调了这是多么大的损失啊。（板书：不可估量）

（3）这座园林就这样被毁灭了，那留下的又是什么呢？

出示图片资料：圆明园废墟图。

学生谈留下的是什么。

（4）讨论：为什么把废墟一直保留到现在？

4. 总结写法，体会作者独具匠心之处

（1）课文的开头和结尾写的都是关于圆明园的毁灭，首尾呼应。

（2）讨论：写圆明园的毁灭，却用较大的篇幅写了圆明园昔日的辉煌，这是为什么？

（3）总结：昔日如此辉煌的园林被毁灭，这样的损失不可估量，怎能不让人痛惜，悲愤。所以，我们要勿忘国耻、自强振兴。

（四）关联阅读，升华情感

1. 建立三篇课文间的关联

（1）再次出示表格，引导学生补充填写《圆明园的毁灭》。

课题	时间	地点	主要人物	屈辱	抗争
《为中华之崛起而读书》	1910 年	在奉天一个被外国人占领的地方	少年周恩来	中国妇女受欺负，中国巡警不惩处肇事的外国人，反而训斥她。围观的中国人也不敢怎样	为中华之崛起而读书
《梅兰芳蓄须》	1937 年抗日战争时期	香港、上海	京剧表演艺术家梅兰芳先生	梅兰芳先生被日本人不断纠缠，多次逼迫，随时骚扰，强令上台演出	藏身租界 远避香港 蓄须明志 打针装病
《圆明园的毁灭》	1860 年 10 月 6 日	北京	圆明园	掠走、破坏、毁掉、放火化为一片灰烬	勿忘国耻 自强振兴

（2）交流：这三篇课文哪一篇文章对你的触动最大？说说你的感受。

（3）讨论：这三篇课文有什么相同点和不同点？（学生依据文本和梳理的表格谈一谈自己的发现）

根据学生交流的内容引导其进行梳理。

【设计意图：表格的再次利用，将三篇课文建立联系，加强教材系统内整合，加深学生对课文的理解，升华情感。】

2. 联系生活，抒发爱国情怀

（1）回顾新课导入时的“祖国成就短视频”。

交流：阅读这三篇课文之后，再次观看这一视频，你有什么新的感受？

（2）总结：根据学生发言，围绕“天下兴亡，匹夫有责”的责任感和使命感进行总结。

（北京市通州区中山街小学，吕敏，教龄22年，北京市语文骨干教师）

【评课建议】

本教学设计，充分体现了“教材系统内关联阅读”。“关联阅读”是结合当前的小学语文课堂教学现状，为了切实提高学生的阅读效率，培养学生语文核心素养提出来的。教师改变了一直习惯的单篇课文的教学，开始尝试多篇的阅读教学活动：打破单元、学段壁垒，针对相同的议题，进行多文本的关联阅读教学。

教学设计中，从“一篇”到“一个主题”，打破以单篇独进、深探细究为主要特征的精读教学，将学生已有的阅读体验延伸到新的课文的学习中，将新的课文的学习成果，补充原有的阅读感受。使得“爱国”这一主题得以充分展现。

这三篇课文所涉及的年代、人物、事件各不相同，但中国人代代相传的爱国情怀却贯穿其中，表现了中国人“天下兴亡、匹夫有责”的责任感和使命感。在主题上趋于一致。根据这一主题，教师重整教材系统内课文，让学生加强朗读，加深理解，升华情感。教学过程中，表格的两次应用，既帮助学生梳理了课文的内容和主题，又建立起三篇课文的关联。阅读《为中华之崛起而读书》和《梅兰芳蓄须》之后再阅读《圆明园的毁灭》，是对“耻辱”的补充。学完《圆明园的毁灭》，再读另外两篇课文，是对“抗争”的唤醒。三篇课文相互补充，使本课的容量得以增加，内涵得以延伸，主题得以升华。学生得以从更加广阔和深刻的角度去体验“爱国”这一主题。

在本教学设计中，教师紧紧扣住“爱国”这一人文要素，以及“结合资料，体会课文表达的思想感情”这一阅读要素，关联教材系统内教学资源，把相同主题文本有机结合起来。学习课文时，重点引导学生结合资料，品读文本，加强朗读，升华情感。实现教学内容、教学时空、教学方法的全面开放，使学生的学习内容和学习方法相互渗透，有机整合。

本教学设计充分说明“关联阅读”的教学价值绝不只是文本阅读中“量”的叠加，而且是教师对语文阅读教学理念更新的“质”的飞跃。这样的教学设计探讨，很有实际意义。

四、少年对家园的守护

——《小英雄雨来》整本书阅读

【作品分析】

部编版语文教材五年级上第四单元的主题是“家国情怀”。从《示儿》《题临安邸》《己亥杂诗》到《少年中国说》《圆明园的毁灭》再到《小岛》，展现出不同历史时期中国人民对家园被破坏的痛惜及对守护家园的强烈渴望，“这儿是中国的土地”“我是中国人，我爱我的祖国”，这几句在作品《小英雄雨来》中，反复鼓舞着小主人公——雨来。《小英雄雨来》记叙了抗日战争时期，晋察冀抗日根据地的儿童雨来掩护革命干部，和日本鬼子斗争的故事，歌颂了抗日根据地儿童热爱祖国、勇敢机智地和敌人斗争的优秀品质。因此，本单元关联的整本书阅读为《小英雄雨来》，通过引导学生阅读这部书来弘扬爱国主义精神，培养学生高度的民族、国家的认同感，激发学生热爱祖国、守护家园的强烈愿望。

《小英雄雨来》是作家管桦的代表作。小英雄雨来是抗日战争时期冀东少年儿童的缩影，也是一代人、一个民族心目中的英雄。雨来机灵、游泳的本领高，在“芦花戏水”中，像一条小泥鳅，怎么也抓不住，和所有的孩子一样机灵可爱、天真烂漫；雨来爱好读书，无比珍视读书的机会，晚上读夜校，一有空就拿出识字本；雨来聪明果敢，宁死不屈，智护交通员、引诱敌军进雷区、解救八路军战士，雨来和所有革命者一样英勇无畏，舍己为人。他是抗日战争时期的小战士，他是走进中小学课本、进入千万读者心中的小英雄。

【学情分析】

五年级学生处于人生观和价值观逐渐形成的重要成长阶段，同龄人的榜样力量对这一阶段的学生影响深远，通过引导学生阅读不同时代的同龄人的故事，感知战火纷飞年代的小英雄守护家园的英勇事迹，能够紧扣本单元的主题，极大地激发学生的爱国情怀。

不过由于抗战时期对于现在的学生距离较远，难以激起学生的情感共鸣，因此时代背景资料的补充、影视资料带来的直观感受就显得十分必要，同时结合查找的资料，体会作品表达的思想情感也是本单元的重要内容。

【教学目标】

1. 通过目录分类，回顾全书梗概，初步整体感知人物形象。

2. 小组合作，定位阅读，品读人物勇敢机智、英勇无畏的高贵品质。

3. 补充时代背景资料，感受雨来等一批小英雄在国家危难时的爱国情怀和英雄气概。

【教学重难点】

定位阅读，品读人物，激发情感，引发共鸣，感受雨来热爱祖国、英勇对敌的英雄气概。

【教学过程】

（一）诵读渲染，定下基调

谈话导入：同学们，少年强则国强，当有外敌入侵、国土沦丧、园林被毁时，每一位国人都肩负着守卫家园的重任，少年强国家才更有新希望，（齐诵《少年中国说》）。在抗日战争时期，有这样一群少年，和你们是同龄人，他们边读书，边扛起保家卫国的责任，今天就让我们一起回到那个战火纷飞的年代，一起走进小英雄雨来的故事。

【设计意图：回顾本单元的《少年中国说》，在上课之始营造出课堂氛围，为作品的阅读交流定下感情基调。】

（二）浏览目录，整体感知

1. 分类目录，总说印象

师：同学们，通过课下整本书的阅读，你能结合书中的内容给目录中每个章节名分分类吗？然后思考它们有什么特点。

【设计意图：通过对目录进行分类，让学生能够概览全书，回顾书中的主要情节、主要事件，重温全书的故事梗概，对人物有初步印象。】

出示目录：

雨来这孩子

夜校

雨来被抓住了

扁鼻子军官

河沿上响了几枪

军事演习

愤怒的土地！

“这儿是中国的土地！”

特务

危险的侦察

我们就是到这儿埋地雷的

他们这是到哪儿去呢

杨大娃

像八路军那样爱自己的同志

渡河

我不累呢，我是撒尿来着

跳进人来啦

来了个骑自行车的人

杜绍英

妈妈决心拖住特务

“一定救回自己的同志！”

打呀！开枪！

芦花村好不热闹

腮帮上有“酒窝”的战士

再有二百个柜还不够呢

东屋住满了鬼子兵

快走吧

放羊的

越胆小越害怕，越胆大越不怕

预设：以人物命名的章节：雨来这孩子；扁鼻子军官；特务；杨大娃；来了个骑自行车的人；杜绍英；腮帮上有“酒窝”的战士。

以事件命名的章节：雨来被抓住了；军事演习；危险的侦察；渡河。

以人物在书中的话命名的章节：我们就是到这儿埋地雷的；“这儿是中国的土地！”；像八路军那样爱自己的同志；我不累呢，我是撒尿来着；跳进人来啦；

“一定救回自己的同志！”；打呀！开枪！；再有二百个柜还不够呢；快走吧；放羊的。

大部分章节名称以人物在书中紧急之下说的话来命名，增加了紧张感，调动了读者的阅读兴趣。

师：回顾全书，说说雨来给你留下了怎样的印象。

预设 1：游泳本领高超，在书中描写他就像小泥鳅一样，怎么也抓不到，而且几次被敌人抓住，他都是靠高超的游泳本领成功逃脱的。

预设 2：喜爱读书，雨来在那个时代和我们现在不一样，我们现在能够每天上学读书，而雨来他们只能是在晚上，因此他非常珍惜读书的机会，还把课本用红布包上书皮，担心揉坏了。晚上还经常温习学习的内容。

预设 3：雨来非常勇敢，敌人那么凶恶，而且很危险，雨来勇于和他们进行战斗，他为了掩护交通员、救护八路军战士，每一次都冒着生命的危险，他非常英勇无畏、热爱祖国。

（三）定位阅读，品读人物

1. 雨来为什么被称为“小英雄”？你认为全书哪些章节最能体现雨来的英雄气概？

预设：《雨来被抓住了》《“这儿是中国的土地！”》《放羊的》等。

2. 请以小组为单位，任选其中的一个章节，快速阅读后完成任务单。（主要结合从敌人是如何对待雨来、雨来的表现或做法等内容，从书中提取关键词填写任务单）

3. 合作探究，汇报感受

预设 1：《雨来被抓住了》等章节。

人物	第一次	第二次	第三次	第四次	第五次
敌军	假装好人，给雨来松绑	给雨来糖果、金戒指	强忍火气	凶相毕露、暴打雨来	要枪毙雨来
雨来	什么也没看见	不接、不回答	什么也没看见	咬紧牙，没看见	雨来逃走

学生在汇报时，教师适时点拨学生关注敌军的动作，如“弓、伸、扭、拉、打、揪、拧”等，让学生体会雨来在面对敌人的威逼利诱时，始终不为所动，坚

强不屈。

分角色朗读，体会雨来的顽强不屈。

预设 2:《“这儿是中国的土地！”》等章节。

人物	第一次	第二次	第三次	第四次
特务敌军	两个嘴巴子，打得雨来一个趔趄	将刀架在雨来脖子上，逼他带路	推搡雨来带路	继续逼雨来带路
雨来	试图反抗	雨来暗中筹划带敌人进雷区	雨来带敌人进假雷区	雨来带敌军进入真的地雷区，成功逃脱

学生在汇报时，教师适时指出当时敌军的人数，让学生换位思考，感受雨来面临的处境，从中体会雨来临危不乱的机智勇敢。

预设 3:《放羊》等章节，救八路军战士。

人物	第一次	第二次	第三次	第四次
敌军	用枪口指着质问	抢走雨来的干粮袋，让雨来回去	打雨来一拳	日本兵放行
雨来	镇定回答“放羊的”	理直气壮：“这是太君的羊”	雨来假装哭，说这是于团总的羊	雨来成功解救受伤的八路军战士

学生在汇报时，教师适时点拨，让学生感受雨来几次急中生智，成功救出八路军战士的过程。

【设计意图：通过小组合作完成阅读任务单，选取重点章节，进行定位阅读，对比敌军的行为和小雨来的态度和做法，深入理解小雨来在凶狠的敌人面前，一次又一次地与敌人周旋，英勇无畏、机智果敢、将生死置之度外的高贵品质。】

（四）主题升华，感悟精神

面对这样凶狠的敌人、危险的处境，雨来总是顽强不屈，勇敢无畏。到底是什么精神在支撑着雨来？

引导学生关注作品中多次出现的“我们是中国人，我们爱自己的祖国”这句话，体会这句话的含义。

出示：

用手指点着黑板上的白字，念着：我们是中国人，我们爱自己的祖国。

大家随着女老师的手指，齐声轻轻地念起来：

我们是中国人，

我们爱自己的祖国。

雨来半天才喘过气来，鼻子里流着血，血珠掉下来，溅在课本那几行字上：

我们是中国人，

我们爱自己的祖国。

【设计意图：引导学生读懂这句话的情感，表达自己的阅读感受。让学生通过谈感悟、朗读体会，深入走进人物的内心世界，触摸人物保家卫国的精神品格，引发强烈的情感共鸣。】

（五）扩展阅读，升华情感

播放日本侵华的纪录短片。视频解说：日本在侵华战争中制造了一系列令人发指的暴行，在占领区实行“杀光，烧光，抢光”的三光政策；制造南京大屠杀；用中国人进行“活体解剖”细菌试验；制造平顶山惨案等；日军杀害中国平民数千万，并造成千万中国百姓流离失所、家破人亡。

课件出示：1941年，日本“扫荡”晋察冀的北岳区，烧毁房屋十五万余间，残杀群众四千五百余人，抓去东北做苦工的一万七千余人，抢去粮食五千八百万斤，牲畜一万余头。1942年5月，日寇“扫荡”冀中根据地，群众被杀害和抓走的达五万多人，造成平原地区处于“无村不带孝，到处闻哭声”的悲惨境地。1943年9月，日军对晋察冀边区北县区进行了三个月的“秋季大扫荡”，制造了多起惨案。

师：看到这些补充的资料，你想说些什么？

播放小英雄雨来与敌军进行斗智斗勇的电影片段，此时，你想对小雨来说些什么？

学生观影后，结合时代背景资料谈感受。

【设计意图：资料补充，从文字到画面，让学生更加直观体验那个抗战的时代，帮助学生更好地理解雨来的英雄形象，感悟人物的精神品质。】

（六）拓展阅读，感悟时代英雄

依次出示《小兵张嘎》《闪闪的红星》《鸡毛信》《王二小放牛》的人物海报。

小结：自古英雄出少年。抗日战争时期，中华民族涌现出了一批少年英雄。不仅有小英雄雨来，还有王二小、小兵张嘎等，他们在民族危亡的时刻，同父辈们一起，用自己稚嫩的肩膀担起了沉重的抗争使命。让我们铭记这些小英雄，缅怀他们，也做一个自强不息的中国少年！

【设计意图：通过介绍一批小英雄的时代作品，让学生感悟那个时代同龄人的家国情怀和对自己家园的深情守护，从而进一步加强对课文内容的认识，升华情感。】

（七）作业

请同学们课下阅读《鸡毛信》《小兵张嘎》等作品，一起领略那个时代小英雄们的英雄气概。

【评课建议】

本教学设计充分体现了课内外学习的关联，将《小英雄雨来》作为五年级上册第四单元关联阅读的书目，紧扣这一单元的“家国”主题。

（一）借助资料，体悟家国情怀

第四单元要求借助资料了解作品的写作背景，从而更加深入地理解文中蕴含的情感。本课在设计上，在引导学生进行整本书阅读时结合了丰富的资料，不仅有文字类的资料，还有影视类资料，尤其是在课的结尾，推荐了一批讲述小英雄的作品，如《小兵张嘎》《闪闪的红星》《鸡毛信》《王二小放牛》等，一方面深化了学生对作品的理解，同时也极大地升华了学生的爱国主义情感。

（二）定位阅读，品读人物形象

在教学设计中，通过对目录的分类，引导学生关照全书；通过定位阅读，聚焦人物形象的研究，对书中相关重点章节进行精读，并在关照全书的视野下，从中抽取出对人物的思想、情感的理性认识，帮助学生较为深入地理解作品中小英雄雨来的人物形象，体现整本书阅读的指导性。

（三）任务驱动，增强学生的阅读体验

教学设计中的重点环节，让学生通过小组合作、探究完成阅读任务单，以任务驱动的方式，扩展学生的自主阅读空间，让学生在对比阅读中发现、感悟小雨来的态度和做法。不同的小组选取不同章节和不同角度进行交流，在交流过程中，在不同的事件和场景里，阅读发现人物的共同品质，形成对人物的鲜明印象。

本教学设计体现了关联整本书阅读时，通过对全书脉络的通盘把握，进行任务活动设计以帮助学生产生更深入的思考，对人物做出更加深刻的分析，帮助学生挖掘整本书更加深刻的主题内涵。

五、祖国的过去与今天

——《圆明园的毁灭》语文实践活动设计

【指导思想和理论依据】

《义务教育语文课程标准》(2011年版)指出:"语文教师要有强烈的资源意识,多方面提高学生的能力。"时代要求学校调整育人目标,培养学生在面对复杂的、不确定性的现实生活情境时,运用所学的知识、观念、思想、方法解决真实的问题时所表现出来的关键能力与必备品格,课前让学生阅读课外书籍,查阅资料,收集资料,为实现这一育人目标,教师需要提供多元的学习资源,使学生掌握多样的思维方式,比如创新能力、批判思维、沟通合作能力、信息媒体技能、跨文化理解能力等。着力培养学生勇于探索创新、善于解决问题的实践能力。

《北京市基础教育部分学科教学改进意见》提出:"加强学科教学内容与社会、自然的联系,让学生学习鲜活的知识和技能。""学校要组织学生走出校门,中小学校各学科平均应有不低于10%的课时用于开展校内外综合实践活动课程。"因此,在开展教学时迫切需要对原有课程进行统整,强调课程融通实施和整体育人功能,设计出富有时代感、针对性强、能激发学生探索兴趣的、体系化的综合实践课程,用于培养学生的实践能力并落实《义务教育语文课程标准》。

【教学背景分析】

教学内容:小学部编版语文教材五年级上册第四单元的学习目标除了让学生体会民族精神和爱国情,还要培养学生收集和整理资料的能力,并在语文学习中运用。这个单元第二篇课文是《圆明园的毁灭》,这篇课文描述了圆明园昔日辉煌的景观和惨遭侵略者肆意践踏而毁灭的景象,表达了作者对祖国灿烂文化的无限热爱,对侵略者野蛮行径的无比愤恨,激发了人们不忘国耻、振兴中华的责任感和使命感。

本教学设计是第三课时,是一节综合实践活动课,目的是学生通过实践活动,了解近当代历史,潜移默化地接受爱国主义教育,使学生更进一步认识到:侵略者之所以胆敢如此为非作歹，是因为清政府的腐败无能，从而激发学生不忘国耻、振兴中华的责任感和使命感，培养学生创新精神和实践能力。

学生情况：五年级的学生，已经具备查阅资料、分类整理的能力，已经初步形成是非观、价值观。虽然他们在以往的学习当中，已经对中国古代的文明历史有了一定的认识。但是由于年龄和知识的局限，他们对中国近代屈辱的历史不甚了解。因此，通过在课前查阅资料，在课堂上合作探究，多种感官感受的调动，使学生能在课堂中打开中国近代史的大门，走进那段不堪的历史，树立“勿忘国耻”的信念。

【活动目标】

1. 通过对近代中外历史进行对比分析，了解圆明园被毁的原因，让学生初步感受“落后就要挨打”的道理。

2. 通过对中国近代、当代历史对比分析，激发学生的民族精神和爱国热情。

【活动重难点】

通过探究圆明园被毁的原因，让学生初步感受“落后就要挨打”的道理，通过对比近代、当代中国发展史，激发学生的爱国热情。

【活动准备】

教师准备：

1. 将班级分成八个组。四个组查找圆明园毁灭时期的中外历史，另外四个组查找当代中国发展史。

2. 教师把学生收集的有关文字资料及相关数据、图表、图片打印 10 份，供学生探究问题时用。

学生准备：（均以小组合作的形式进行）

1. 课前以小组的形式搜集资料。

2. 阅读老师提供的资料，整理后填写相关表格。

【活动过程】

（一）导入

上节课，我们学习了《圆明园毁灭》这篇课文。法国大作家雨果曾经说过这样一句话：“在地球的某个地方，有一个人间奇迹，它的名字叫夏宫……它汇集了一个民族几乎是超人类想象的创作的全部成果。”（ppt 出示文字）雨果口中的这个地方就是我国著名的皇家园林圆明园。这节课，我们将一起走进圆明园，聆听圆明园的诉说。

【设计意图：用多媒体设备播放优美的音乐，让孩子们读得更加入情入境，引导孩子积累语言，产生对中华文化的自豪感。】

（二）活动一：分析材料，探究毁灭原因

1.1860年10月6日，英法联军一把大火让本来风采奕奕的万园之园成了断壁残垣。圆明园在痛苦地诉说着它的毁灭。播放《火烧圆明园》片段（30秒）。

2. 师：为什么这两个强盗敢明目张胆地来到我们中国烧杀抢夺？难道作为统治者的清王朝就这样坐视不理？请同学们以小组合作的形式学习放在你们桌上的资料，填写表格。（3分钟）

毁灭时期的历史状况表：

	中国	英国
政治	封建专制	资本主义
文化科技		
经济		
对外政策	闭关锁国	海外扩张
军事		

3. 小组汇报。

（1）选一个组汇报文化科技。（说关键词，并提供佐证）

中国：教育掌握在少数贵族身上，本身就不利于国民文化水平的提高，再加上上至贵族下至百姓都不重视科技，这样也就直接影响了中国科技的发展，我们在世界的科技地位逐渐衰弱。

英国：出现了学校，平民也能受到教育了，国民文化水平相比我们中国得到提高。尤其在瓦特改良蒸汽机后，生产力迅速发展，大家都用蒸汽代替人力，进行大规模的机器生产。

（2）选一个组汇报经济。

中国的老百姓在家庭小作坊里生产自己所需的物品，把多余的拿到集市上换取自己其他所需，我们将这样的经济模式称为自然经济。

英国人由于已经开始使用机器生产了，他们将大量的物品进行买卖，获得利益，我们将这种经济模式称为商品经济。

教师举例说明：看看老师手上的这支笔，如果是在中国，这支笔会由需要它的主人自己制作，然后使用，笔的主人获得经济利益了吗？（没有）在英国，这支笔会由工厂生产，成本价假如是3元，卖给别人5元，从中就会获利2元钱的利润。英国靠商品经济积累了大量的财富，让自己富起来。

（3）选一组汇报军事。

A. 罗列清军武器名字，提取核心词；B. 罗列英军武器装备，提取核心词。

4. 对比探究圆明园毁灭的原因。

预设：当清王朝的统治者还在圆明园中做着他的帝王梦时，殊不知自己的夜郎自大、封闭和大量鸦片的毒害，使中国的国力日益衰落，就好像一个营养不良的小孩；而此时英国在资本主义社会的发展中不断壮大，成为一名彪形大汉。（贴图）如果这个小孩和彪形大汉站在一起，谁会挨打？国家落后就要挨打。

5. 引入资料。

1900年，八国联军入侵北京，圆明园再一次遭到洗劫，被彻底焚毁了。1840年以来，列强们侵略中国，我们被迫签订了许多的不平等条约。列强们纷纷要求清政府割地、赔款、开通商口岸，得到更多好处。（师贴很多条约的名字：（1）中英《南京条约》（2）中美《望厦条约》（3）中法《黄埔条约》（4）中日《马关条约》（5）《辛丑条约》）

【设计意图：培养学生提取信息的能力，让学生了解近代史，更进一步认识到侵略者之所以胆敢如此为非作歹，是因为清政府的腐败无能，从而激发学生不忘国耻、振兴中华的责任感和使命感。】

（三）活动二：分享交流，了解新中国成立后的伟大成就

1. 1949年，新中国成立了，科学技术的发展、综合国力的增强、国际地位的提高，充分说明了我们的祖国已经崛起，东方沉睡的雄狮已经觉醒，巍然屹立于世界民族之林。找四组同学汇报当代中国发展历史（展示相关数据、图表、图片）。

（1）成功研制原子弹。

（2）女排取得五连冠。

（3）香港、澳门回归。

（4）宇航员进入太空，蛟龙号下海。

（5）中国申办奥运会。

2. 对比近代、当代历史，谈谈自己的感受。

学生自由发言：我们为祖国的强大而自豪！如果圆明园存在于当代的中国，它不会遭此噩运。

【设计意图：学习关键在于形成能力，在当今的信息社会，收集、处理和运用资料的能力无疑将越来越重要，学生自己上网查找资料、筛选信息、交流信息，并互相学习，在提升能力的同时，对中华民族的璀璨文明有了更深入的了解。】

（四）活动三：观看70年大庆阅兵视频节选

1. 看后指名谈自己的想法。

学生自由发言。

【设计意图：通过今昔对比，让学生感受祖国在军事、科技上越来越强大，激发学生的民族自豪感，进一步感受到落后就会挨打的道理。】

（五）活动四：用笔书写我心

1. 经过这节课的问题探究和交流分享，侵略军的无耻及清政府的昏庸，引起了我们深深的思考，新中国的发展壮大让我们心潮澎湃，现在，让我们拿起手中的笔，写下我们的所思所感。

2. 交流：指名读自己的文章，学生进行点评。

【设计意图：通过让学生动笔写想法感受，培养学生语言思维能力和知识应用能力，最终实现学生语文素养的有效培养和发展。】

（六）全课总结，深化情感

总结：同学们，历史虽然过去，但是警钟依然长鸣，让我们用心铭记这段耻辱的过去，记住“落后就要挨打”的历史教训，让我们行动起来努力建设我们强大的祖国，让圆明园不再哭泣。最后让我们在这雄壮的国歌声中结束这堂课。

（北京市通州区第一实验小学，张春红，市级骨干教师）

【评课建议】

本次实践活动旨在引导学生把语文学习由课内延伸到课外，把学习与实践关联起来，增加学生语文实践的机会。在实践活动中，不仅让学生扩大了视野，增长了见识，更重要的是，学生在活动过程中尽享了语文的味道，语文素养得到了很大的提高。

1. 本节课充分开发利用了课程资源。虽然学生在以往的学习当中，已经对中国古代的文明历史有了一定的认识。但是由于年龄和知识的局限，他们对中国近代屈辱的历史不甚了解。因此，让学生做课前调查，课中探究，为他们打开中国近代史的大门，让他们走进那段不堪的历史，树立“勿忘国耻”的信念，通过今昔对比，感受祖国在军事、科技上越来越强大，从而激发自己的民族自豪感，进一步感受到落后就会挨打的道理。

2. 运用比较的思维方式，培养学生的思维能力。在这次实践活动中，老师运用两次对比，第一次是中外近代史对比，找到圆明园毁灭的原因；第二次是中国近代、当代历史的比较，感受祖国的飞速发展。两次对比，培养了学生的创新能力、批判思维、沟通合作能力、信息媒体技能、跨文化理解能力等。

3. 尊重生命，学生就会焕发出生命的活力。整个活动过程把主动权还给学生，让学生根据兴趣自由分组、自由搜集材料、进行自我评价，教师只是其中的参与者、合作者。作为引导者的教师，只在展示活动之前让学生把搜集来的资料在各自组内进行了筛选，这主要是考虑到时间的问题。

4. 整合学生智能，提高语文素养。实践活动中让学生的手、脑、眼、口、耳并用，充分调动学生的语言智能、人际交往智能、音乐节奏智能等多种智能。这次活动中，既有视频资料又有文字资料，既要用眼看又要用脑想还要用口说，有利于提高学生的语文素养。

参考文献

[1] 中华人民共和国教育部，义务教育语文课程标准 [S]. 北京师范大学出版社，2012.

[2] 舒晋瑜. 总主编温儒敏谈“部编本”语文教材的新思路 [N]. 中华读书报，2017-09-20（7）.

[3] 叶圣陶著，李怀源选编. 叶圣陶谈阅读 [M]. 南京：江苏凤凰教育出版社，2015.

[4] 李怀源. 小学语文：单元整体教学构建艺术 [M]. 重庆：西南师范大学出版社，2009.

[5] 李怀源. 小学语文单元整体教学理论与实务 [M]. 北京：人民教育出版社，2017.

[6] 张立娟. 小学语文阅读教学新思维 [M]. 北京：北京出版集团公司北京教育出版社，2017（1）.

[7] 叶圣陶. 叶圣陶集（第十三卷）. 南京：江苏教育出版，1992.

[8] 张艳梅. 小学生整本书阅读指导策略 [J]. 西部素质教育，2019，5（9）：253.

[9] 巨同菊. 关于小学生读整本书的阅读策略研究 [J]. 学周刊，2018（1）：131-132.

[10] 汪怡. 朱自清散文的艺术特色解析 [J]. 佳木斯职业学院学报，2018（7）：95.

[11] 教育部教育发展研究中心，熊建辉. 落实好立德树人根本任务 [N]. 学习时报，2019-08-16（8）.

[12] 马怀军. 语文教学中核心素养的培养策略 [J]. 文学教育（下），2019（8）：104-105.

[13] 温儒敏.《温儒敏谈读书》[J]. 新阅读，2019（7）：86.